大展好書 好書大展

大展好書 好書大展

命理與預言 3

圖解命運學

陸明／編著

大展出版社有限公司　印行

前　言

如何創造「幸福」

凡是人類都希望擁有「幸福」。

但是，幸福既不會自己來到，也不是由別人所賜予的。換句話說，除了本身去創造、把握之外，別無其他辦法。

那麼，如何去創造呢？又以何種方法才可把握住幸福呢？

一般說來，創造幸福的方法，就是「努力」。

果眞如此嗎？但何以世界上曾竭盡所能、努力不懈，而始終得不到報酬的人仍有這麼多呢？「努力」確實是創造幸福所不可缺乏的要素，但是，要如何奮發努力呢？這必須預先了解爲人處世的要訣。

首先要從認識自己開始。倘若不先了解本身究屬何種類型，而盲目地向社會挑戰，最後必會導致如唐・吉訶德般的命運，有理想而無法實現。

人們如果毫不浪費地採取有效的工作計劃，穩紮穩打的付諸實行，相信最後必能順利達成謳歌自己燦爛人生的目的——那就是要從認識自己和認識別人開始。

本書的主要目的，就是告訴您如何在競爭劇烈的社會中，獲取勝利的訣竅。

總而言之，請務必閱讀本書來增廣您的見聞，因爲他不但可以爲您解開由來已久的謎團，同時也可以告訴您開運的方法，進而成爲您處世謀事的指針。

目錄

面相篇

手相篇……八三

印相篇

墓相篇

面相篇

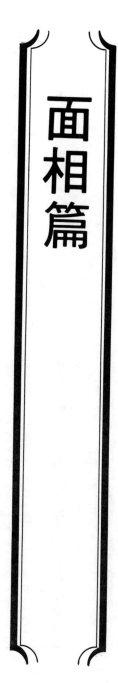

●看面相之前

「面相學，究竟起源於何時何地呢？」最近筆者經常受到學生們的這種質問。關於這個問題，若要認眞地回答，必須花費相當長的時間，所以我總是如下列地回答。

「所謂面相學，早在五千年前卽誕生於印度阿利安文化的時代中，後來才隨著佛教傳入中國，而產生了神相全篇及麻衣相法等書。

但是，這種東方面相學傳入西方之後，不久卽經由亞里斯多德及奧地利的生理學家加魯之研究，而變成骨相學，進而成爲人的性格、氣質、特徵及才能等的科學相學。

另一方面，傳入日本的面相學，因跟日本古來的占術互相融合，而變成要看壽命長短、吉凶禍福、命運盛衰及子孫榮枯的相學。換句話說，目前這種東西合璧的面相學，已融合成一種新潁而廣受歡迎的面相學。」

「精通面相學之後，會帶來何種益處呢？」

這也是經常聽到的一句話，事實上，面相學的應用範圍極其廣泛，同時能把無窮的樂趣和喜悅展露在我們的面前。總之，面相學的知識具有與否，在我們的一生中會帶來很大的影響。

初學面相學時，最好能照鏡子來研究比較有效。看面相時的要領就是要先抓出其臉部當中最顯著的特徵，同時對這一點特別加以強調描述，這也是看面相的一個秘訣。

●十二宮

倘若能完全看出呈現在十二宮上的胖瘦、缺陷、血色及氣色時，就可以簡單地看出人的運氣變化之情況。

所謂十二宮，自古以來即如左表般地被訂出來：

（十二宮）（位置）　　（運勢）

1. **命　宮**（眉　間）＝願望達成與否、壽命
2. **財帛宮**（　鼻　）＝財運的吉兇
3. **兄弟宮**（　眉　）＝兄弟姊妹運、家系
4. **田宅宮**（上眼瞼）＝家運、聲望
5. **男女宮**（下眼瞼）＝子運、夫妻運

6. 奴僕宮（面頰下端）＝屬下、住宅

7. 妻妾宮（眼　尾）＝夫妻運、愛情

8. 疾厄宮（鼻中央）＝健康、病難

9. 遷移宮（額頭兩側）＝旅行、遷居

10. 官祿宮（額頭中央）＝職業、地位

11. 福德宮（眉尾上部）＝福運

12. 相貌宮（整個臉部）＝總括

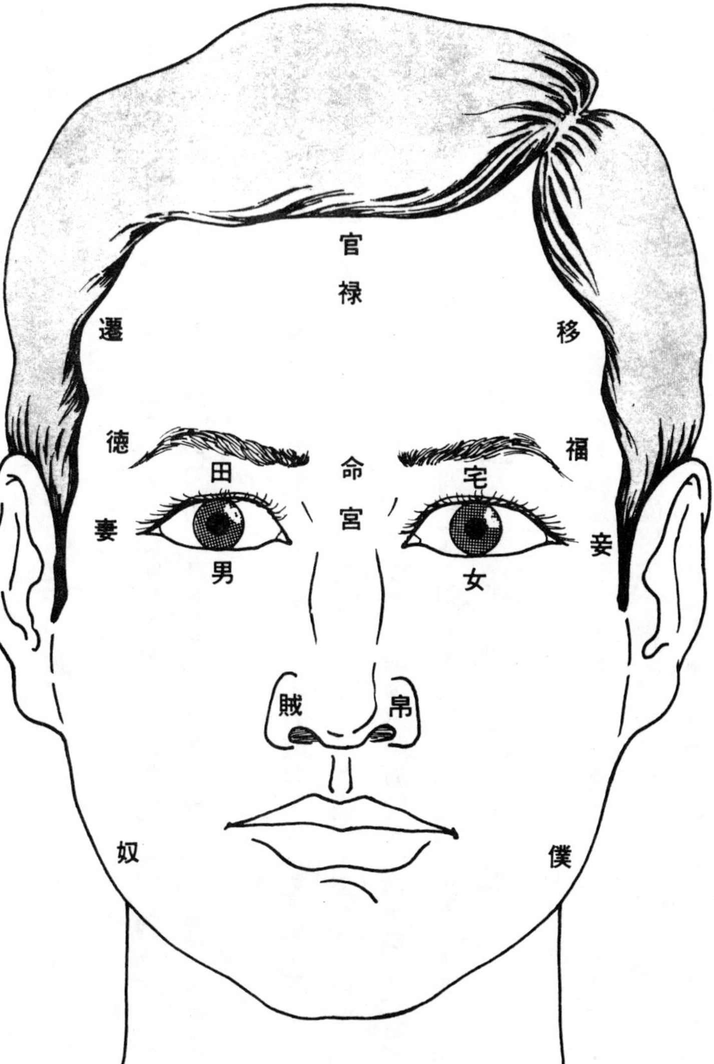

由十二宮來了解您的運氣

●臉部的五種類型

雖然臉部的形狀具有千差萬別，但若是把臉形的分類過於細密的話，對初學者不但會發生鑑別上的困難，同時也會變成雜亂無章。因此，大抵把臉形分為下列五種，就足以觀察臉部。

蛋　形——

由於這類型的人，都具有凡事必須整齊劃一才肯罷休的個性，所以身邊總是整理的井然有序。至於社交手腕也很老練，絕不任意去傷害別人的和氣。可是在感情上卻缺乏穩定性。對宗教的信仰則抱有自由主義的思想，同時不一定會遵照傳統。這也表示他在思想上具有進取心、想吸收新思想的一種型態。由於對記憶、想像、觀察及推理極其敏感，所以在文學、繪畫、雕刻及音樂等方面，具有超人的智慧，是屬於朝向智能方面發展的命運。

逆蛋形——

這是與蛋形完全相反的一種臉形。這類型的人，多半具有充沛的體力，健康狀況良好，個性比較外向，而且凡事都能身體力行，是一位努力不懈的勤勞者。由於反抗心強，競爭意識旺盛，所以往往造成榮譽心強，而意志也很堅決，但另一方面卻具有頑固和缺乏妥協性的弱點。

因對任何事情都要徹底實行才能安心，所以在戀愛的問題上往往會鑄成大錯。總而言之，這類型的人，很難在智能方面獲得成功的機會，倘若能運用自己天生的體力，把目標置於勤勞的生活中，只要經過一段長時間的活動，就會帶來很大的財運。

長方形——

由於這類型的人，不但具有超人的智慧，洞察力敏銳、記憶和思考力很強，而且還具有透視人家心理的能力，所以最適於從事文學家、評論家、詩人及鑑定家等工作。但若是站在公司、銀行及商店等與客人接觸的立場時，就無法表現其能力。

無論一個人靜靜地關在書房裡看書或思索，或者沈溺於自己的興趣中，他總是在自己狹窄的生活範圍內劃出一條界線，不容易跟他人相處。

正方形——

臉形屬於正方形的人，既不像蛋形那樣只顧及理想，也不像逆蛋形那樣只重視實際和現實，而是具有雙方的優點。雖然凡事都能身體力行，是一位努力不懈的勤勞者，而且意志堅強，是一位勇敢的運動員型鬥士，但因自尊心強、容易興奮，所以往往會盲目地採取行動，而導致失敗的結果。

婦女具有四角臉形時，表示她不但適於當職業婦女，同時也善於料理家務，此外，也表示有很好的子運。

圓形——這類型的人，由於具有溫厚、樂觀、爽朗及容易與人相處的個性，所以極其善於交際。雖然這種容易感情用事的現實主義者，比較不適於朝向智能方面求發展，但若是進入實業界時，成功的可能性就很大。

相反的，因他缺乏理性，所以在感情上往往表現不穩定的現象；這種不平衡的心理，也是由欠缺計劃、組織及統一力所造成的。

具有圓形臉的人，倘若不注意自己的弱點時，就很容易跟異性之間發生糾葛。

以女性的立場來說，因具有優雅、溫柔的個性，同時又富有同情心，很容易受到異性的誘惑，所以應該要隨時提高警覺。

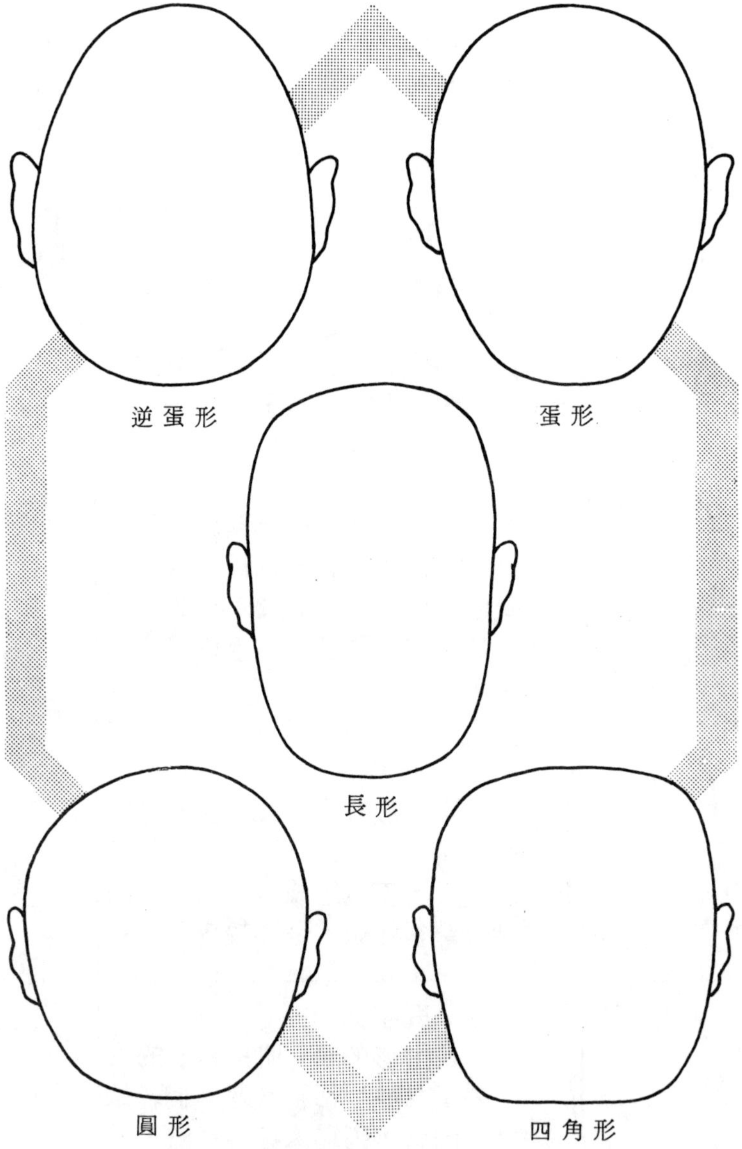

五種基本臉形

●我國的十字面圖

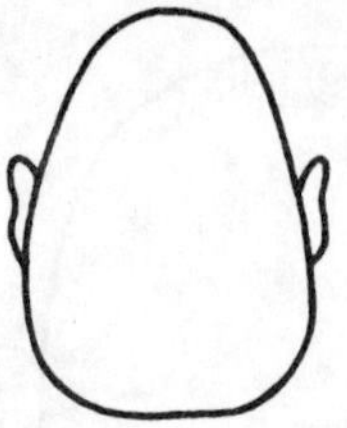

1. **由字面**

額頭狹窄而下顎豐滿的臉型。只要努力不懈，必能獲得強運。倘若是女性的話，其一生具有很多的福祿。

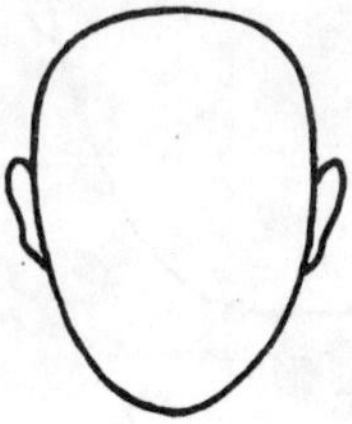

2. **甲字面**

頭額寬濶而下顎狹窄的臉形。雖然人品很好，但晚年要多加注意。倘若是女性的話，不但本身聰明，同時又有子福。

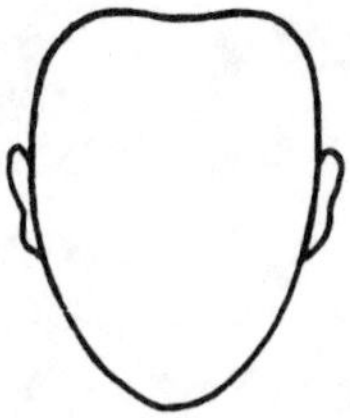

3. **申字面**

額和下顎都很狹窄的臉形。雖然跟父母的緣份比較淡薄，但是中年以後就會好轉，只要脚踏實地工作，到了晚年也會帶來好運。

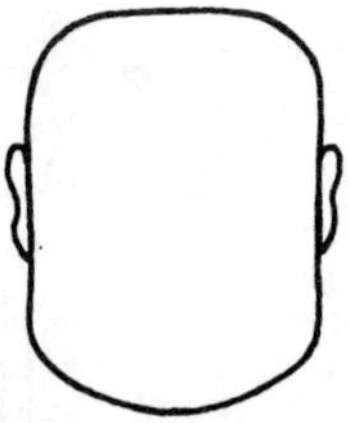

4. **田字面**

正方形的臉。其一生的運氣都很強。但白皮膚的人，要多注意病災，至於黑皮膚的人，無論身心都很健康，是屬於吉相。

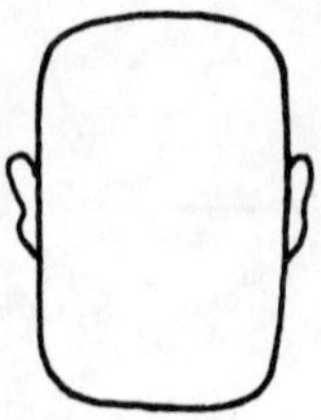

5. **同字面**

長方形的臉。肌肉結實的人，表示其終生都很幸運。倘若是女性的話，因爲本身很賢淑，所以必能獲得子運。

6. **玉字面**

顴骨、下顎都很發達的臉形。雖然長壽，但無財運，無論男女，皆與配偶無緣。

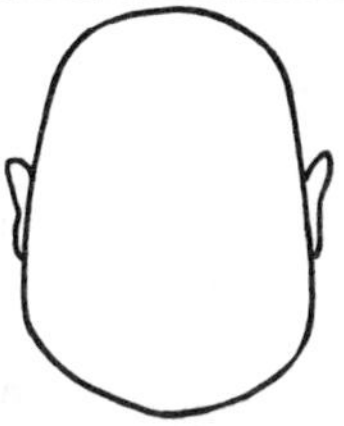

7. **圓字面**

圓形的臉。表示很早就要跟父母造成死別的局面。只要平常肯爲生活努力，經常行善，就會帶來好運。

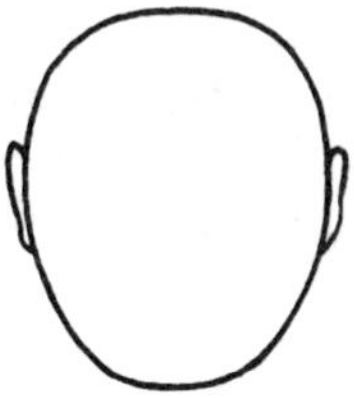

8. **目字面**

長方形的臉。雖然長壽，但中年以後，運氣就會走下坡。倘若是女性的話，雖然本身很聰明，但難免會變成孤獨運。

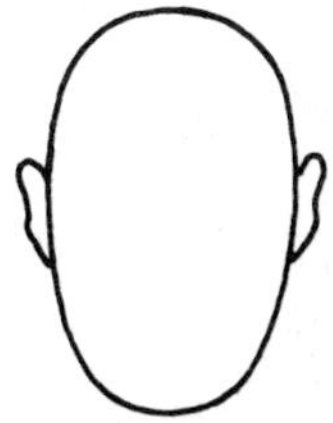

9. **用字面**

下巴凸出的正方形臉。雖然反抗心很強，但若是經常表現謙讓的態度，就會帶來好運。

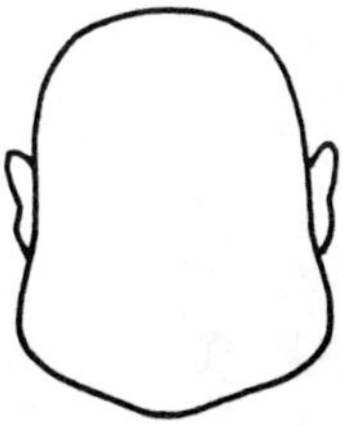

10. **風字面**

額頭和下顎都很寬濶、而中央部位比較狹窄的臉形。表示容易鬧情緒，且又任性。無論男女都具有孤獨運。

◎在我國的面相學古書上，是把臉部分成十種類型來進行面相。也就是利用文字的型態，來象徵東方面相學的原則。

●三停的相法

所謂三停，就是把臉部分成三部份，來對命運做概念性的判斷之相法。以面相判斷的基礎來說，在觀察臉部之前，這是必須先看的部位。

三停不要有長短、大小的差異，以各部位能取得平衡最爲理想。

上停——從髮際到眉毛爲止，表示早年運（二十歲之前）。倘若額頭煥發光澤，且又無傷痕及汚點時，表示他具有卓越的知識和很強的早年運。無論出生於富有或貧困的家庭，都能獲得父母的親情。

相反的，額頭極其狹窄，又有傷痕及汚點的人，表示他具有很壞的早年運，卽使出生於富有的家庭，也難免會招來不幸。

中停——從眉毛到鼻尖爲止，表示中年運。這個部位是吉相，且又無傷痕及汚點的人，因好勝心強又富有征服力及活動力，所以中年期（二〇歲～四〇歲爲止）的運氣，必能達到最高峯。

相反的，中停過長或過短，跟整個臉型無法成比例的人，因意志比較薄弱，所以到了中年期容易招來災難而變成悲運。像這類型的人，應該心平氣和地來等待晚年運。

下停——

從鼻尖到下巴尖端爲止，表示晚年運。這個部位是吉相，且又無傷痕及汚點的人，因具有濃厚的愛情和寬大的度量，同時身體也很健康，所以凡事一定有個圓滿的結果。

相反的，下巴太小，天生體質不佳的人，因經常要爲孩子操勞，卽使獲得財富和權力，但到了晚年期也難免會招來不幸，所以在中年時代，就必須採取對付的心理準備。

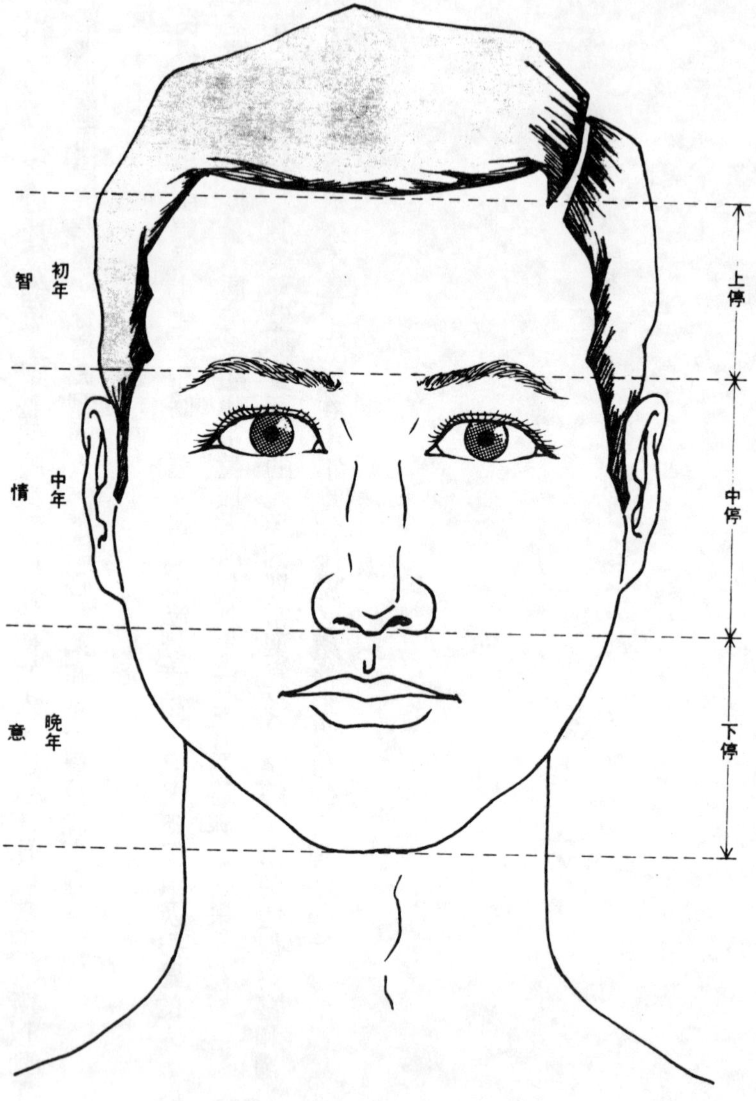

做爲面相判斷基礎的三停

●眉毛的相法

眉毛，不但可以表現出一個人的感情和品性，同時也可以表現出其人與父母兄弟姊妹間的緣份。眉毛以不像塗油墨般的黑，也不像剃光般的淡，而以適當的密度，整齊的排列爲吉相。相反的，若是毛髮稀疏、眉中藏有傷痕，就表示凶相。

1. 粗眉

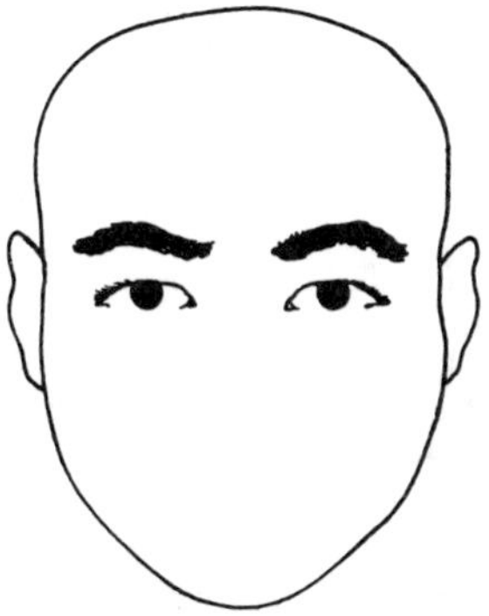

富有男性氣概，是一本正經的人道主義者。雖然凡事都很積極主動，可是卻容易自尋煩惱。以女性的立場來說，是屬女英雄，不但個性頑固，而且好勝心也很強。

2. 稀眉

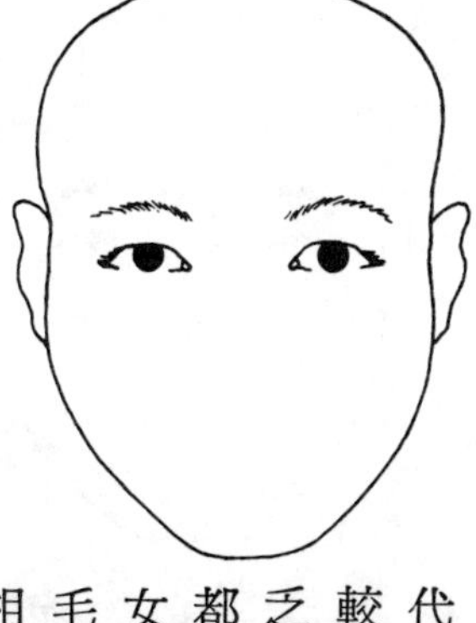

男性在少年時代與雙親的緣份比較淡薄，同時也缺乏結婚運，一輩子都有女難之憂。對女性來說，雖然眉毛太稀並不算是凶相，可是卻與雙親無緣。

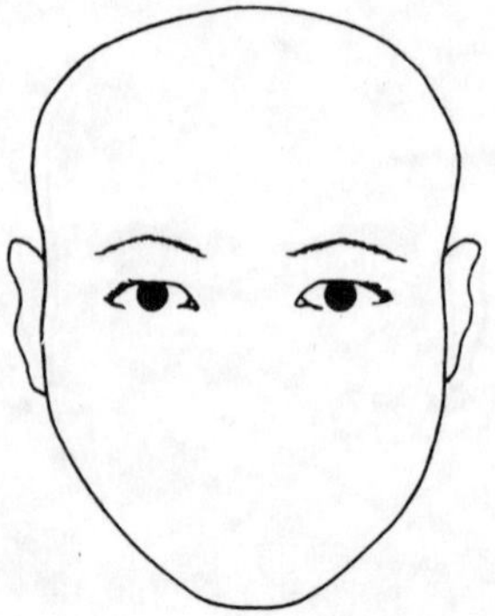

3. 細眉

雖屬男性，可是卻相當女性化，凡事都消極、任性、且畏首畏尾，對女性來說，因此較容易耽溺於愛情之中，所以一輩子都要小心提防，以免遭受誘惑而誤入歧途。

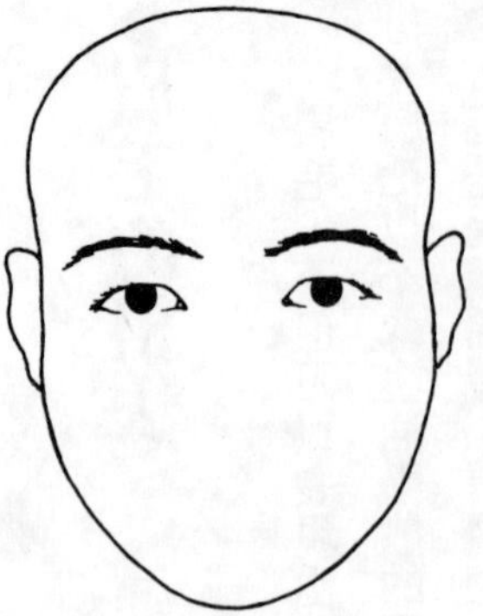

4. 長眉

眉毛長而秀麗的人，多半高雅親切、且具有濃厚的愛情。不但能跟兄弟姊妹和睦相處，同時經濟觀念也很發達，所以晚年必能帶來富貴運。

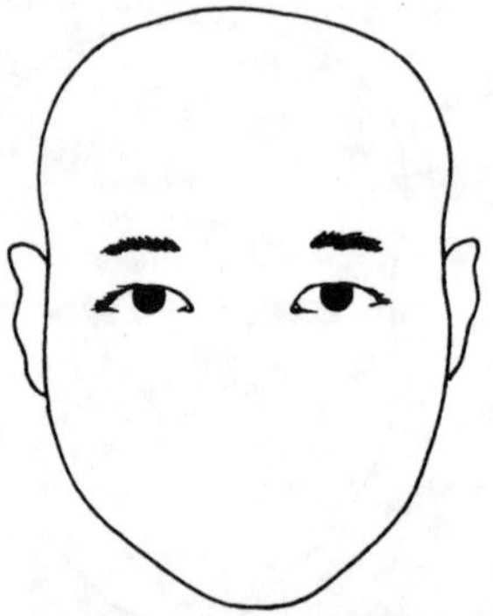

5. 短眉

無論男女，都跟雙親無緣，且會背叛家庭，至於夫妻的情份也很淡薄；短眉毛如又濃又粗的人，在苦難之後，就會逐漸帶來好的結果。

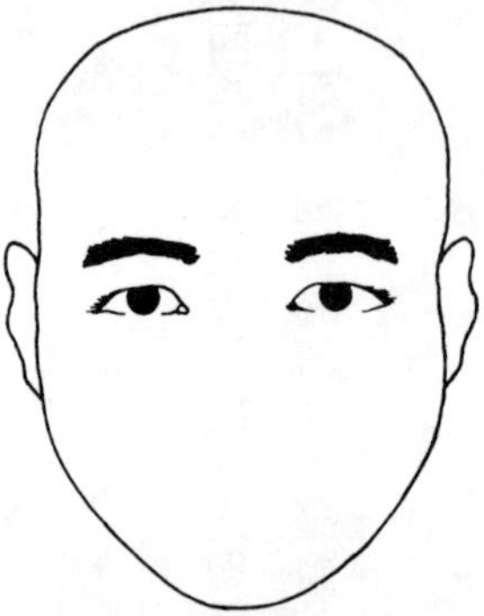

6. 濃眉

表示在政治、經濟、教育及其他各界，都具有領導能力。尤其是粗眉的人，必能獲得成功。但若是過於濃密的話，則意味其智能會有偏激的發展。

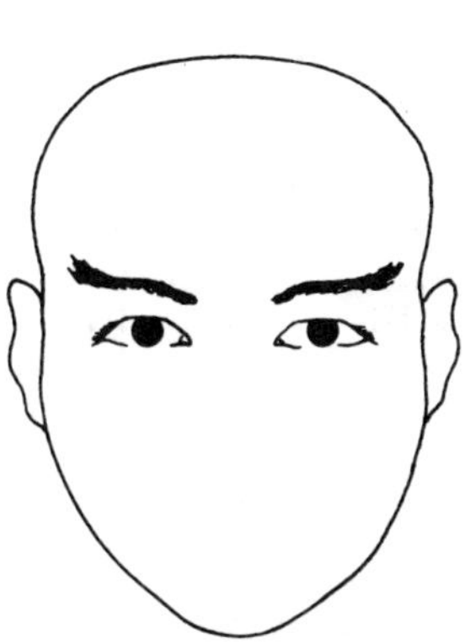

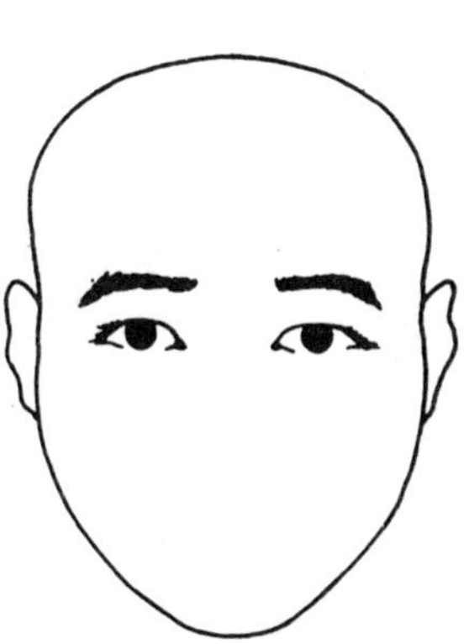

7. **劍眉**

雖屬積極、自動、具有果斷力的男性，但因脾氣暴躁，所以容易得罪他人。相反的，若是女性時，因具有自動、積極、且過於頑強的性格，所以很容易豎敵。

8. **八字眉**

其特徵是被動的、消極的。雖然富有同情心，樂意幫助別人，可是，一旦碰到跟自己意見相左的人時，就會變更其本身的作風，而跟對方針峯相對。

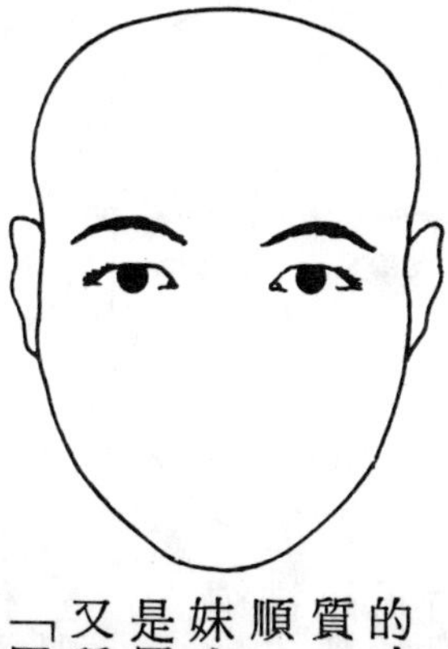

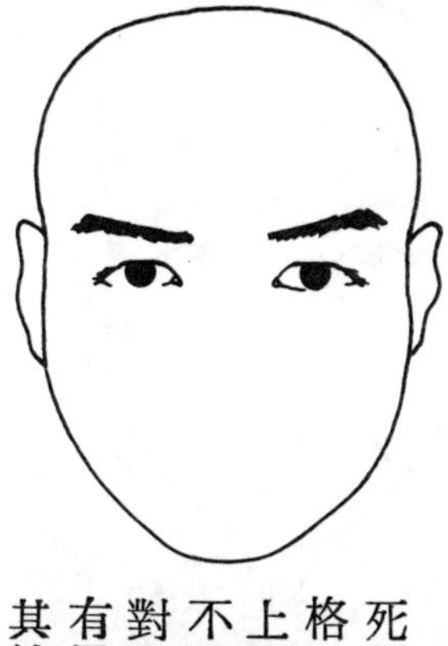

9. **新月眉**

表示具有卓越的才華及溫厚的氣質。不但對父母孝順，而且對兄弟姊妹也很友愛。尤其是眉毛濃密的人，又稱爲「佛眉」或「羅漢眉」，這是屬於長壽之相。

10. **一字眉**

表示具有「見死不救」的倔強性格，所以往往會走上極端之途而帶來不可收拾的結局。對女性來說，則具有男性化的個性，其缺點是缺乏妥協性。

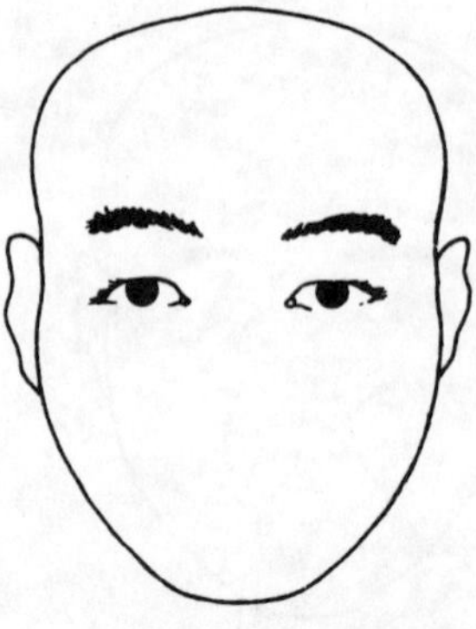

11. 遠離眼睛之眉

自古以來，具有優良品行的人，其眉毛都是遠離著眼睛。「眉高是屬富貴之相」，所以這種眉毛不僅代表溫和、寬大、同時也象徵君子、長壽之意。

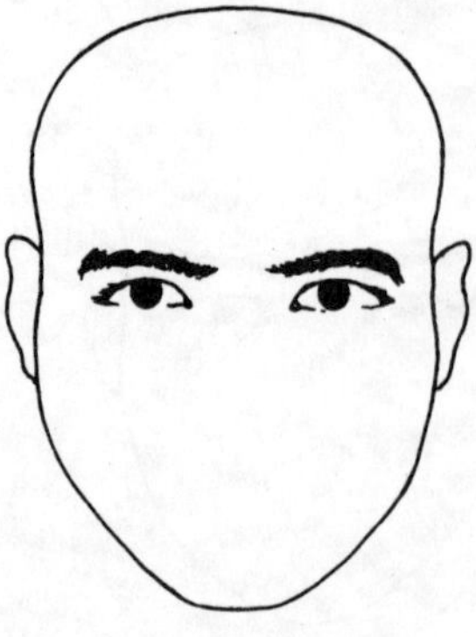

12. 靠近眼睛之眉

像這種覆蓋在眼睛上的眉毛，表示其家庭的風波無法平息，不但會過著淫蕩的生活，甚至會有蓄意殺人的陰謀。完全是一付脾氣暴戾的凶惡之相。

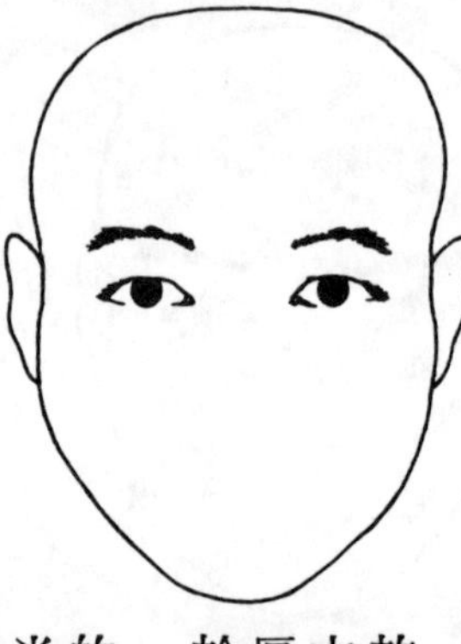

13. 兩眉間隔寬濶之相

表示生活容易放縱、缺乏理財的本領；但因具有溫厚個性，所以是屬於長壽之相。

尤其這個部位的肌肉隆起而帶有光澤的人，表示其聰明、善良，是一付幸運之相。

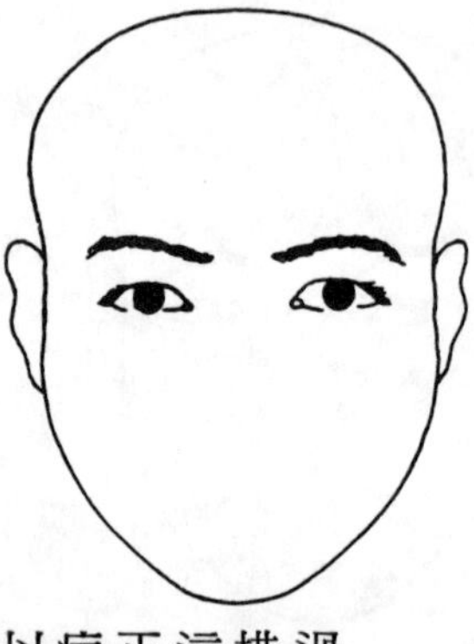

14. 兩眉間隔狹窄之相

因凡事都操之過急，而經常招來措手不及的失敗。這種緊張的累積，正是造成神經性疾病的主要因素，所以中年時代必須特別注意。

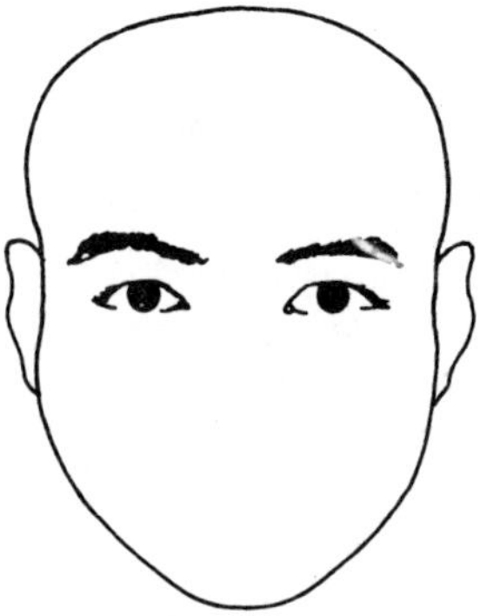

15. 老當益壯之眉

「年過六十大關，就會增添幾根白髮或逐漸的脫落」，話雖如此，但也有眉毛依然粗黑的人，這正表示他具有老當益壯的趨向。

●眼睛的相法

西諺形容眼睛爲靈魂之窗，而面相學上則認爲眼睛可以預測命運的吉凶。換句話說，無論喜怒哀樂、善人或惡人、聰明或愚昧、甚至於運氣的盛衰變化，都會表現在眼睛中。雖然眼睛的形狀姣好、瞳孔清徹，但若是缺乏壓倒別人聲勢般的神色及和氣，則稱不上是吉相。

1. 眼尾上翹的眼睛

雖然質實剛健、身心健全、意志堅強、富有進取心而處世也很堅定，但因不願意向人低頭，所以比較容易豎敵，女性如是具有這種眼睛時，表示對女權運動的傾向很顯著。

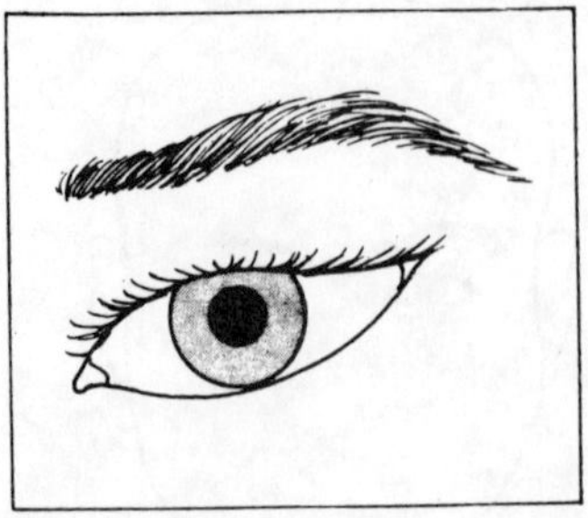

2. 眼尾下垂的眼睛

具有這種眼睛的人，多半心地善良、凡事都能平靜相對，而表現著消極的作風，但由於行動緩慢，所以也不致於鑄成大錯。女性如是眼尾下垂的眼睛，雖然能獲得圓滿的家庭生活，但難免會招來玩火之危險。

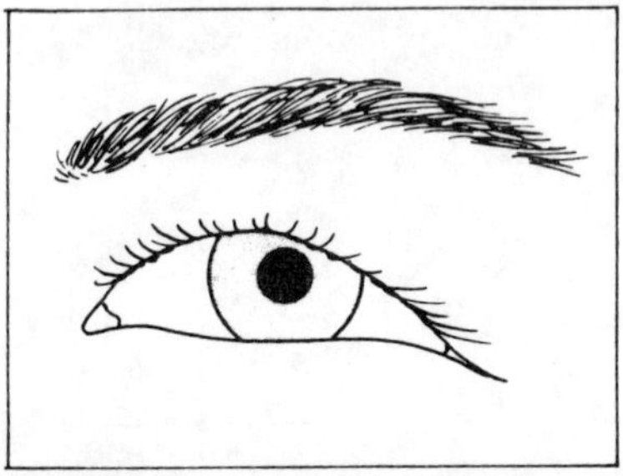

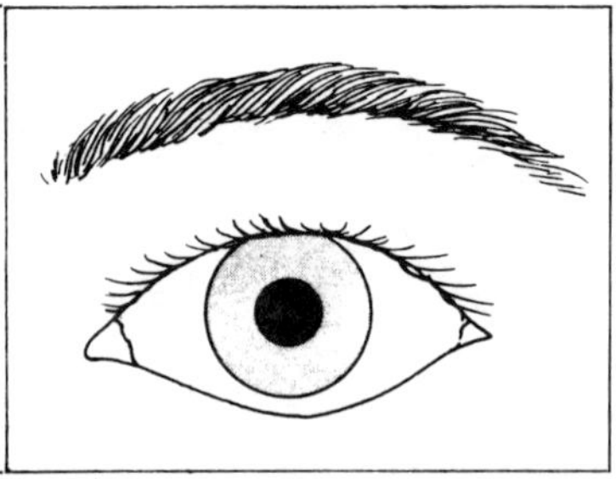

3. **圓眼**

眼睛圓的人，除了在生理上感覺敏銳之外，在精神上的感受性也很強烈，其最大的特徵就是個性爽朗、興趣廣氾及富於感情；相反的，因欠缺思考力而容易招來失敗。女性則容易受到誘惑，在性的方面很積極，且容易達到高潮。

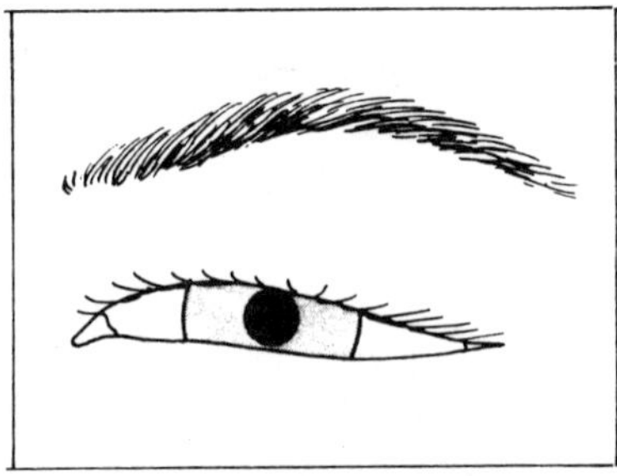

4. **細眼**

在做思考或反省時，人總是瞇著眼睛來思索，而眼睛細長的人正是具有這種特徵，所以在生活中比較不會犯錯。女性眼睛如是細而長時，雖然比較缺乏性的魅力，而家庭運也很低落，但因聰明、幽默、人緣好，所以跟朋友之間，必能維持長久的友情。

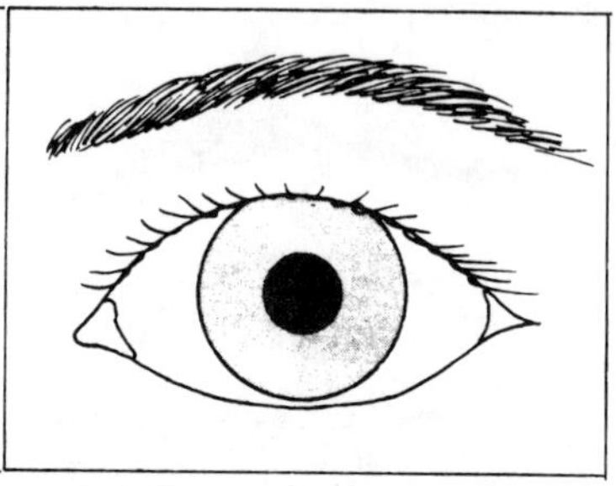

5. **大眼**

雖然眼睛大的人，多半體格健壯、英勇明智，且抱有遠大的希望。但若是身體短小而眼睛亘大的人，因比較胆小懦弱，所以無法完成大事業。女性如是大眼睛時，雖然性情溫和，但因心性比較散漫，所以缺乏統一性和集中力。

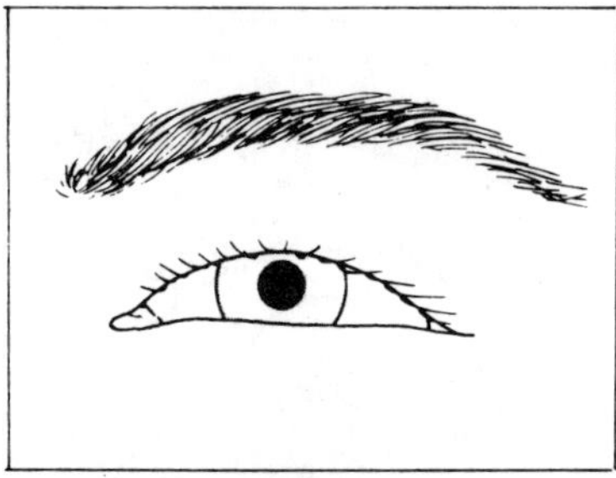

6. **小眼**

小眼睛的優點是謹愼保守、工於心計；相反的，利己的觀念也很強烈。正如捕魚網孔大，魚就會溜走，而網孔小漁才會落網的情況相，眼睛小的人其心胸亦比較狹窄。

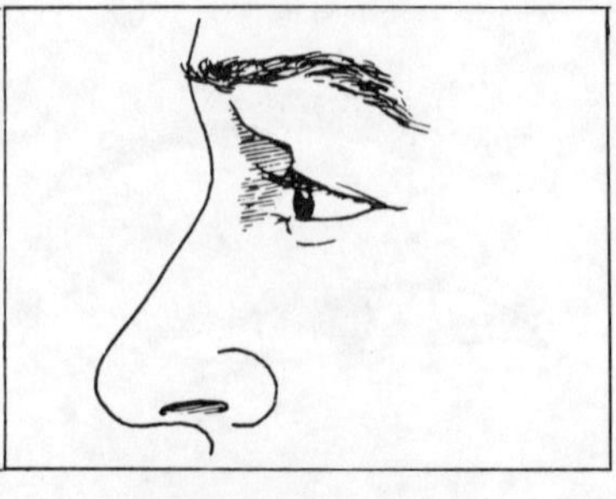

7. 凹陷眼

俗語說：「凹眼無愚蠢」，確實凹限眼的人，多半聰明伶俐、謀事多成，但也是性格執拗、心細多慮的人。這種眼睛通常被認爲比較缺乏性慾，幸好東方人具有這種眼睛的並不多。

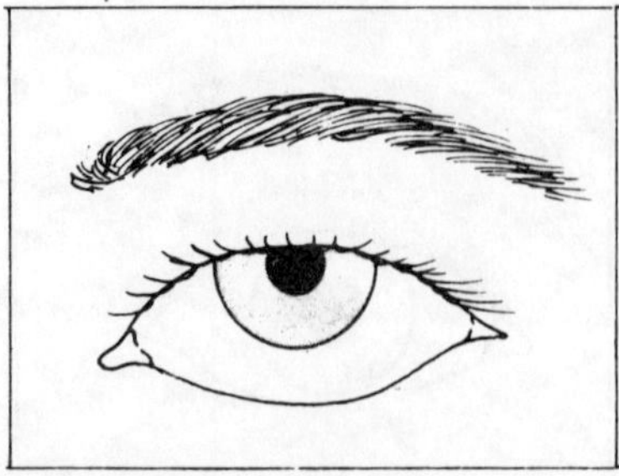

8. 下三白眼

如果是由眼睛活動所產生的暫時性之三白眼則無關緊要，但若是與生俱來的三白眼時，其性格必定頑強、猜忌心重，而破壞性亦重。丈夫冷遇妻子、妻子背叛丈夫，也就是帶來家庭不和的痛苦之相。

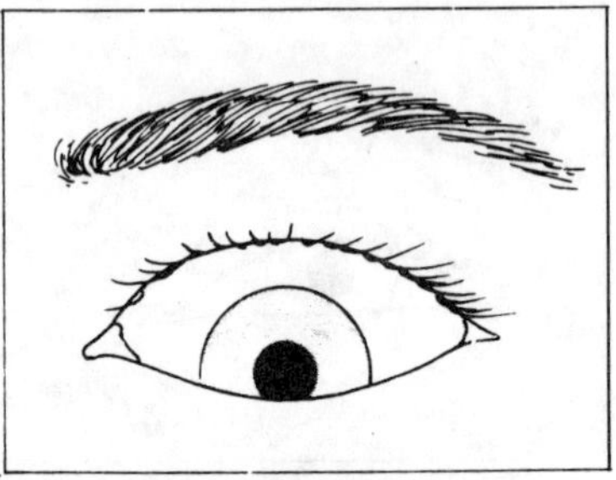

9. 上三白眼

具有這種眼睛的人，其性格與下三白眼完全一致，只是下三白眼跟長輩的緣份淡薄，而上三白眼則跟晚輩的緣份比較淡薄。換句話說，這是一種會虐待部屬的相貌，因缺乏妥協性，且個性孤獨所以終生皆找不到知己的朋友。

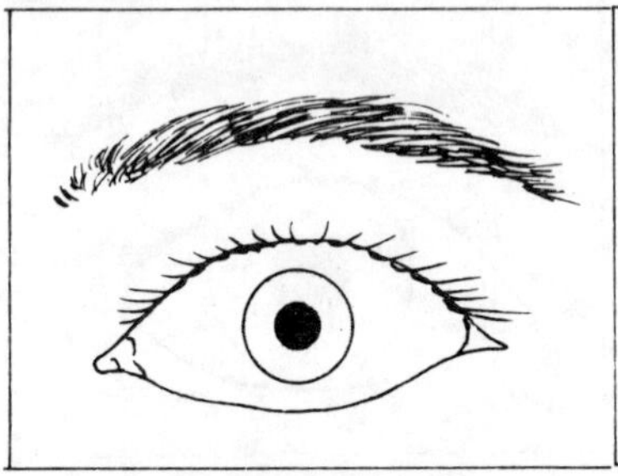

10. 四白眼

凶相的眼睛也有很多種類，但似乎沒有比四白眼更惡劣的。「避免與四白眼者同行」——如古書所記載般，這是屬於大惡無道的凶惡之相，同時還強調會殺人，而女性則有難產之慮。

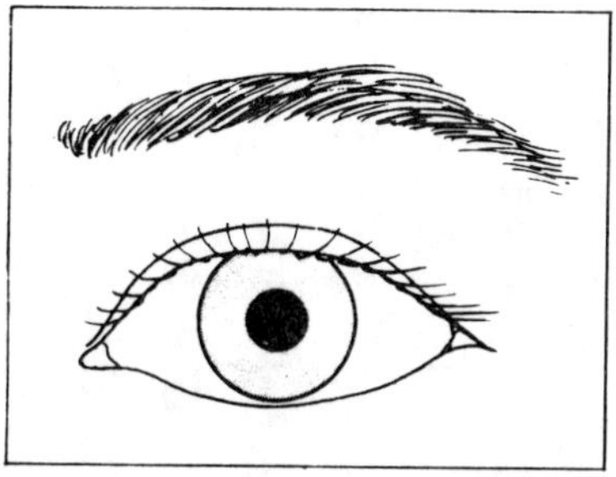

11. **單眼皮和雙眼皮**

單眼皮的人，凡事都不太熱情，一輩子清閑逸樂，是具有強烈意志的人。雙眼皮的人，容易動感情、做事比較缺乏耐性、不徹底。至於鬧戀愛問題較多的也是雙眼皮的人。總之，單眼皮的人主靜，而雙眼皮的人主動。

●鼻子的相法

由於鼻子是主鬥志和財運，所以從鼻樑到鼻翼，豐隆有肉，挺直而無傷痕或斑點的人，就能掌握財力和權力，同時也代表一種長壽之吉相。不過雖然本身的鼻相很好，但若是妻子的鼻相不好時，吉相也會被削弱。每個人的鼻子通常都在思春期間，才被完全定型，所以在此以前鼻子就被定型的人，對其後半生將會帶來不良的影響。

鼻子的標準長度，大約是整個臉部的三分之一，但未開化的人及原始人，通常僅佔四分之一左右。隨著人種的不同，而鼻子的形狀也不一樣，這是跟風土有很大的關連，例如：寒帶的人鼻子較高，而溫帶的人鼻子則較低。原因何在呢？

鼻子的高低也跟風土有關係

這就是居住在必須爲生活努力的地方，鼻子就會逐漸增高，相反的，居住在容易生活的地方，鼻子就會逐漸扁平。

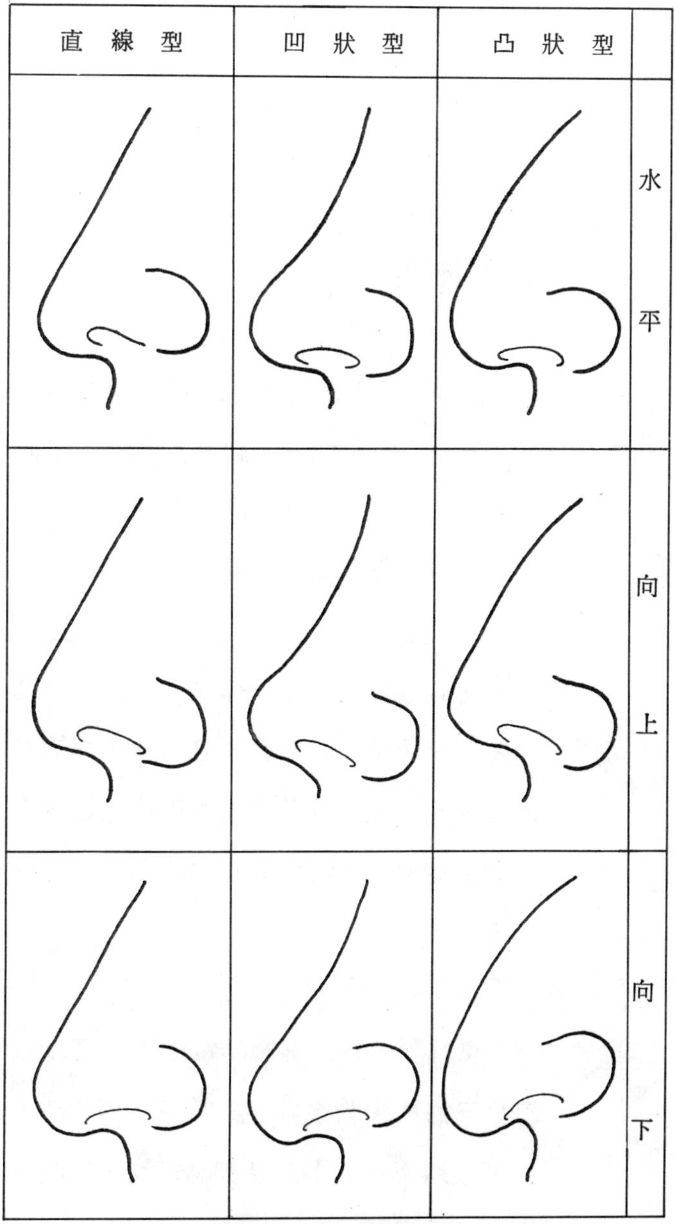

鼻子的基本相法

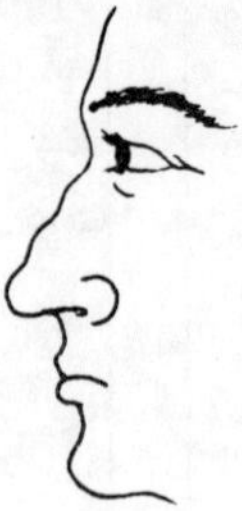

1. 凸型段鼻的人，就像重重疊疊的波浪般，會帶來離奇曲折的命運。法國詩人西拉諾的鼻子，就是屬於這種鼻子的變形。雖然他是一位絕世的名詩人，可是卻具有難以取悅的性格。

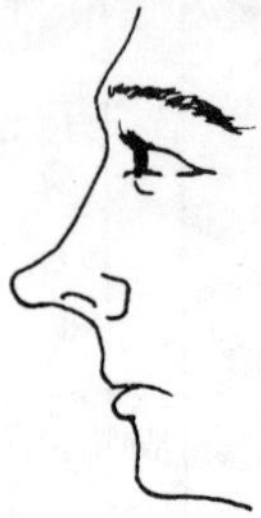

2. 鼻端像削過般的人，表示多疑多病、貪小失大、愛說閒話、缺乏計劃性的生活。倘若不用理性抑制自己的話，就會失去社會信譽而變成孤立無援。

3. 具有這種短小獅子鼻的人，容易衝動冒失，缺乏遠大的理想，且只計眼前的厲害得失，是一生貧苦之相。但若是以報恩感謝的心情，來做貢獻社會的事情，必能逢凶化吉，轉禍移福。

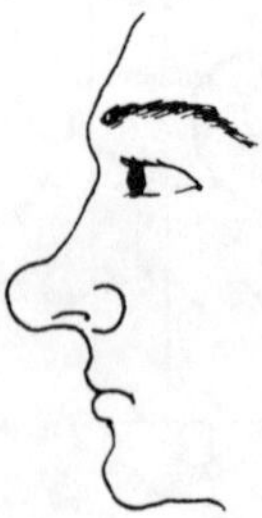

4. 鼻樑尖端特別豐隆結實的人，極爲重視自己的風采和名譽，經常爲周圍者的言行而感到不安，不但具有神經質，同時也比較愛慕虛榮。

5. 這種挺直如劍，形同雕刻般的鼻子，象徵其精力絕倫，進取心強、絕不粗心大意的野心家，無論善惡，一切都以自我爲中心。由於自尊心強、無法與人調和，所以往往會處於孤立無援的立場。

6. 鼻頭圓大、小鼻豐厚張隆的人，性情溫和，且多富有，但容易聽信讒言而遭受拂逆。女性如是這種鼻子，在官能上則比較敏銳，同時全身充滿性感，且富有子女運。

7. 鼻樑寬大的獅子鼻，表示其抱有物質重於精神的人生觀，因肉慾旺盛，所以性器也很大。在經濟方面具有特別敏銳的腦筋。觀念中第一是「錢」，第二是「肉慾」，是生活在唯物史觀中的一個強者。

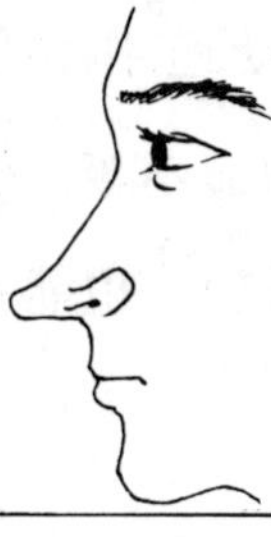

8. 小鼻上吊而鼻頭尖銳的人，直覺力和感覺敏銳、思考思想調和、富有構想力，且具有卓越的創造發明能力。但總是不受重視，而經常處於窘困的狀態中。

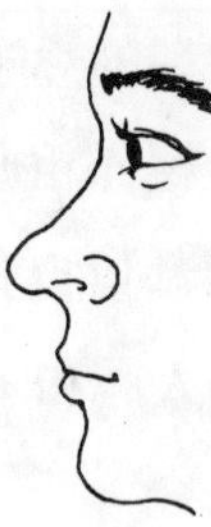

9.鼻樑尖端的三分之一最有力感，而鼻頭特別發達的人，表示具有先見之明，第六感特別敏銳。由於做事有魄力、計劃，對經濟相當關心，又富於慈悲胸懷，所以凡事皆有個圓滿的結果。

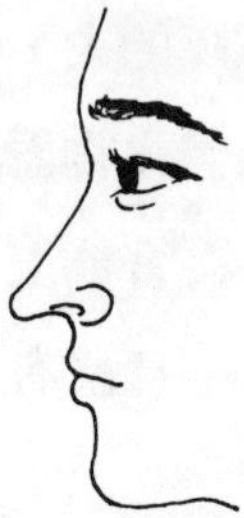

10.鼻端尖銳的人，無論智能或官能方面都很敏銳。雖然具有創造發明的能力，但因缺乏決斷力，所以經常失去良機。

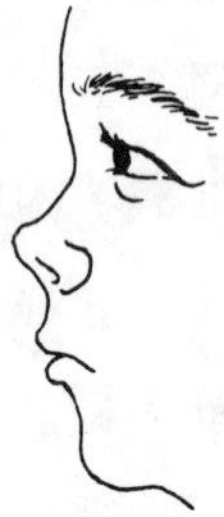

11.朝上短而凹陷的鼻子，表示性情剛躁、氣狹兇悍。對未來的生活毫無計劃，且意志薄弱，經常會惹來經濟上的困擾。對這類型的人，絕不可輕舉妄動。

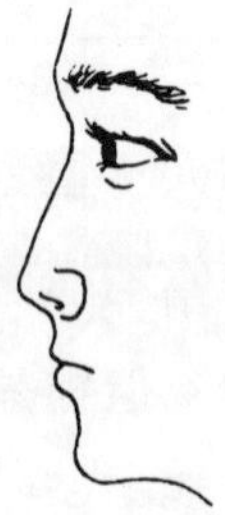

12.鼻樑長而扁平貼在顏面上的鼻子，表示溫和正直、多得人助。由於工作熱心且富有氣魄，雖然所得的報酬並不多，但只要繼續行動，即使無法大成功，也能獲得小成就。

13.鼻子豐厚寬大、鼻孔不仰不露的人，具有特別關心經濟方面的性格。第一是「錢」，第二也是「錢」，爲了錢，他可以不擇手段地去爭取。所以只要抱有服務的精神，必能帶來晚年運。

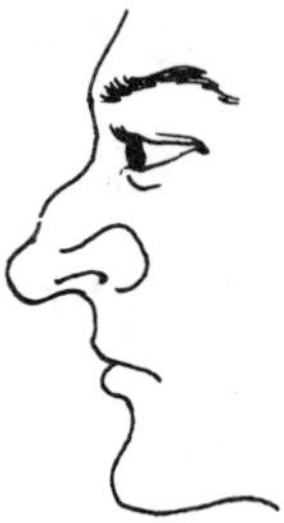

14.鼻子短而有節的人，因言行固執，性情急躁、嫉妒心亦強，平常不苟言笑，一切都以自我爲中心，所以容易遭受反感、喪失其社會的信譽，而變成孤立無援的可憐人。所以這類型的人應該注意本身的修養。

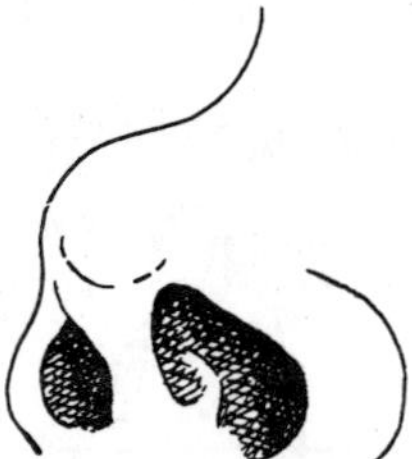

15.鼻孔開張朝上翹的人，表示缺乏社會教養，且無視時代的變遷，總是一個人獨來獨往。是只顧及眼前的利益行動，而絕不顧未來如何的可憐者。

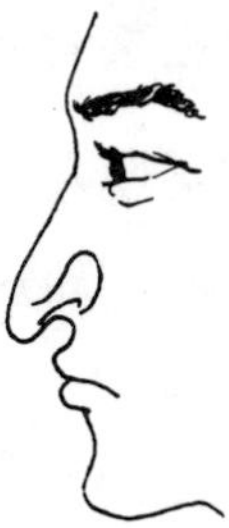

16.小鼻朝上捲曲的人，因個性傲慢、虛榮心強、好勝心切，且自私狡滑，所以不會受到社會的歡迎。但從某方面來說，卻富有社交的手腕。

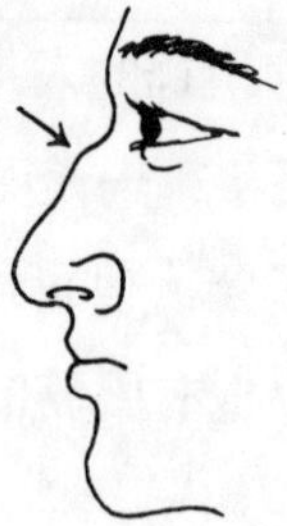

17.凸型水平隆起的鼻子，富有鬥志心和進取心，無論在政治上或經濟上，其成功的可能性都很大，但因凡事都以自我爲中心，且自尊心極強，所以也比較容易豎敵。

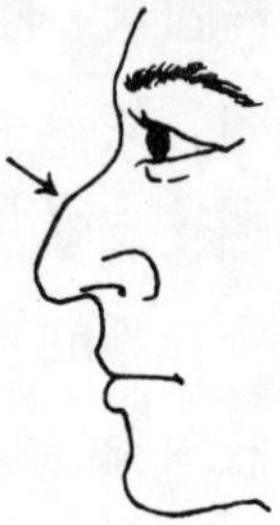

18.凸型中央隆起的鼻子，雖然具有由抵抗、攻擊、運動及防禦所融合而成的個性，但因自己的輪廓過於明顯，所以很難與他人取得協調。

19.凹型中央下陷的鼻子，表示消極而缺乏解決問題的魄力。因心細多慮、不敢嚐試冒險工作，所以不足以完成大事業。

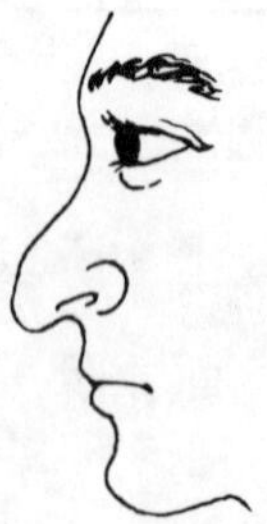

20.擁有這類型鼻子的人，可以說是爲滿足物慾而不惜赴湯蹈火的經濟主義者。因善於迎合時代的變遷，且具有透視人心及超越毀譽褒貶的能力，所以晚年必能帶來財運。

●嘴的相法

由嘴巴可以看出愛情的有無、意志的強弱，尤其是結婚運、財運、健康及壽命等。

相書上有一句話：「口大胆量大，口小胆量小」，男性如果是大嘴巴，性格必定外向，且具有雄心魄力；依同樣的道理，女性是大嘴巴，就有不甘寂寞的傾向，喜愛參與社會活動，且富有男性氣概。

3.大嘴巴

表示胆量大，且富有生活意欲。

4.小嘴巴

表示處事謹慎小心、保守心強，而無法發展大事業。

嘴的輪廓俏皮可愛，嘴角富有魅力的女性，表示其個性爽朗，天生一付幸運相。嘴唇殷紅是表示吉相，紫色是表示淫相或患有心臟病。

1.唇厚的

女性，善長料理，且具有濃厚的愛情。

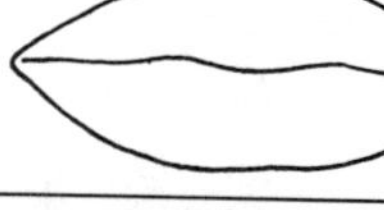

2.上下兩

片唇都薄的人，無論男女都具有隨機應變的本能，且比較刻苦耐勞。

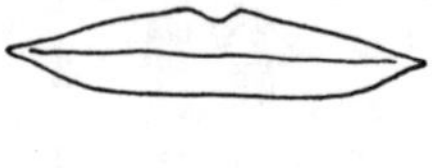

5.唇太薄

且太大的人，表示具有會導致酒精中毒的要素。

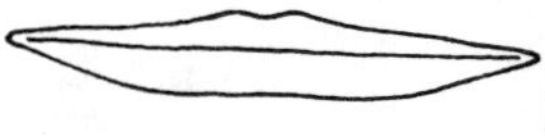

6.下唇厚

的人，一切都以自我爲本位，是屬於幸運之相。

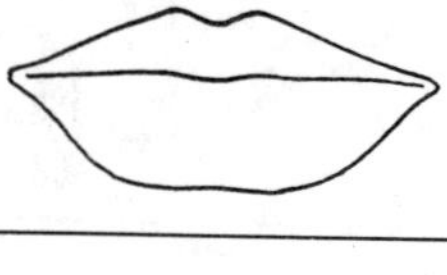

7. 上唇薄的人，在情愛方面被動又比較淡薄。

8. 上唇越厚越懂得異性心裡，男人情深、女性美艷，戀愛作風頗大胆。

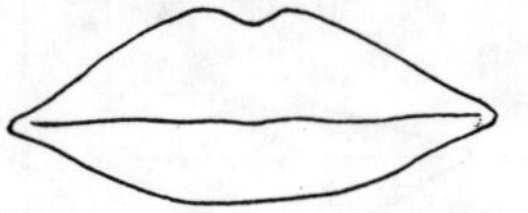

9. 嘴巴斜向一邊的人，表示個性消極，是善於玩弄權術謀數的高手。

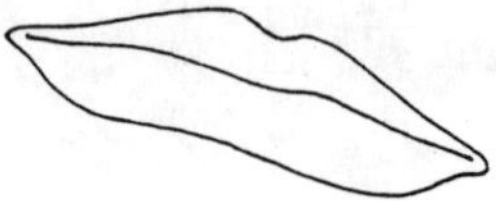

10. 嘴大鬆弛、張開如袖口似的女性，表示缺乏貞操觀念，容易誤入歧途。

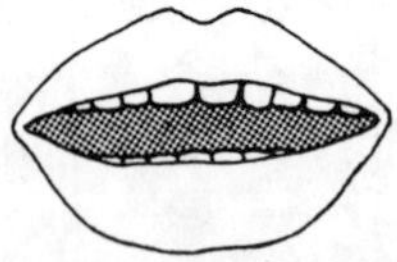

11. 嘴角往上翹的人，表示性格開朗，很得人緣，一輩不必爲衣食住擔憂。

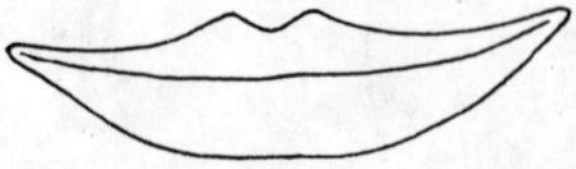

12. 嘴角下垂而緊閉的人，表示消極悲觀、心性紛亂、善於諷刺。

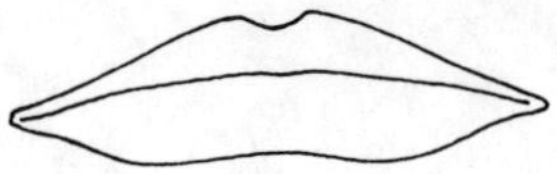

13. 下唇突出的人、表示心懷叵測，是屬於精打細算型的人物。

14. 暴牙的人，雖然個性單純直率，但家庭運氣不好。

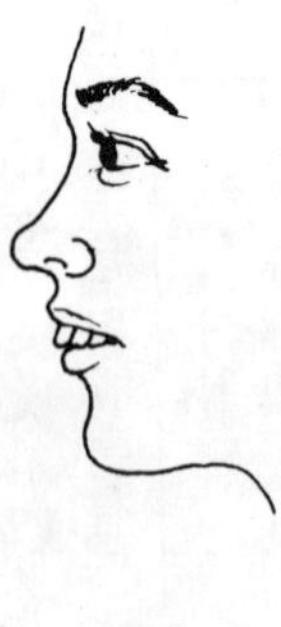

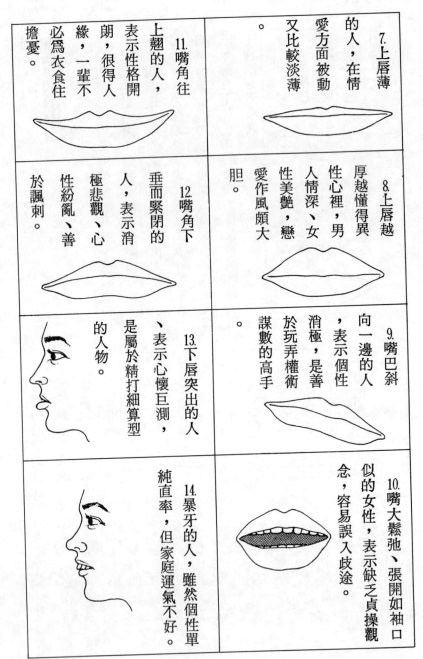

●牙齒的相法

牙齒與人體，無論在病理學上或生理學上，都具有密切的關係。因為由一顆牙齒，就可以推測其年齡、形貌、體質及性格，所以牙齒在面相學上也佔很重要的地位。

在『南北相法』這本書上說：「牙齒可以斷定腎臟的好壞，進而看出身體的強弱。」意思是說牙齒整齊而堅固的話，其消化器官必定強健，所以當然會健康長壽。相反的，若是牙齒有缺陷，其消化器官就會衰弱，而無法長壽。

但也不必過於灰心，只要能夠修心養性，不可存有嫉妒、仇恨的心理，即使很早就失去牙齒，也能保持長壽。

牙齒不但會影響壽命，同時還會影響到性格、運氣及子孫。所以應該隨時記住它的厲害關係，而加以重視。

1.牙齒潔白整齊而堅固，又與臉型配合均稱的人，表示性格明朗、樂觀、熱情、且富有行動力。

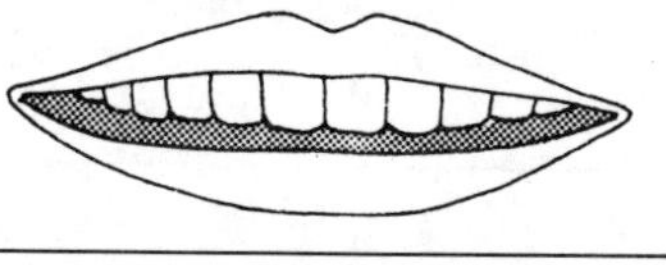

2.門牙歪曲不正或有缺損的人，表示與雙親的緣淺。

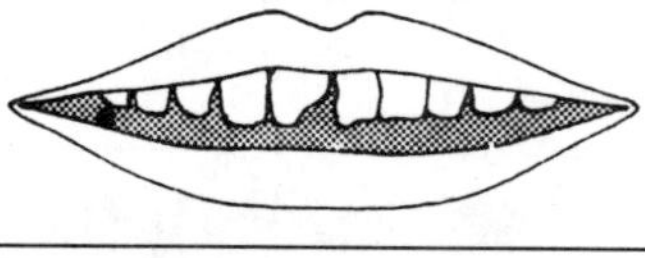

2.門牙大的人，表示活動力旺盛，而性慾也很強烈。

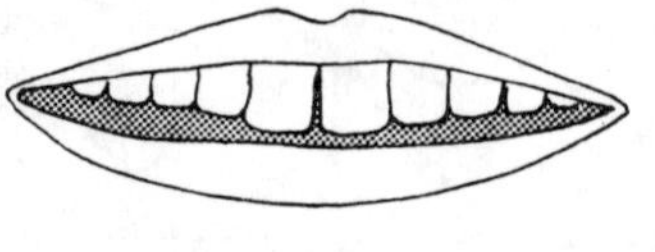

4.上下牙齒都很小的人，其警戒心強而嫉妒心也深。

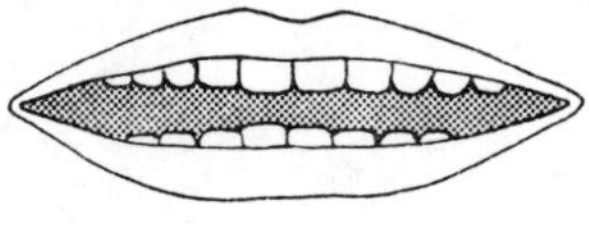

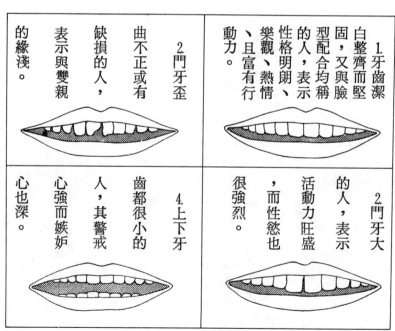

5. 犬齒型的人，個性粗暴，容易招來刀難，且天生一付破財之相。

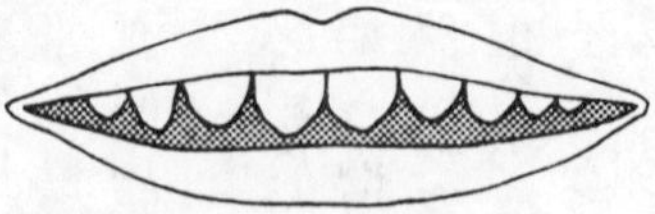

6. 門牙有空隙的人，不但與雙親緣薄，且缺乏蓄財運。

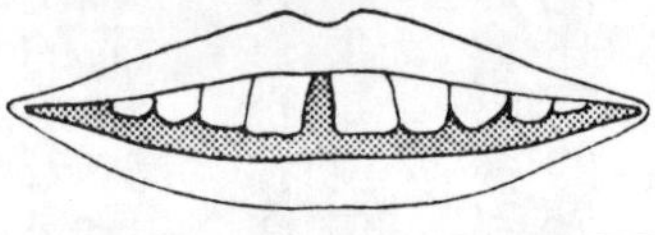

7. 兩顆門牙特別大的人，是爲女難的相格。女性則幸運而又有子緣。

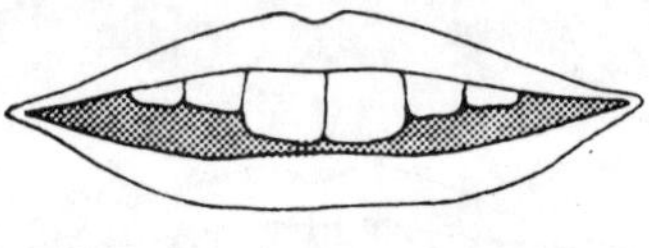

8. 暴牙的人，雖富有行動力，但好嘵舌，且任性固執，不知收斂而令人側目。其家庭運也不好。

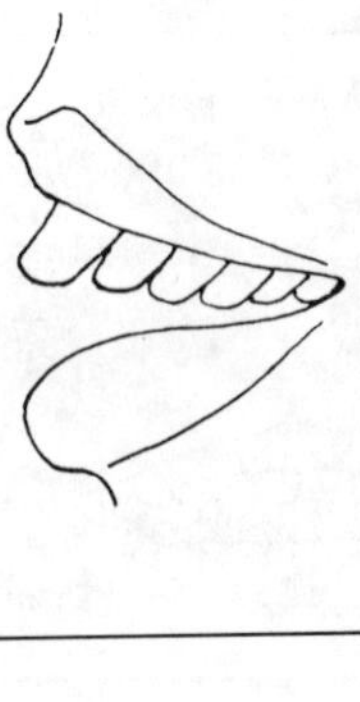

9. 八重齒的男性，不但與雙親緣淺，而其夫妻的情份也很淡薄。女性如是八重齒，無論結婚運或財運，都很亨通。

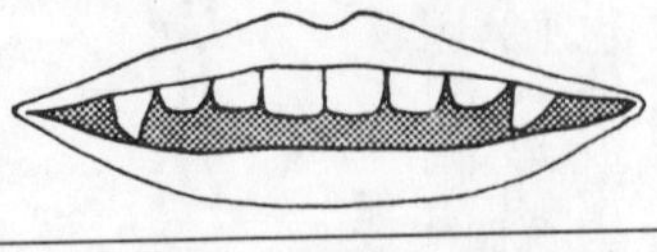

10. 牙齒參差不齊的人，因性情剛躁、容易衝動，所以跟配偶之間無法和睦相處。

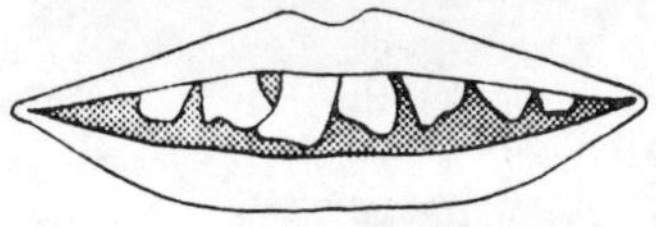

11. 牙齒朝內彎曲的人，表示具有惡性病的遺傳體質。

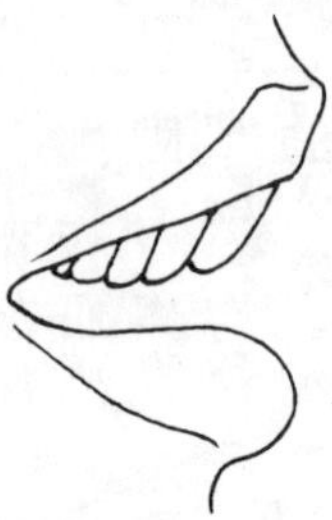

12. 臉小而牙齒大的人，既無財運也無長壽之相。

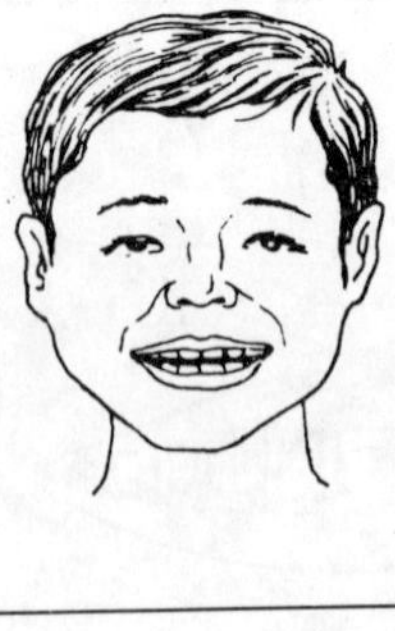

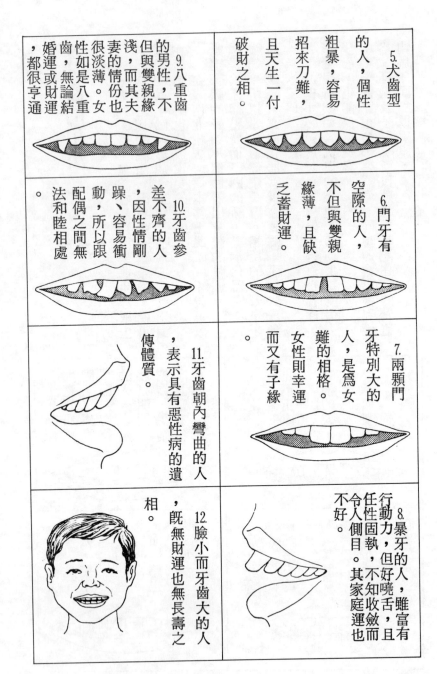

●法令的相法

所謂法令紋，是指從鼻翼兩側延伸向嘴角的兩條對稱紋路。然而顏面的神經，就是沿著這兩條紋路由上方通往下方。

法令紋如左右不對稱或過於靠近嘴角，都屬凶相。

1. 二〇歲以內的女性，若是法令紋明顯時，表示與雙親緣薄，且具有家運走下坡的凶相。

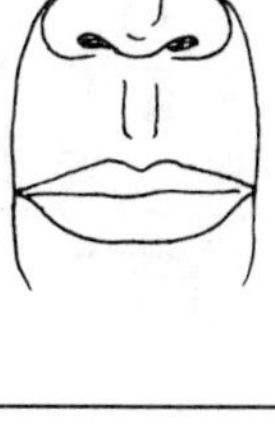

2. 過長繞嘴，像把嘴巴包圍起來的法令紋，表示一生缺乏食祿，容易引起消化器官的疾病。

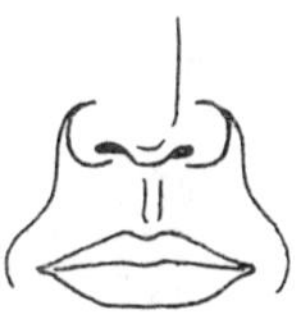

3. 沿著鼻翼兩側，刻劃著很對稱的法令紋，表示能自立更生，是一家繁榮之相。

4. 左右不對稱的法令紋，表示職業不穩定，且經常要爲住所煩惱。

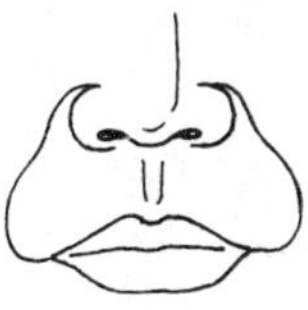

5. 彎入口角的法令紋，古稱爲騰蛇入口，主餓死之凶相，女性到了二〇歲左右，恐怕會遭遇大災厄。

6. 在半途中斷的法令紋，表示跟血親的緣淺，且有健康障碍之慮。

●人中的相法

所謂人中，就是從鼻下到上唇之間的那條直溝。由人中的長短、寬窄、深淺及直曲等，可以看出一個人的貴賤、貧富、壽命、運氣的吉凶及子孫的有無等。

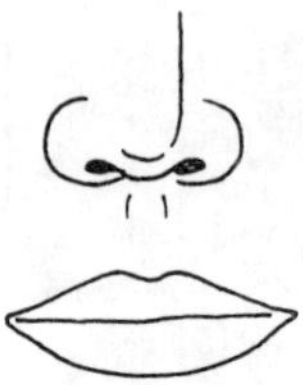

1.人中太短的人，主愚賤，缺乏子孫運、不健康，且會帶來孤獨的晚年運。

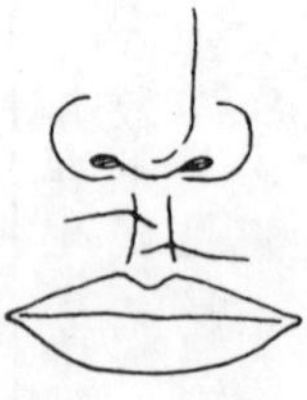

2.人中有橫紋的人，表示結婚運不好，且會爲孩子的事終生操勞。

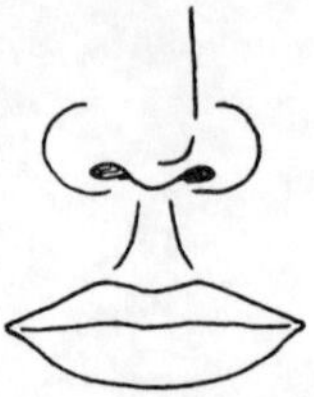

3.上狹下寬的人中，就是典型的幸運相。且越接近晚年越發達，所以必能惠及子孫。

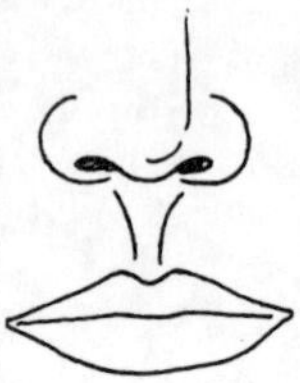

4.上寬下窄的人中，作事較少恒心，遲疑不決，且容易自暴自棄，生下的孩子，小的不如大的，其一生都很不幸。

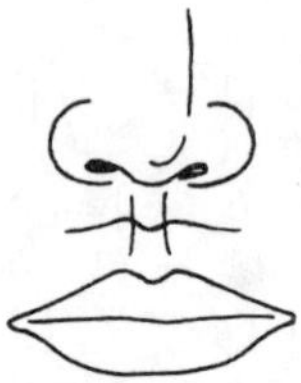

5.人中有橫筋的人，表示結婚運極其不佳。

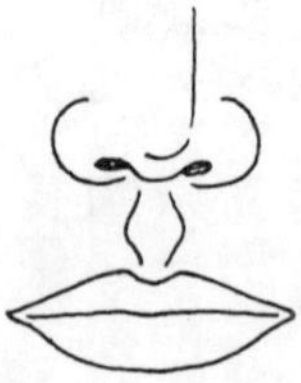

6.上下狹窄中央寬濶的人中，表示經常要爲疾病困煩，一輩子註定要過苦難的人生。

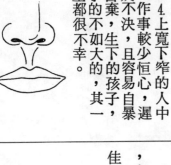

7.人中短的人，主急躁、神經過敏，且缺乏子孫運。

8.人中歪斜彎曲的女性，其子宮不是偏左，就是偏右。

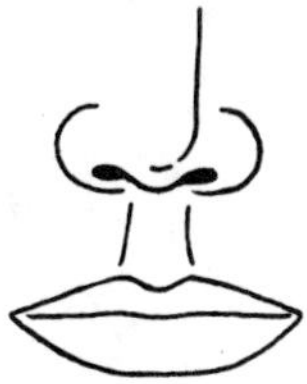

9.人中太寬的人，表示缺乏耐性，智能較低，與子孫緣淺。

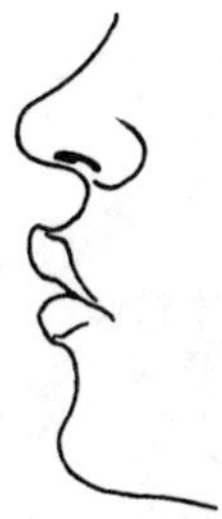

10.人中向上翹的人，表示愚蠢、不諳時勢的運用，是屬於輕舉妄動型，而且個性比較淫蕩、散漫。

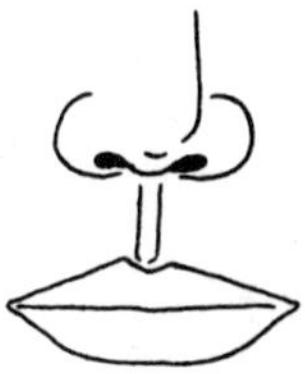

11.人中狹窄的人，主一生窮困潦倒。

12.在人中部位不長鬍鬚的男性，表示與雙親的緣淺，且一輩子要過顛沛流離的生活。

13.人中裡有黑痣的人，表示要爲孩子終生勞苦。

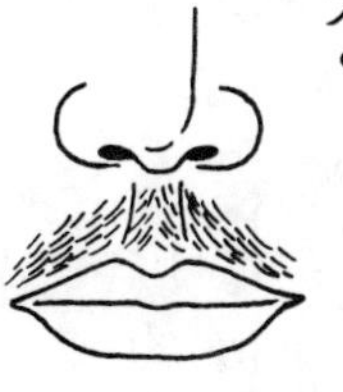

14.在人中部位鬍鬚密生的男性，表示精力充沛、決斷力很強，且富有積極的行動力，所以成功的機會較大。

●耳朵的相法

在臉部當中，只有耳朵不像眼睛、鼻子及嘴巴一樣，可以按照自己的意識來活動；這是因人的下巴比其他的動物來得小，且顯骨突出、耳朵退化的關係。根據發生學，我們知道耳朵也跟眼睛、鼻子一樣，是位於腦神經細胞的部位。因此，一旦得到惡性中耳炎時，不但會立卽影響到腦部，同時也會導致生命的危險。

從臉部的五官就可以推測一個人的性格，其中以耳朵所表現的最爲明顯。形狀正確的耳朵，必能得到雙親恩愛的照顧；相反的，如耳朵的形狀不勻稱，表示其雙親的內心必定隱藏著惡劣的氣質，同時也意味著他是難產出生的。

雖然人的相貌會隨著環境和性格的不同而產生變化，但只有耳朵的形狀跟指紋一樣，永遠不會改變。

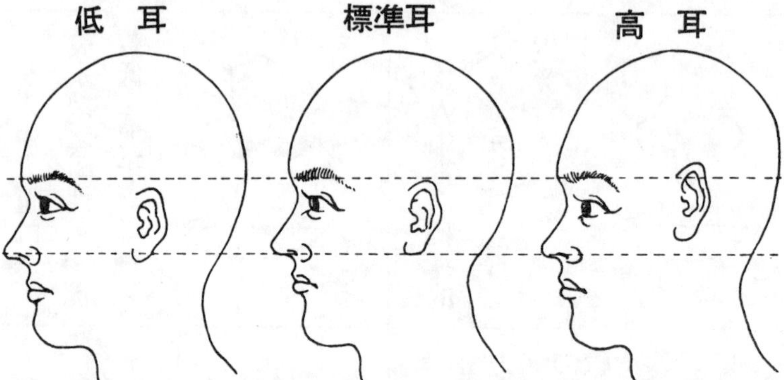

主聰明能幹，雖易受上司及長輩的賞識提拔，但很難獲得部屬的信任和愛戴。

耳朵長在這個部位的人，不但聰敏過人，而且講求道義和信用，致無往而不利。

雖長於俗務，善於支配部屬，且具有仁德之心，但感情豐富、容易沈溺於情慾而缺乏向上發展的志向。

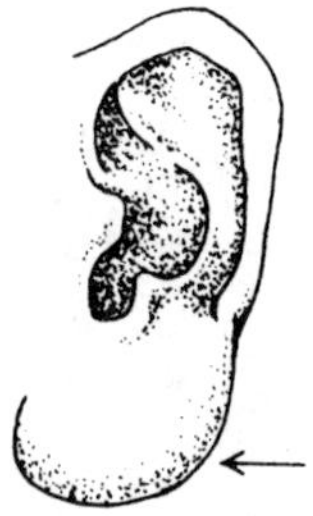

1. 耳垂大而肉厚的人，表示很有氣魄、誠實，可以擁有巨大的財富，女性更主男運很好。

2. 耳朵小的人，雖然具有才能，但缺乏保密的功夫。

3. 耳朵內輪向外廓凸出的人，多半排行二子或三子，富有反抗精神和霸氣。

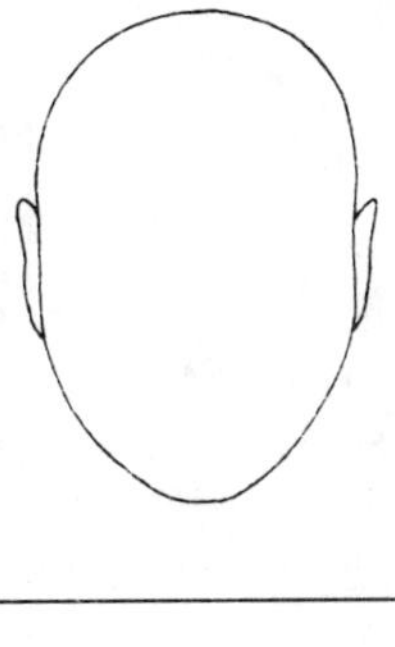

4. 耳朵緊貼臉部的人，主意志堅強，有創業的本領，即使白手成家立業，也必能獲得成功。

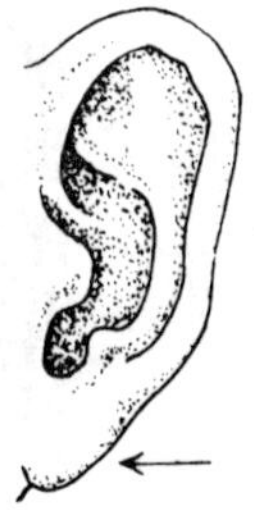

5. 耳垂小而肉薄的人，雖凡事小心謹慎，但容易動用感情。如女性則夫運不好。

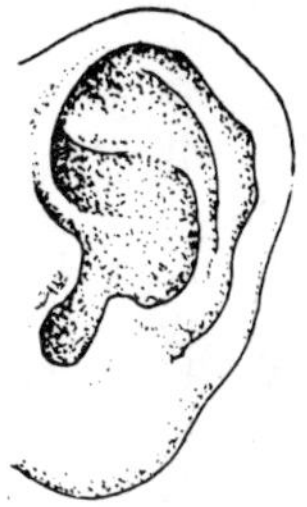

6. 耳朵大的人表示善於保密，且具有信賴性。

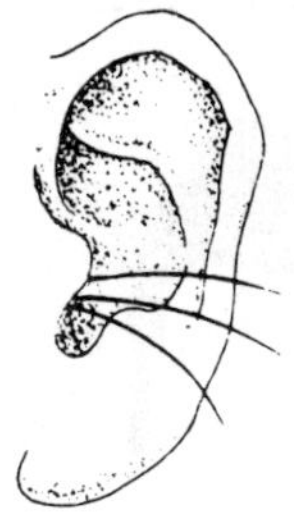

7. 從耳孔長出堅硬毛髮的人，表示長壽、健康。

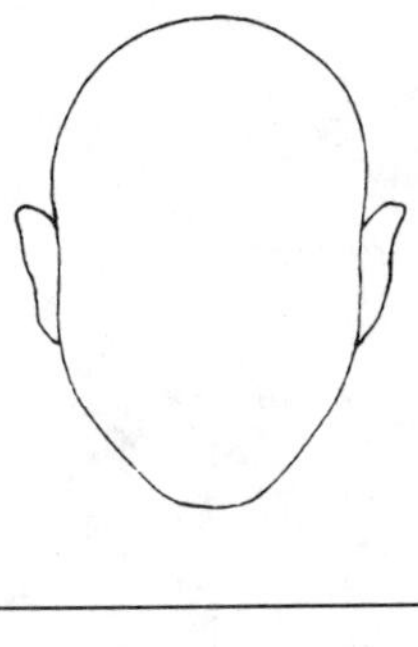

8. 耳朵遠離臉部的人，表示能繼承雙親的遺產，且能蒙受上司及長輩的恩澤。

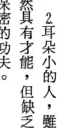

●額頭的相法

額頭，不但是「知識的寶庫，而且也是決定一生運氣好壞的最重要部位。寬濶而垂直隆起的額頭，主聰明伶俐、溫雅成名，尤其是豐滿而無凸凹破損，或黑痣疵疤的光潤額頭，必能腳踏實地奠定事業的基礎，到了中年最得人緣，且會在社會上佔相當重要的地位，而過著有意義的人生。

額頭也是表現智力的部位，從髮際到眉間的上部，是表示高等的智力，至於下部則表示下等的智力。「凸額不會是傻瓜」正是這個意思。

據說「額頭豐滿光潤的人最好」，「額頭暗淡無光的人具有重病」。由於前腦葉的變化，往往出現在額頭上，所以這部位發黑的話，就表示罹患重病。

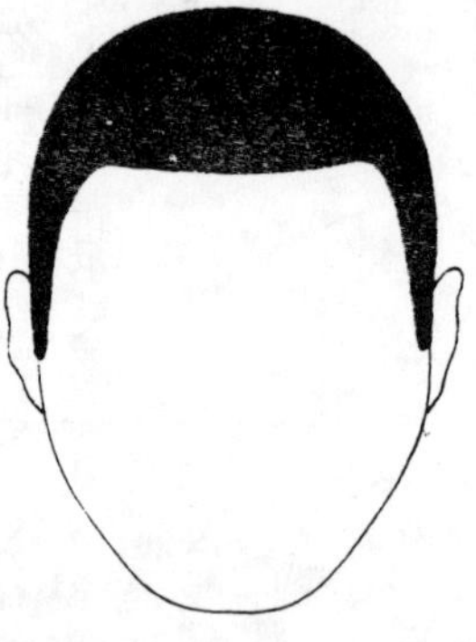

1.方角額的人，具有優於實際事物的才能，工作努力、生活意欲旺盛，雖受人信賴，但因過於現實而缺乏吸引人的魅力。

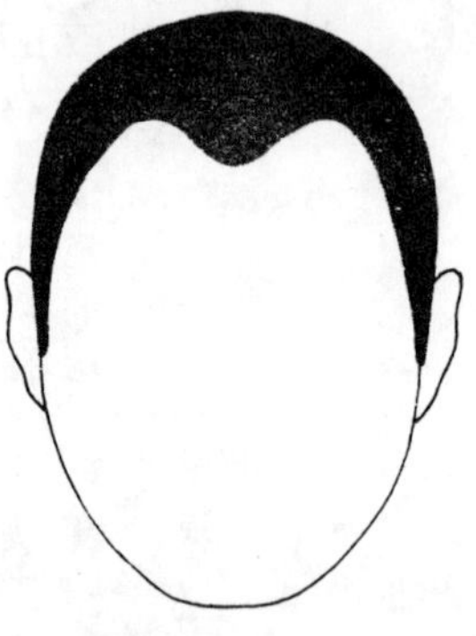

2.M形額的人，表示獨創力和洞察力都很發達，而且名譽運比財運還要強。

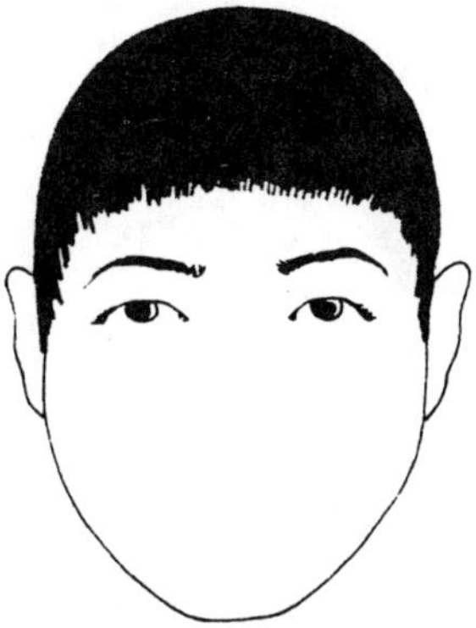

3. 額頭狹窄的人，表示具有獨立的性格，且意志堅強有耐力，是屬於大器晚成之相。女性則缺乏之結婚運，但若是朝職業方面發展，必能獲得幸運。

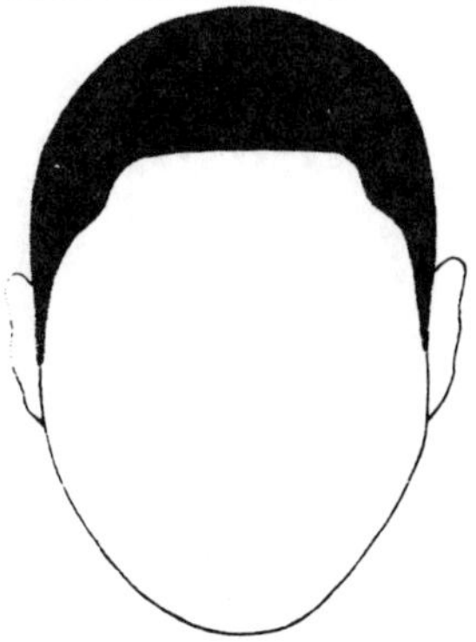

5. 髮際整齊的額頭，主長子或長女之相。

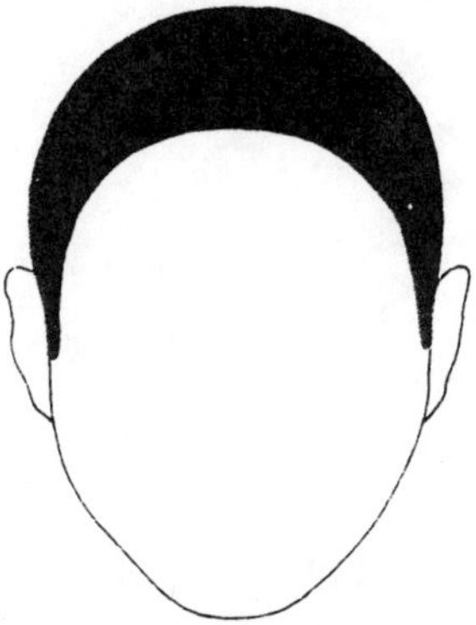

4. 髮際渾圓的額頭，表示具有超人的記憶力，但情緒卻變化無常。

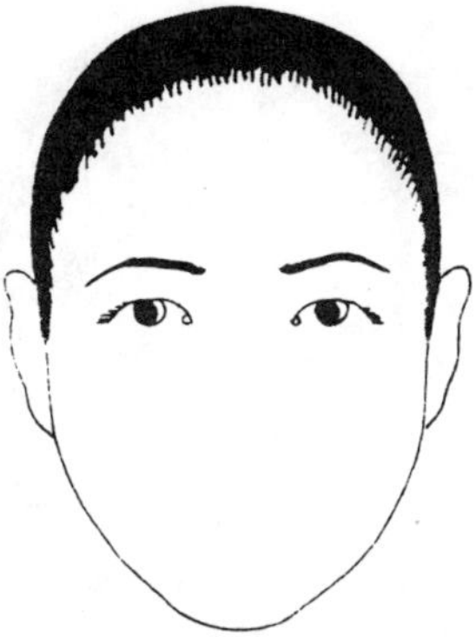

6. 額頭過寬的女性，倘若在二〇歲左右結婚，定會導致婚姻失敗。所以盡可能晚婚比較好。

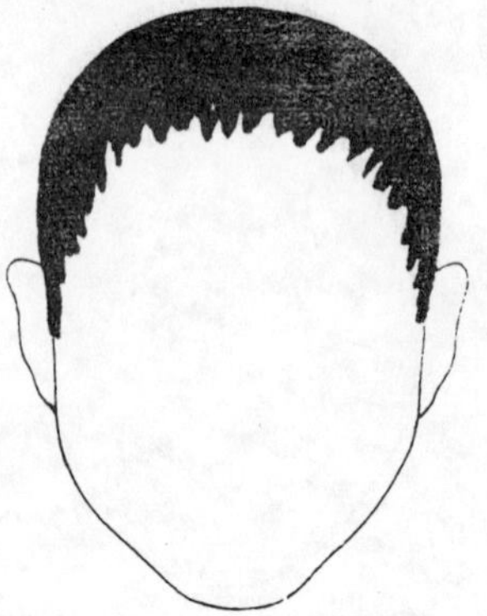

7. 髮際不整齊的額頭，主次子、三子或次女、三女之相。

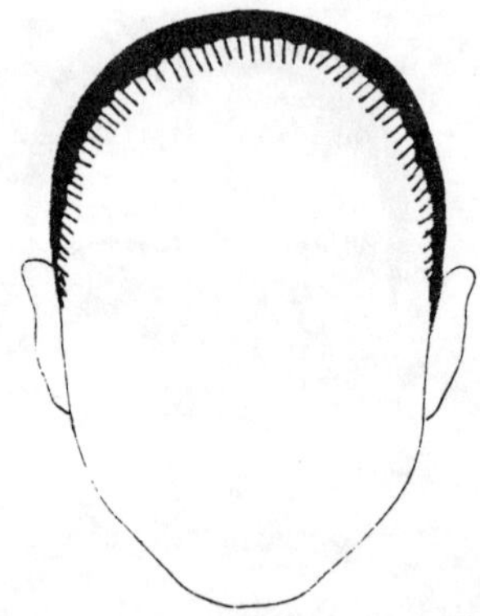

8. 頭髮脫落的額頭，表示具有卓越的智能，且推理力特別發達。

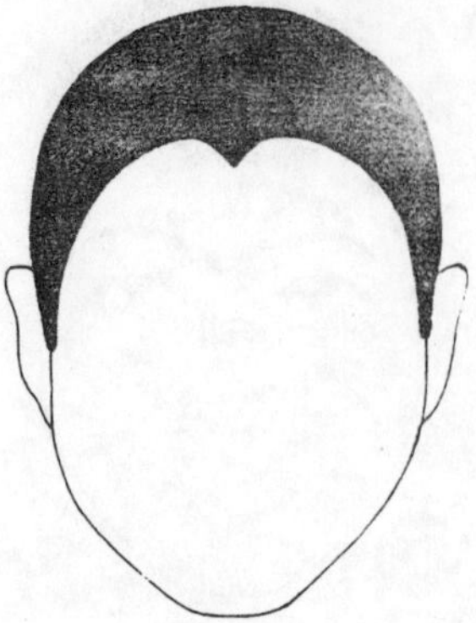

9. 富士山額的人，主夫唱婦隨，是屬於賢妻良母之相。如男性則有著女性化的性格趨向，且會跟年長的女性戀愛，一旦結婚時，就會帶來幸運。

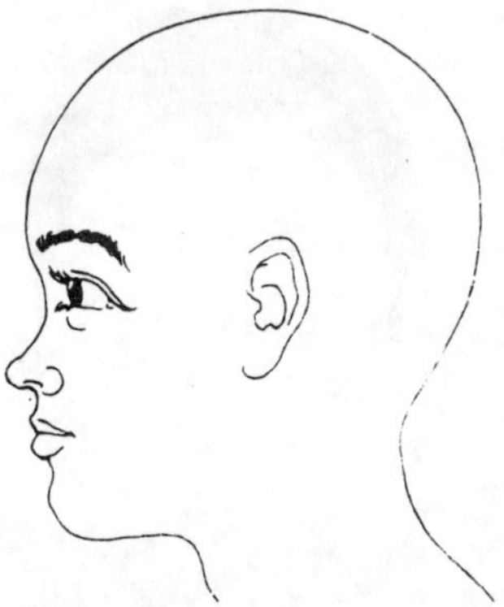

10. 凸額的人，具有優秀的智力，且善於交際，唯女性如有凸額時，因聰明伶俐才華過人，所以只要從事適當的職業，必能嶄露頭角。

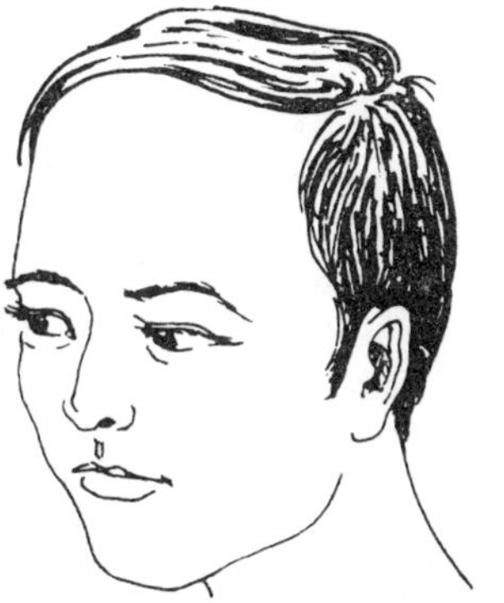

11.額頭像牆壁般隆起的人，不但頭腦清晰、很能隨機應變，且具有卓越的思考力和推斷力。

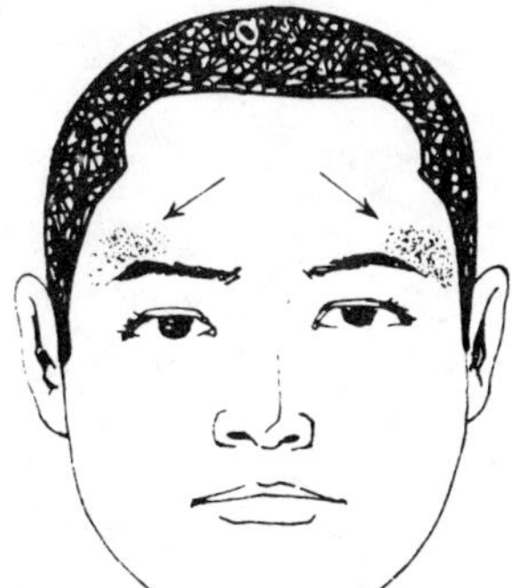

12.在箭頭的部位，豐滿而有光澤，且沒有傷痕和黑痣的人，主性格開朗，做事徹底，富實行力，容易成功。相反的，有傷痕及黑痣，且沒有光澤的人，是屬於貧困之相。

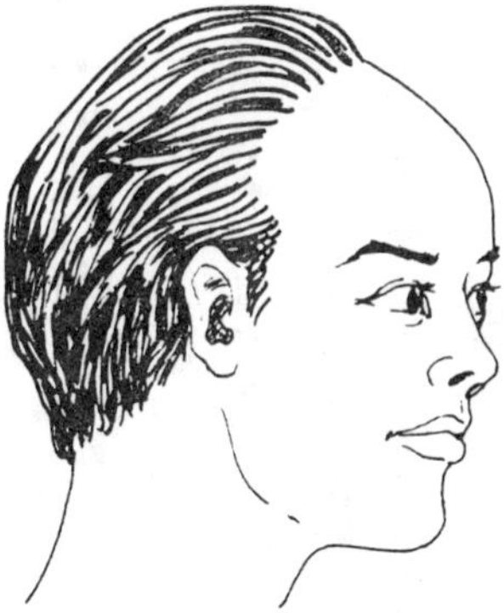

13.額頭上部的頭髮，如一直往後退的人，表示富有行動力，最適宜當實業家及技術家等。

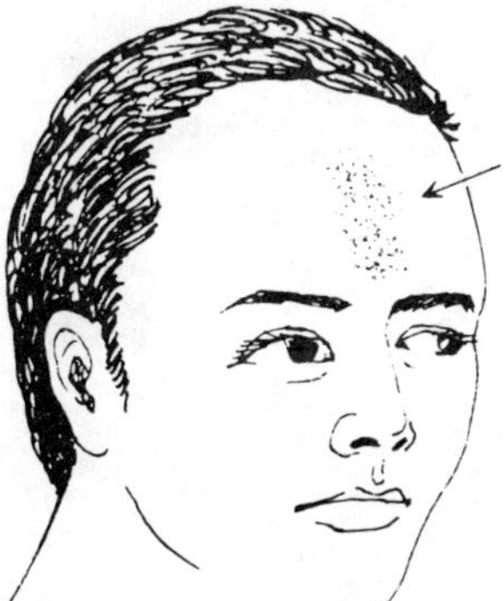

14.在箭頭的部位，豐滿而有光澤，且沒有傷痕和黑痣的人，富行動力，容易成功。相反的，有傷痕及黑痣的人，必定會招來不幸。

●下巴的相法

從下巴可以看出有無愛情和度量，同時也可以推算夫妻運、子運及晚年運的消長。

下巴消瘦的人，主缺乏愛情，晚年運不好。下巴圓寬而豐滿有力的人，主愛情濃厚，晚年運很好。圓下巴如果只是肥和軟時，表示一生講求享受，是屬於愚鈍之相。

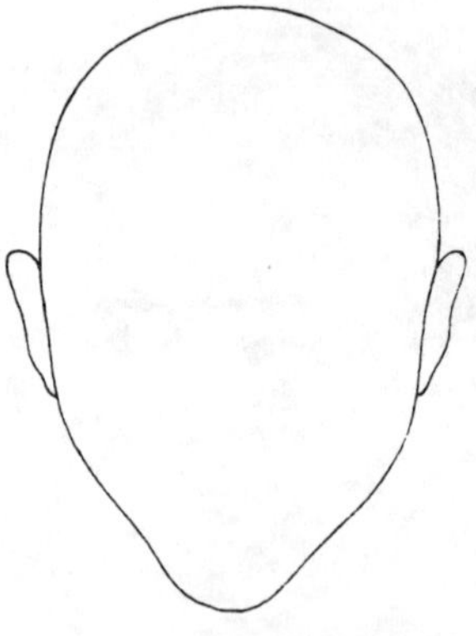

1.下巴尖小的人，雖富有理智、感覺敏銳、可是愛情運舛滯，晚年運也不好。

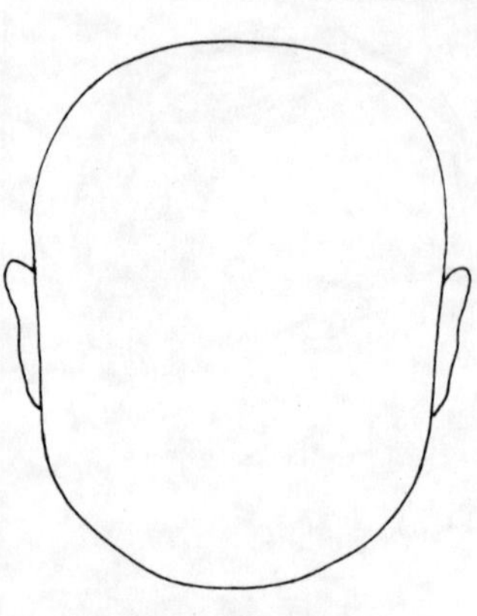

2.下巴圓寬的人，表示具有福德運，在物質和精神方面都能獲得安定。而且，也都能享受愛情生活，其子孫運也很昌隆。

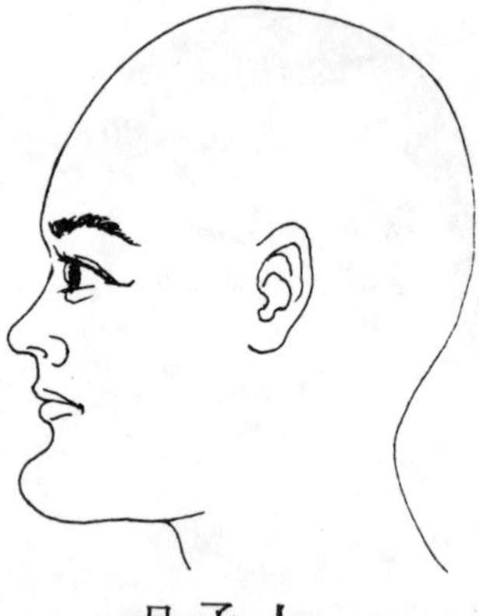

3.下巴凸出的人，表示很愛面子、自視甚高、且獨裁、任性。

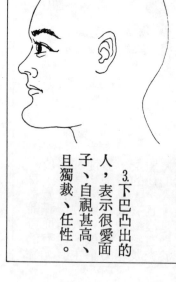

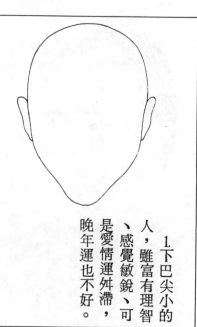

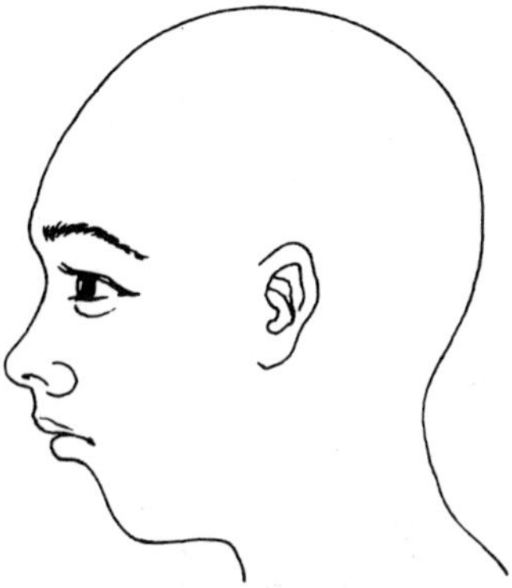

4.下巴內縮的人，比較愼重、順從及謙讓，但因畏首畏尾的關係，所以往往把握不住良機。

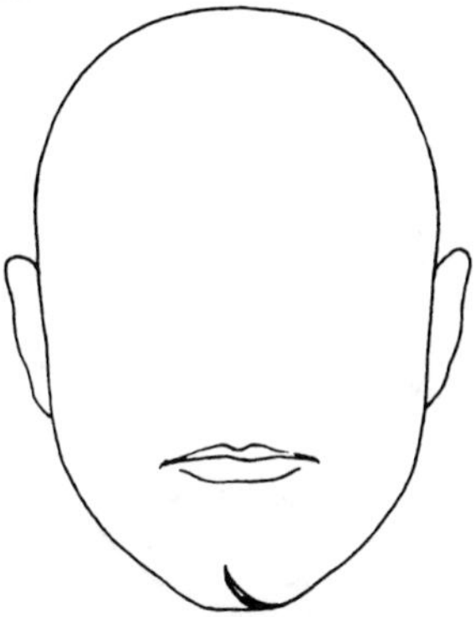

6.下巴有刀傷的人，表示夫妻運會受到障碍。如果有黑痣時，表示經常要爲部屬操勞。

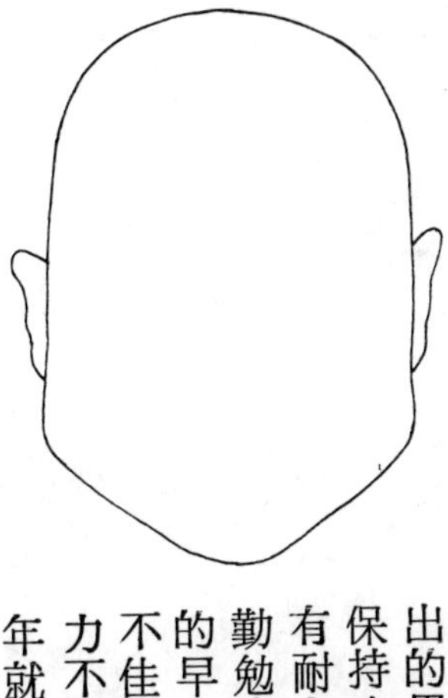

5.耳下顋骨凸出的男性，經常保持冷靜、且富有耐力，是屬於勤勉之相。女性的早年及中年運不佳，但只要努力不懈，到了晚年就可以獲得幸運。

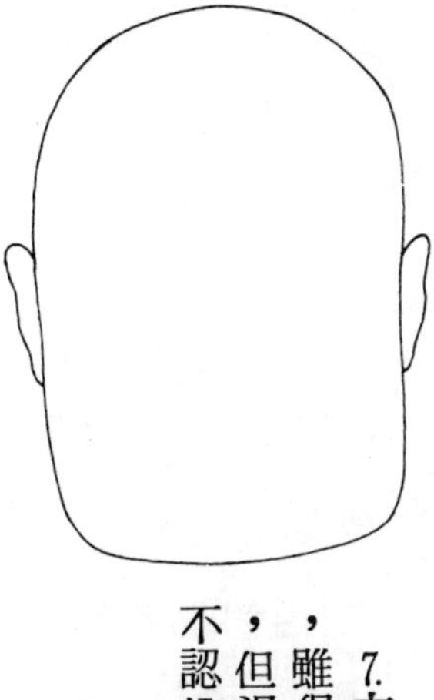

7.方角顎的人，雖很小心謹愼，但過於頑固且不認輸。

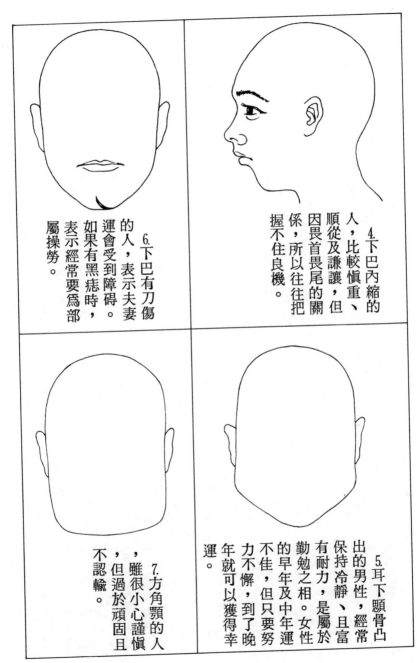

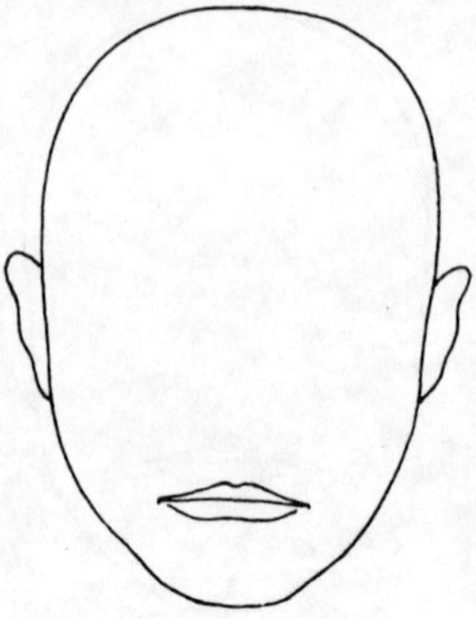

8.下巴小的人，主血親緣、夫妻緣及子緣淡薄。

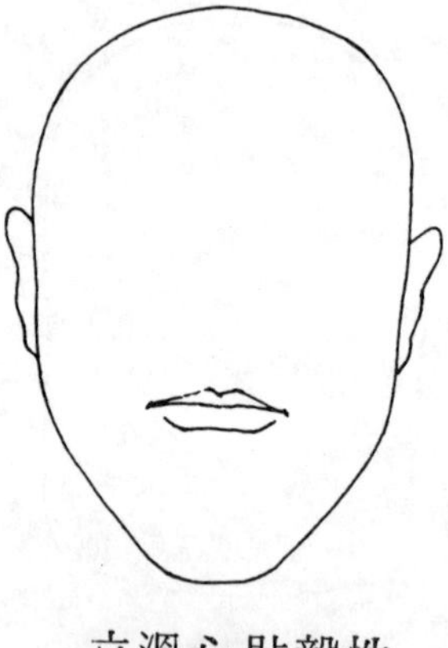

9.下巴長的男性，富有信心和毅力，且善於體貼妻子。女性則心地純潔、性情溫和，但缺乏獨立自營的精神。

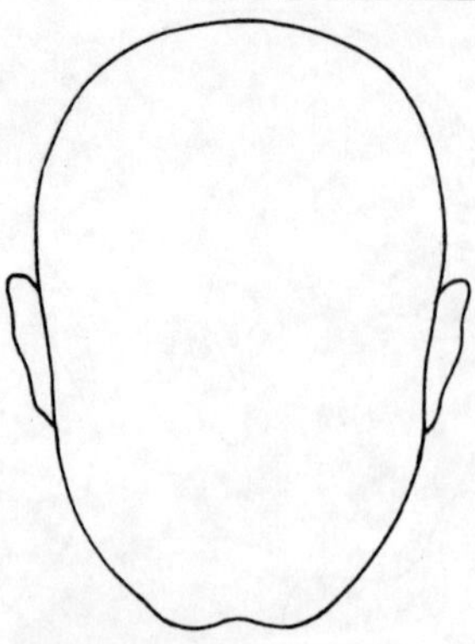

10.下巴中央凹下去的人，表示無法繼承家業，然而在藝術技能方面，卻有充分發揮及創造的潛力。

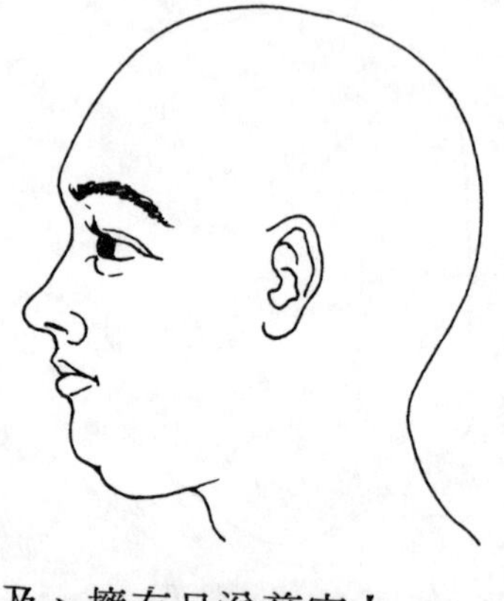

11.雙重下巴的人，表示氣量寬宏、待人和藹仁慈、因此財運順遂、事業發達，且身體健壯、富有精力，女性則擁有很好的夫運、子孫運、財運及健康運。

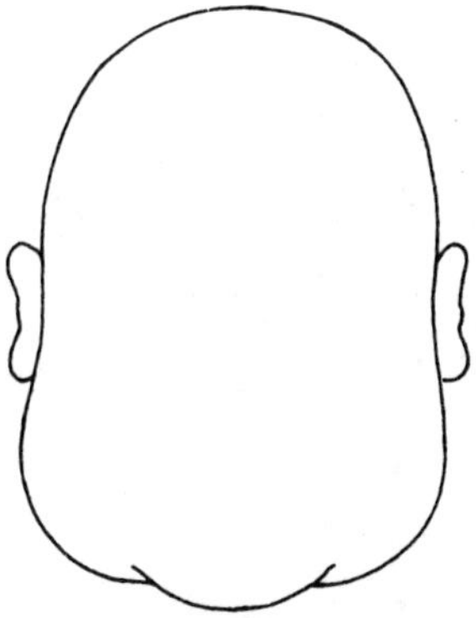

12. 下巴豐隆的人，身體健康、性格爽朗、富有活力。同時人緣佳、子女出息、部屬歸心協力，是屬於福相。

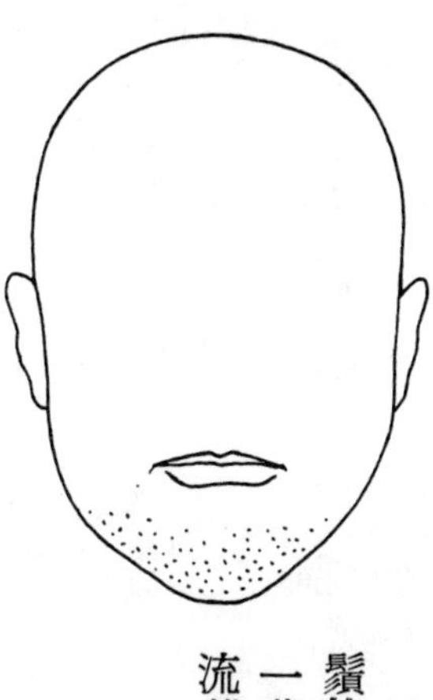

13. 下巴不長鬍鬚的男性，註定一輩子要過顛沛流離的生活。

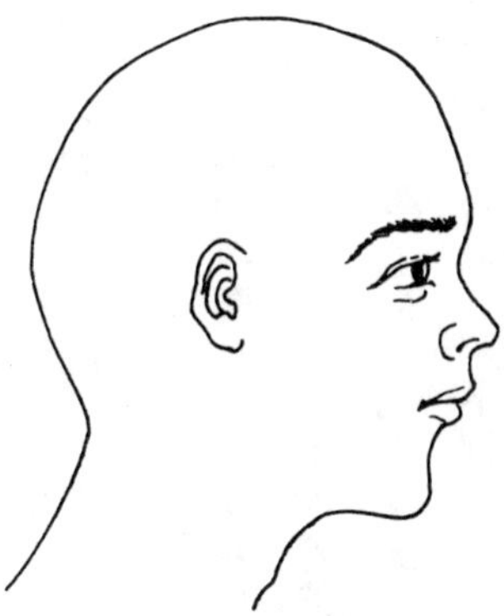

14. 從下巴下部到喉嚨部位比較消瘦的人，主浪費，多係貧苦之相。

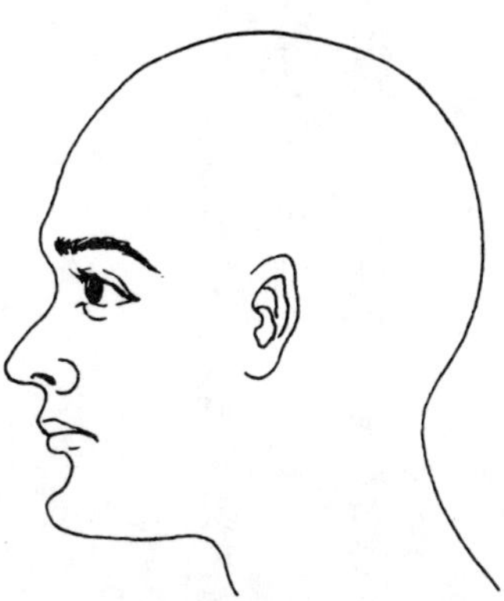

15. 下巴尖端往上翹的人，性情剛躁、任性蠻橫，對妻子完全沒有體貼心，一輩子都以自我爲中心來渡過。

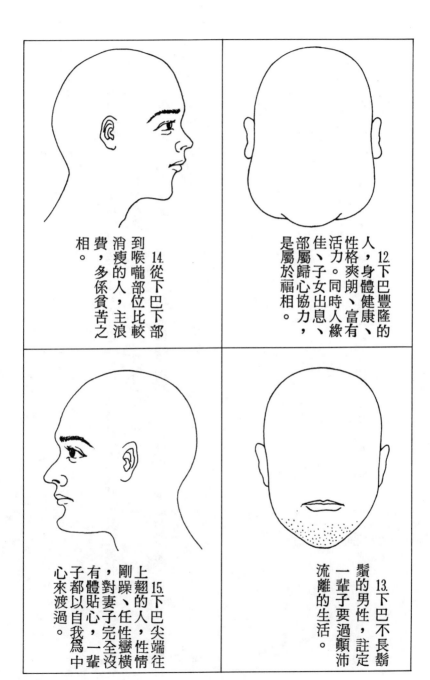

●毛髮的相法

毛髮的主要功能，是在於保護頭腦，通常生活在強烈陽光下的人們，其毛髮是呈現漆黑色的；相反的，生活在寒帶地區的人們，其毛髮是以長得濃密爲原則。

面相學上是以頭髮、鬍鬚、眉毛及睫毛做爲面相對象，但此地僅是針對頭髮而言。要看頭髮之前，必須先了解下列諸點：

①粗或細？
②顏色如何？
③直或綣？
④濃密或稀疏？
⑤柔軟或堅硬？
⑥有無光澤？

毛髮的形狀可分爲直狀、波浪狀及毬狀三種，東方人是屬於典型的直狀毛。

●毛髮粗的人

個性倔強、好勝心切、體質剛健、性情暴躁。

●毛髮細的人

性情溫和，氣質優雅、體質軟弱。

●毛髮濃密的人

做事徹底、富實行力、性格也質實溫厚。

●毛髮稀疏的人

缺乏思考力及行動力，經常表現畏首畏尾的情況。

●毛髮堅硬的人

體質強健、性格頑固、精力充沛。

●毛髮柔細的人

個性溫順優雅，但意志卻很薄弱。

●毛髮有光澤的人跟無光澤的人

健康人的頭髮，無論其形狀如何，總是帶有光澤，可是一旦陷入不健康的狀態時，就會逐漸喪失其光澤。換句話說，當您的頭髮突然喪失光澤時，就要注意這是一種疾病的前兆。

〔**頭髮相附錄**〕

△身體瘦小、頭髮濃密的人，主體弱多病、幼年或中年即會病故。

△頭髮稀少且呈茶褐色的人，即使獲得財運也難免晚景寂寞，且子孫緣薄。

△頭髮漆黑、粗硬、且濃密的人，主征服、果敢、性格殘忍。是屬於暴躁之相。

△頭髮稀疏柔細的人，雖然個性消極、憂多樂少，但具有理性來處理事物的能力。

△髮際濃密的人，主個性剛強爽直，富有耐苦持久之力，但終身勞碌、喜獨來獨往。

△髮際稀疏的人，主溫文優雅、耐勞持久、作事貫徹始終。

△任何人到了老年，毛髮都會變白，其順序是頭髮、鬍鬚、鼻毛、陰毛，最後才眉毛。當眉毛變白時，您就要覺悟即將不久人世了。

●鬍鬚的相法

△黑色的鬍鬚，主勇敢，富有行動力。

△稀疏的鬍鬚，主文職發達、具有理性。

△褐色的鬍鬚，主聰明、才藝超群，且情感豐富。

△粗硬的鬍鬚，主個性單純、正直、且性急容易招怨。

△濃密的鬍鬚，主任性蠻橫、缺乏體貼心。
△沒有光澤的鬍鬚，主性情不定、諸多反覆、人品卑劣。
△有光澤、且柔細富有彈性的鬍鬚，主性格高貴，多得人助。
△濃密粗硬、長到喉嚨的鬍鬚、主智小謀大，心亂妄貪的野心家。

黑鬍鬚的人，主勇敢、富有行動力。
以爲是皮包
鬍鬚粗硬的人，多半性格比較焦急。
富
權力
名譽
秘策
鬍鬚稀疏的人，多半富有理性。
哲学入門
鬍鬚濃密、粗硬，長到喉嚨的人，多半具有雄心大志。

鬍鬚也表現其人的性格

●痣的相法

所謂黑痣，就是一種黃褐色或黑褐色的色素斑。其大小不一，有的如針頭般小，也有的如指甲般大。雖然形狀多半爲圓形、類似圓形、及扁平形，但也有從皮膚隆起的。

因痣是由位於眞皮上層的色素細胞所凝成的，且跟中樞神經（大腦）有密切關係，因此根據痣所出現的部位，我們可以推算出其人的性格或命運特徵。

由痣的位置來判斷人的性格和命運，正如65頁（以下的數字，就是下圖的號碼）。

1、2、3—跟雙親、上司及長輩皆無法和睦相處。

4—欠缺思考力、且生活無法安定。

5眉毛上方—因受親友連累而吃虧、財運不佳。

6眉毛內—主聰明，才藝超群、富貴、且具有財運。

7眼皮上—主家庭不和，是屬於破財之相。

8鼻樑上—主經濟苦難、且須防色難。

9鼻頭上—主色難、且須防突發事故。

10人中—子孫運薄弱。
11鼻樑側面—病難之相。
12口角邊—會招來跟飲食有關的災厄。
13眼下—爲子女操心辛勞、或無緣。
14下唇下—會因飲食中毒而身亡。
15下巴—居住經常變動、生活不安定。
16唇上—須注意色難及飲食難。
17顴骨上—恐怕會喪失社會上的名譽。
18額角—長期在國外旅行時，須特別注意。
19眼尾—色難之相。
20兩眼之間—主短命、且可能犯罪。
21法令—主脚部疾患、且須防水厄。
22鬢角—旅行中會遭遇災難之相。
23耳內—賢而多貴，男女皆吉。

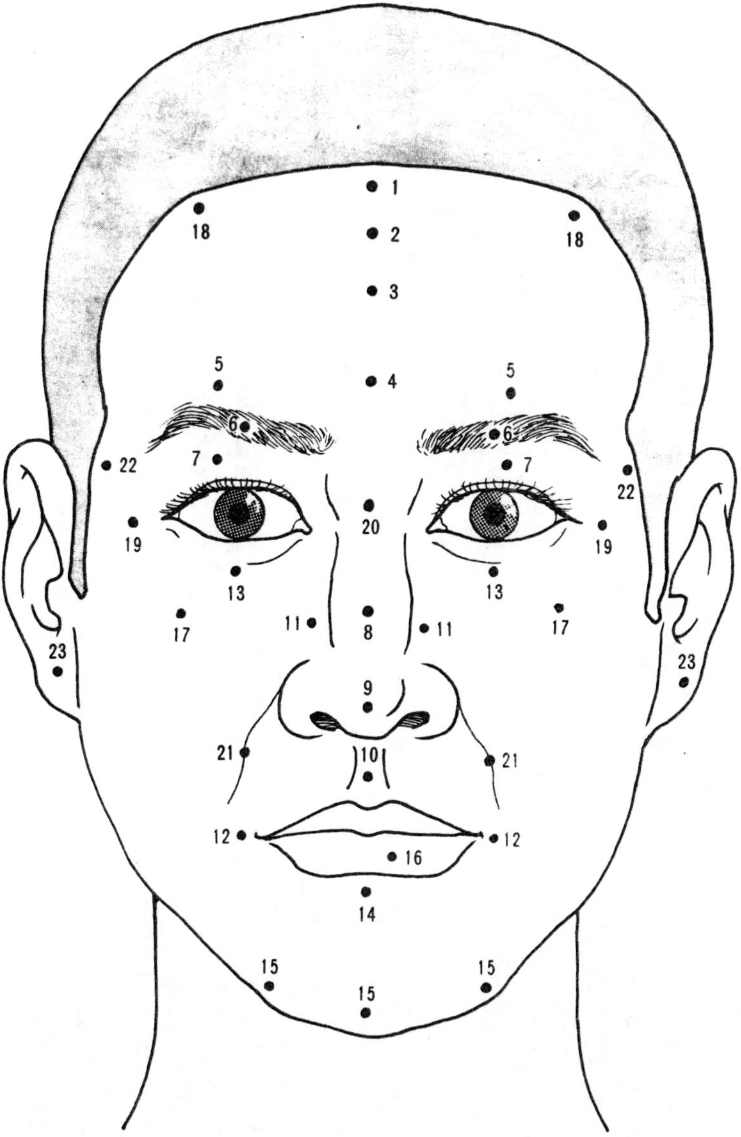
1
18
18
2
3
5
4
5
6
6
22
7
7
22
20
19
19
13
13
17
11
8
11
17
23
23
9
21
10
21
12
12
16
14
15
15
15

出現在臉部的痣

●眉間皺紋的相法

雖然年輕人很不容易在眉間出現皺紋，但只要照著鏡子「皺眉」，就可以看到很明顯的直紋。

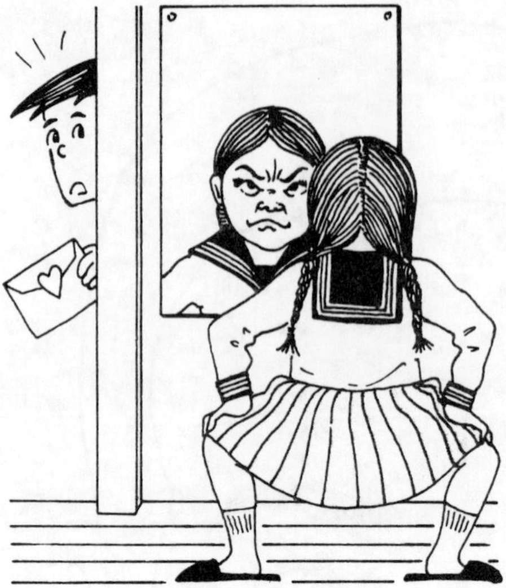

要看眉間的皺紋時

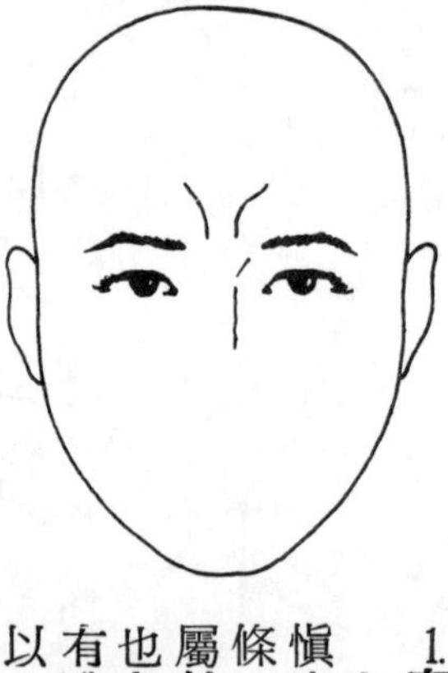

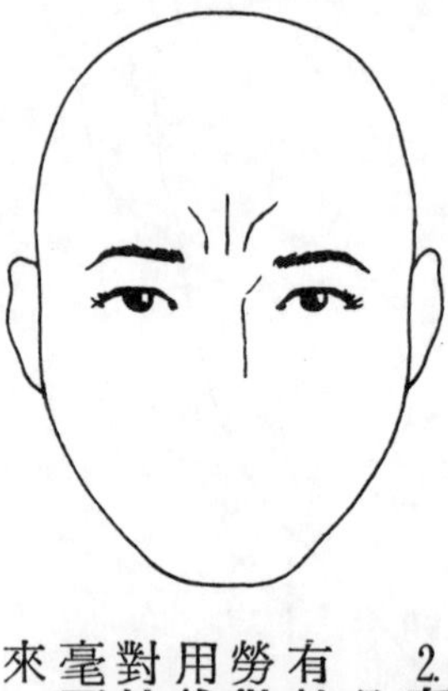

1. **有兩條直紋的人**
慎密主思考非常細微，論理井然有條，用錢合理，是屬於收入多、支出也多的型態。因具有濃厚的友情，所以人緣極佳。

2. **有三條直紋的人**
凡事腳踏實地，有始有終，克苦耐勞勤於積蓄。雖然用錢不會浪費，但對於有意義的事卻毫不吝嗇地捐獻出來。

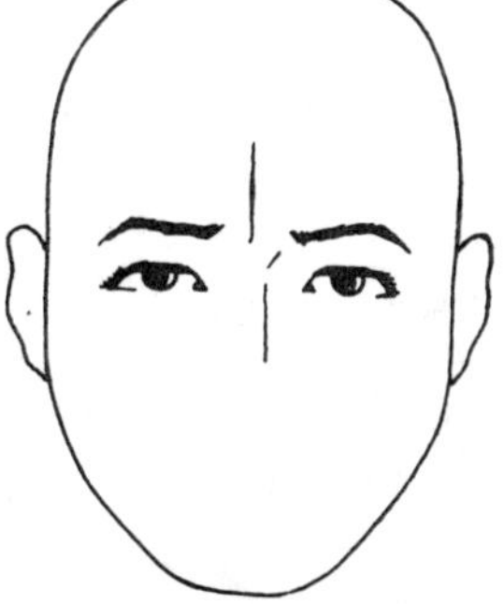

3. 有一條直紋的人

主性格頑固而缺乏妥協性，雖然具有工作的熱忱，但因無論對別人或自己，用錢都很計較，所以即使交不到知心朋友，也能獲得上司的信賴。

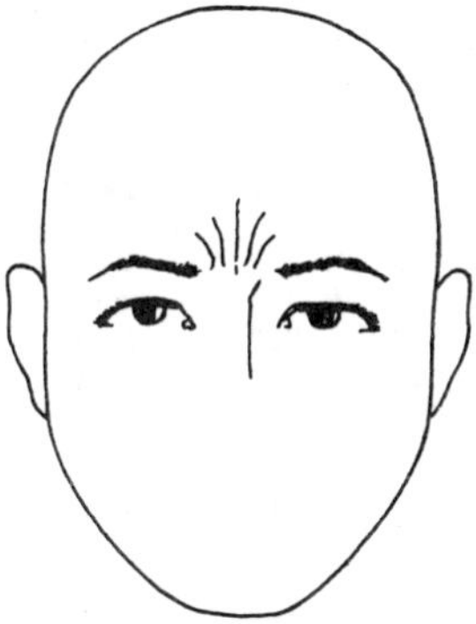

4. 有無數條直紋的人

「大欲類似無欲」，由於對錢的欲望太大，所以往往會招來損失而陷入破產狀態，同時也會因受騙而吃虧。

高血壓的面相

在額頭的正中央有一條直紋的人，就是高血壓的標幟。這種人因爲在該生氣時不生氣，而壓抑其憤懣，所以久而久之，就會變成「皺紋」出現。換句話說，這也是造成高血壓的原因。

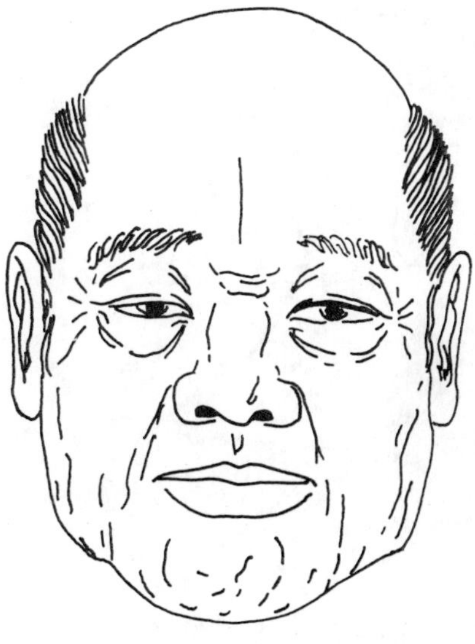

●脖子的相法

如果把頭比喻做樹根，手脚是樹枝的話，那麼脖子就是其樹幹。

樹幹粗的植物，是表示它成長得很茂盛；同樣的，脖子粗的人，是象徵其健康、長壽。

△脖子細而無力的人，主體弱多病、短命。

△脖子粗而硬的人，是中風之相。

△脖子粗而短的人，是下賤之相。

△脖子粗而肌肉重疊的人，是腦溢血之相。

△脖子粗而頭小的人，主短命。

△脖子經常傾向左邊或右邊而走路的人，表示胸有成竹、不可忽視。

△脖子粗而身體瘦弱的人，表示具有財運。

△脖子細而身體肥胖的人，主短命。

△脖子有黑痣的人，表示要經常爲他人勞苦。

脖子有黑痣的人，表示要爲他人勞苦。

●肩膀的相法

從肩膀可以看出其人一生的貧富及運氣的好壞。肩膀以左右平衡爲吉相。

△肩膀聳高的人，在社會上容易惹人瞧不起，最後會遭受冷落。

△右肩高的人，表示態度傲慢，會喪失信用。

△左肩高的人，表示性情溫順，會得到社會上的信用。

△肩膀消瘦的人，表示住居不安定。

△肩膀瘦弱、形狀不好的，主體弱多病。

△肩膀下垂的男性，表示子緣淡薄。

△肩膀枯脊的人，主短命。

△肩膀圓滑豐滿的人，表示具有財運，而且晚運甚佳。

△肩膀形狀不好，像貓肩的人，雖然健康，但因人品下賤，且具有虛榮心，所以容易惹人厭惡。

肩膀聳高的人，在社會上容易惹人瞧不起。

●乳房的相法

從乳房可以看出有無子孫及其本身的性格。乳頭通常在懷孕的第九個月，就會發育到她本人小指的一節之大。換句話說，不變成如此大，就沒資格當母親。所以乳頭小的婦人，在分娩之前，應該要採用適當的方法，使其變成如此大。

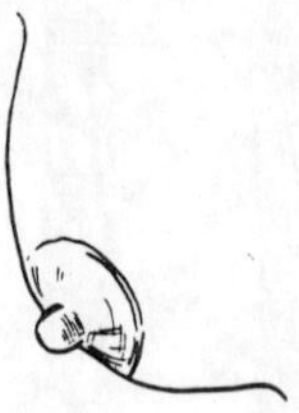

乳房大而結實，是爲吉相。大而鬆弛是爲凶相。

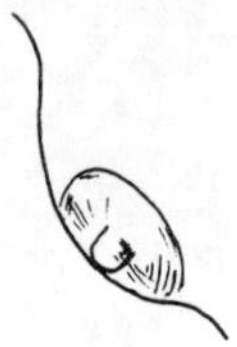

乳房太小的人，表示子緣淡薄。卽使有孩子，其孩子也必定很虛弱。

乳房大小不一的人，表示子緣淡薄。

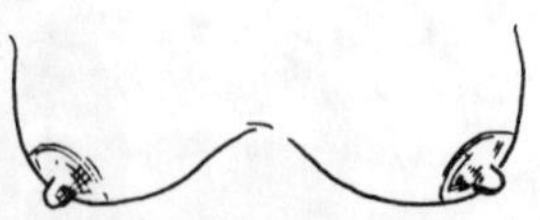

乳房左右分開而胸部寬濶的人，表示度量寬大、且善於深思遠慮。

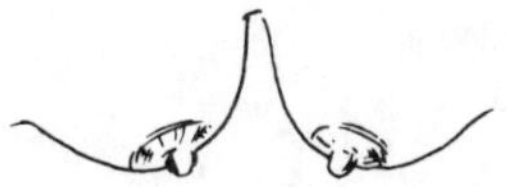

乳房中央狹窄的人，表示個性輕浮，且偏激。

乳頭朝上的人，表示子緣淡薄。

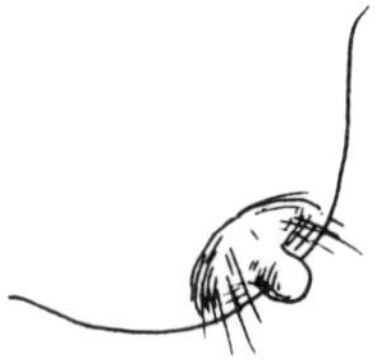

乳房長毛的人，表示子緣淡薄，且會反抗丈夫。

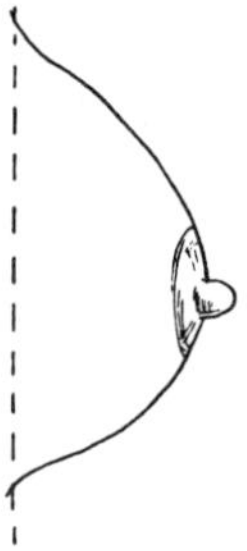

像碗狀且結實的乳房，是爲吉相。

乳房大而乳頭也大，且富有力感的人，表示具有子運。

女性的乳頭太小時，其孩子也很少。

●臀部的相法（女性）

1. 下垂的臀部

柳腰的女性，比較性感。

2. 大的臀部

主健康，是屬於賢妻良母之相。

3. 向上翹的臀部

運動神經發達，但性感帶的作用比較遲鈍。

4. 瘦小的臀部

表示神經質，但相當熱情。

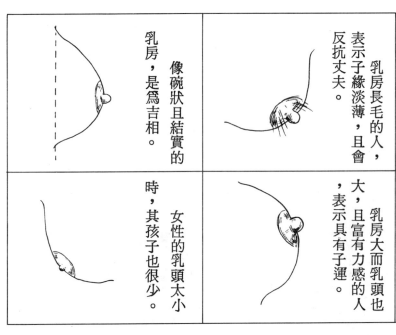

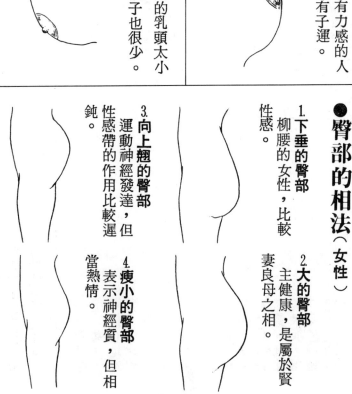

●腿部的相法

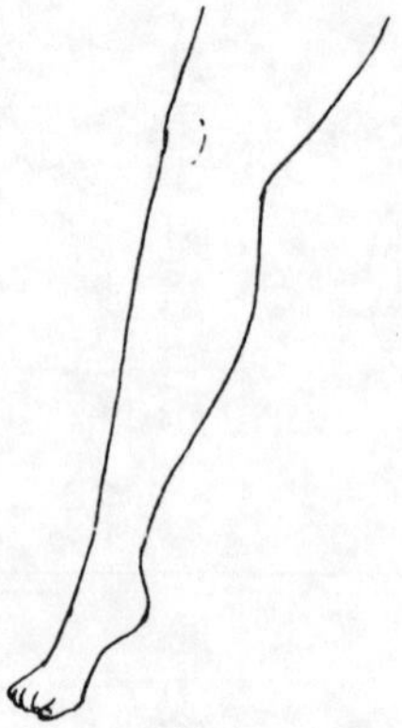

腿部曲線健美的女性，雖然自尊心很強，但缺乏愛。

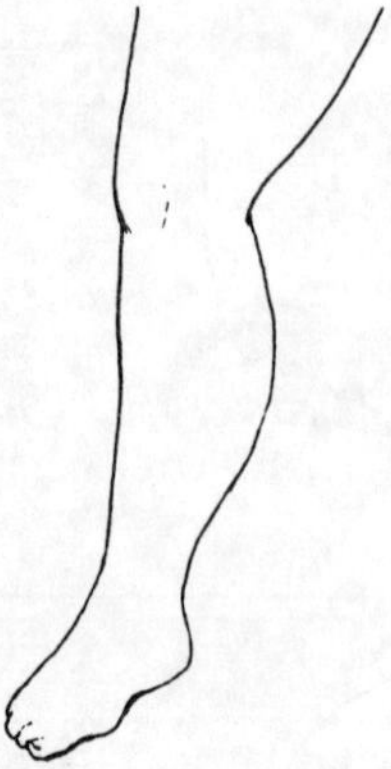

蘿蔔腿的女性，主健康、體貼，且會讓丈夫滿足。

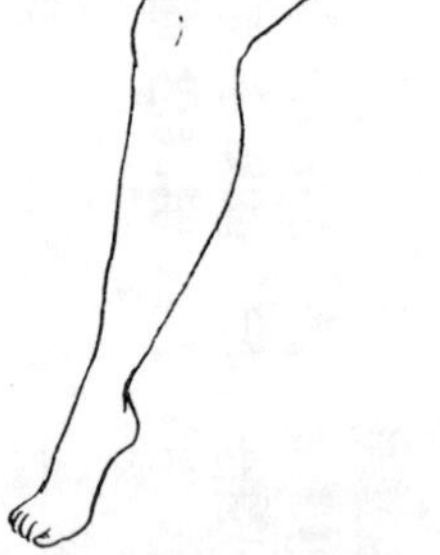

腿踝緊縮的女性，雖然心地純潔，但比較自負。

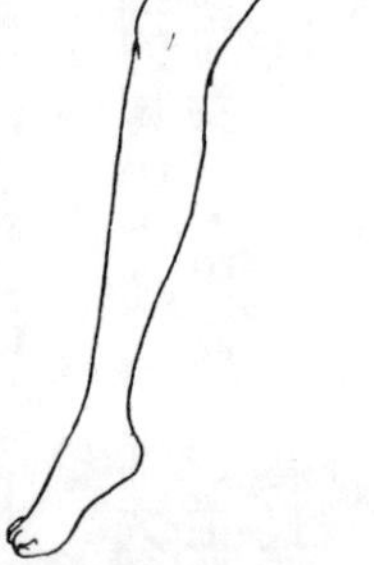

腿部瘦弱的女性，雖然具有神經質、且比較呆板，但只要經過磨練，也會產生性感。

穿小鞋子的女性，其女性的特徵也小。

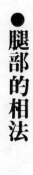

●肚臍的相法

△肚臍大而深的人，表示具有智慧，是屬於吉相。但若是大而鬆弛的話，就缺乏智慧。

△肚臍淺又小的人，表示要終生勞苦。

△肚臍小而幾乎看不見的女性，表示有不孕的可能。男性則缺乏骨氣和耐性。而且無論男女，生命力都很脆弱。

△肚臍深又大，且朝上的人，主明朗豁達，是屬於吉相。

△肚臍朝下的人，是一生貧困之相。

△肚臍位置較低的人，表示健康，性器也很發達。

△肚臍位置較高的人，雖具有超人的智能，但性器並不發達。

●性器的相法

男性時

△包皮的人，表示會阻礙運氣的進展，且會招來女難。

△陰莖先端（龜頭）特別小而細的人，表示子孫運薄，且無女運。

△男根大的人，表示體格和性格都很強靭，且具有征服慾和權勢慾。

△男根小的人，表示性情懦弱、孤獨、且多疑多病。

△男根特別大或特別小的人，是爲女難之相。

△男根勃起約三寸五分，且剛強又會往上翹的人，表示其運氣很大，是屬於長壽之相。

△男根細長的人，是爲短命之相。

△男根要比龜頭粗大，才算是吉相，但往往會招來女難。

△龜頭上有黑痣的人，表示運氣很強，且精力充沛。

△睪丸要與男根互相配合才算吉相，如果不平衡的話，就表示性器的發育不完全。

△睪丸大的人，雖然其才能比小的人優越，但性情卻比較暴躁。

△睪丸太小的人，是爲小心翼翼之相。

△男根顏色白而大的人，是爲短命之相。

女性時

△嘴巴很大可以看到牙齦，而鼻孔也很大似乎可見到喉嚨的人，表示其陰門也很大。

△嘴唇鮮紅的人，表示其陰門也很紅，是屬於精力絕倫之相。

△陰部豐滿且朝上的人，是屬於吉相，其子運相當昌隆。

△陰門朝下的人，表示子緣薄弱，是爲再嫁之相。

△陰毛濃而綣的人，是爲吉相。

△陰毛直而長的人，是爲淫蕩之相。

△陰毛向上長到肚臍來的人，表示一輩子要爲孩子操勞，且爲淫蕩之相。

△陰毛長到肛門來的人，表示性慾旺盛，但屬於再嫁之相。

△鬢毛往下直長的人，表示其陰毛也很濃密，是屬於淫蕩之相。

△陰門瘦弱的人，是爲凶相。

△陰核長的人，因多淫的關係，所以經常會更換丈夫。

△嘴唇有黑痣的人，其陰唇也有黑痣，是爲性慾旺盛之相。

△下巴圓厚豐滿的人，其性器相當發達，是具有子孫運的吉相，但若是缺乏教養的女性，則恐怕會流於多淫。

△陰門無毛的女性，多半性慾較淡或患有不感症。

△鼻子特別長的女性，其陰門也較長。如果嘴大唇厚的話，其陰門也較大；如果上唇汗毛多的

話，其性慾也較旺盛。

●步行的相法

從走相也可以看出其人的性格和命運。最好的走相就是上半身穩重、沈着，而步伐輕盈的狀態。這種走像正表示身心都很健全。

相反的，上半身無力、步伐沈重的人，表示其精神不安定，且身心都不健康。

隨著走相的不同，也會表現如下的性格和命運。

△低著頭走路的人，多半心事重重，憤懣不平及具有苦悶。

△身體重心好像沒有着地似的走相，表示事業失敗，地位，聲譽受損，而在做逃避的人。

△像麻雀輕跳似的步伐，表示其內心急躁不安。

△邊走邊回頭張望的人，表示猜疑心和嫉妒心都很強烈。

△身體擺動、頭部向前低垂的走向，主晚景寂寞。

△步伐匆忙，腳步聲大的人，表示散財之相。

△曳足而行的人，主短命。

△彎著腰走路的人，表示其運氣不亨通。

△步伐大、且挺著腰枝走路的女性，雖然獨立心很強，但多難安於室。

△走路東張西望的人，表示個性不沈着、且意志薄弱、易受挫折。

△步伐單調、不穩的人，表示缺乏子孫運，且得不到家產。

低頭走路的人，表示心事重重、憤懣不平及具有苦悶。

邊走邊回頭張望的人，表示猜疑心和嫉妒心都很強烈。

步伐大、且挺著腰枝走路的女性，雖然獨立心很旺盛，但多難安於室。

從走相可以看出其人的性格和命運

●坐姿的相法

坐姿也和走相一樣，可以看出其人的性格和命運。坐下來時，在無意識中所表現的坐癖，也可以給面相的觀察帶來很大的幫助。

△能夠上半身垂直地端坐，或盤坐在榻榻米上的人，表示具有高風亮潔，及講求信用的個性。

△無論坐在榻榻米上，或坐在椅子上，上半身皆無法保持穩定的人，主心無主張、憂多樂少。

△類似一推卽倒的坐姿，表示其精神恍惚、職業經常在更換、而家庭生活也不安定。

△喜歡倚靠東西坐著的人，主任性、薄情及缺乏自信心。

△坐下來時，上半身會在無意識中向前後左右幌動的人，表示性情剛躁、諸多反覆。

△坐下來而上半身向前彎曲的人，主性情溫和，但缺乏自信心，且容易盲從別人。

△坐下來而上半身向後彎曲的人，表示傲慢、頑固、且缺乏謙虛的美德。

△無法端坐或用雙手抵住地面來支撐身體的人，表示缺乏耐性、情緒不穩定。

△坐下來喜歡握拳的人，表示其內心有所企圖，是不容忽視的人。

△無精打彩的坐姿，且眼睛不停地在轉動的女性，表示其思緒紊亂，且具有不可告人的秘密。

從坐姿可以看出其人的性格和命運

喜歡依靠東西坐著的人，主任性、薄情、且缺乏自信心。

無法端坐或用雙手抵住地面來支撐身體的人，表示缺乏耐性、情緒不穩定。

坐相無精打彩的女性，表示其思緒紊亂、且具有不可告人的秘密。

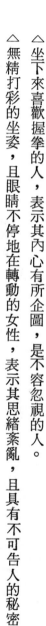

●睡姿的相法

（俯伏型）
主凡事設想周到、
富有創造力。

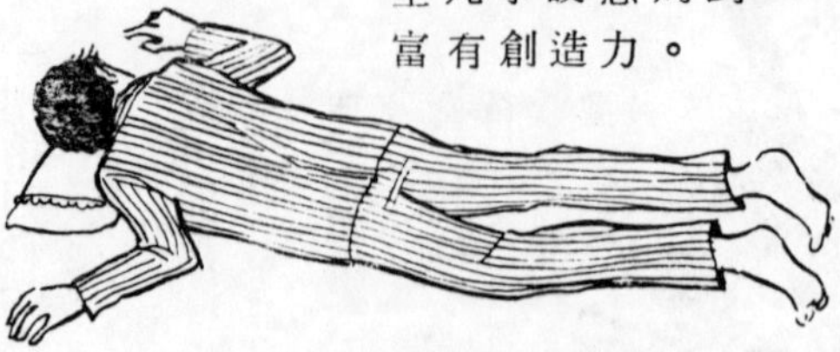

（離開枕頭型）
主獨立心很強，且具有善辯的性
格；另一方面却高傲、漫不經心
、且不知自我約束。

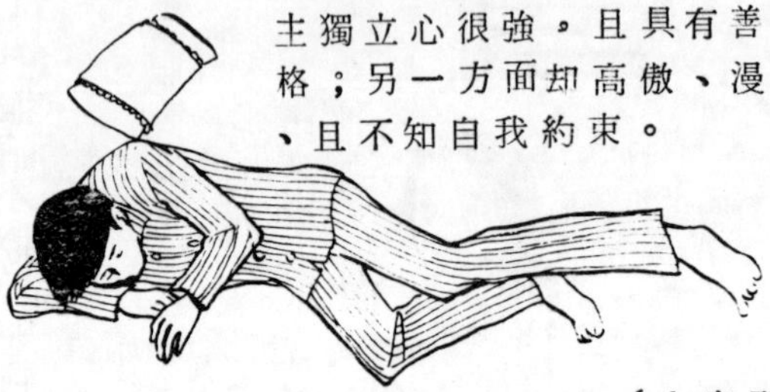

（大字型）
主明朗豁達、且富有俠
義心。另一方面却散漫
缺乏耐性。

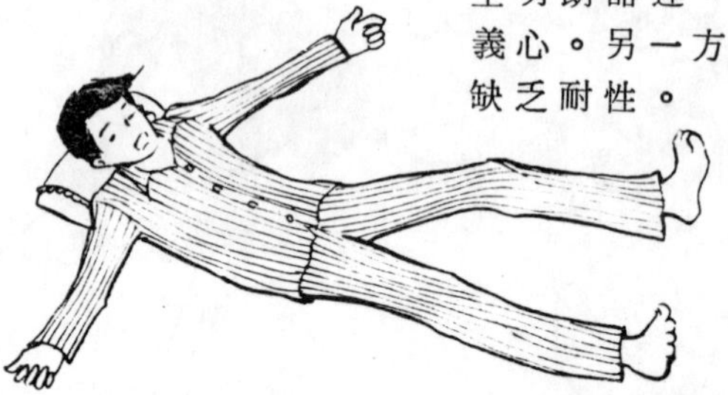

（抱枕頭型）
主愼思熟慮，對現實
極其重視；相反的，
因過於霸道而缺乏直
率的個性。

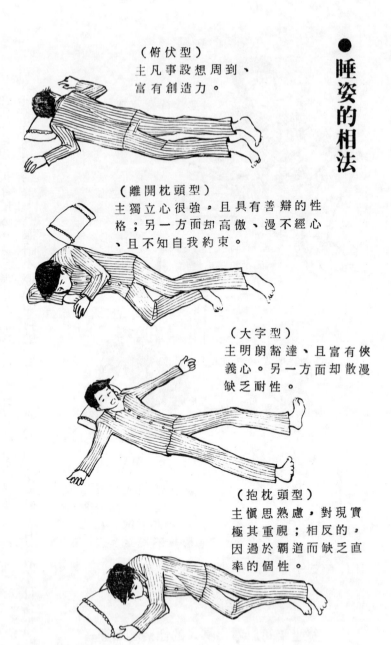

（冂字型）
表示頭腦明晰、容易產生嶄新的構想，同時具有明朗的性格。

（側臥雙腿張開型）
表示慾望往往超過水準以上。因不滿現狀、意氣用事，所以容易與他人發生衝突。

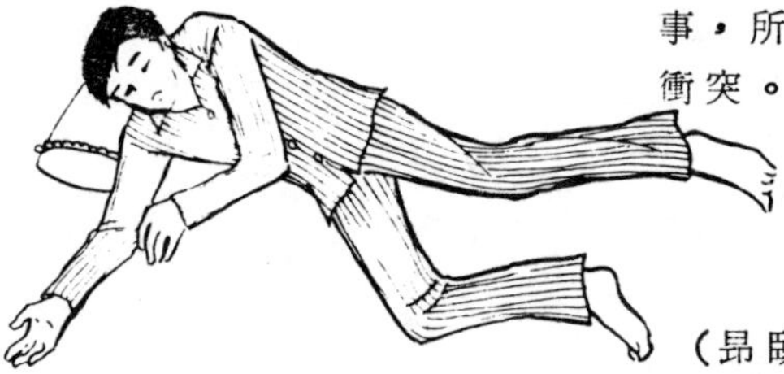

（昂臥拱足型）
主個性謹慎、明朗、且善於交際。但若是性情過於開放的話，將會帶來不良的後果。

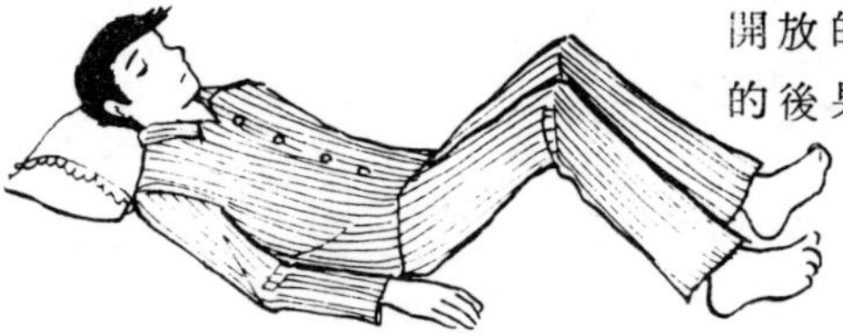

（昂臥拱單腳型）
表示富有遠大的理想和創造力。另一方面，因感情豐富而缺乏穩定性。

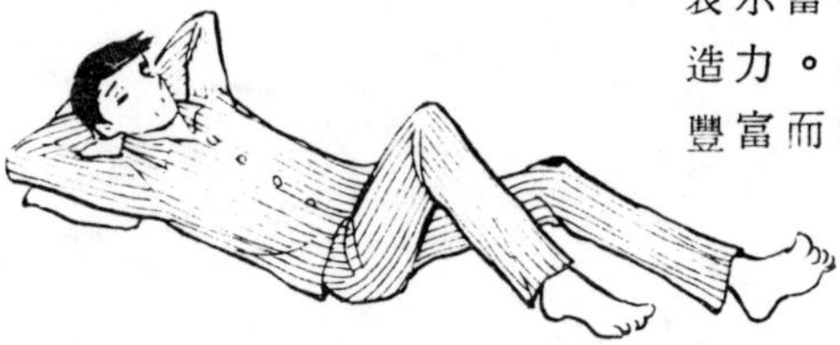

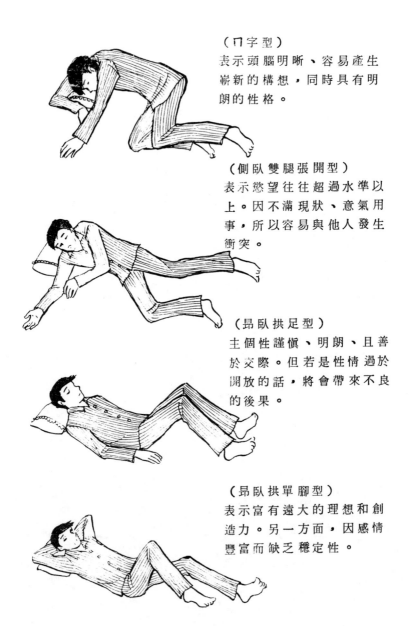

手相篇

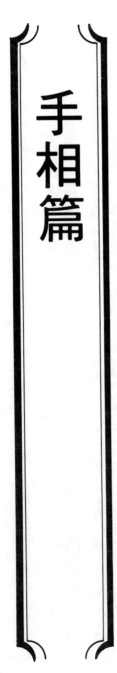

●看手相之前

「雖然已參閱過各種手相書籍，可是卻完全看不懂。譬如根本找不到自己的手相如何？」最近發出這種怨言的人，似乎格外地多。

本篇正是針對這些人，以得體、簡潔、且容易了解的文筆所整理出來的資料。

因爲左手是代表先天性的，而右手是代表後天性的，所以通常看手相時都是先看左手。又一般人都認爲左手的紋路比較明顯，這是因心臟跟大腦有密切關係的緣故。

提到手相，有些人就會立刻想去看手掌的紋路，可是這也有一定的程序。首先要看手的大小、長短、軟硬及手指的形狀，然後再看紋路和丘，來把握住操縱性格和命運的手之性質。

●手的大小之相法

手的大小，是要視其人的身裁來決定的。

大手

主雙手靈巧。喜歡精密細膩的工作，且具有分析力。

小　手

主性格開朗豁達、且具有政治力。女性的話，因比較不善長縫級和烹調，所以不適於事務系統的工作。最適合的工作，就是跟客人接洽生意及外務關係的業務。

●手的長短之相法

長　手

主胆大心細、講求義理、且具有潔癖的性格。雖然雙手靈巧，但若是不稍加注意的話，將會被惡人利用而失去其效用。

短　手

短手的人，多半具有放浪形骸的個性，不但思想和行動不一致，且不願意遵守秩序。男性的話，這種傾向更為顯著。

普通的手

主見識淵博，且具有處世的才能。如果理性強的話，則很有忍耐力，凡事一下決心，便會貫徹始終而獲得成功。

●手的軟硬之相法

堅硬的手

主性格頑固、意志堅強。雖然富有奮鬥進取的精神，但缺乏通融性。

結實堅硬的手

多半屬於需要使用勞力的人，而頭腦清晰的人很少。

柔軟的手

雖然舉止高雅、氣質非凡，但多半個性怠惰、神經過敏、且具有強烈的虛榮心。

渾厚、且富有彈性的手

主文職發達、且多富有，其成功的可能性也很大。

●手指形狀之相法

手指的形狀，大體上可分爲尖形、圓錐形、方形及匙形四種。這些形狀不但各具有特殊的意義，同時跟其人的性格和命運也有密切之關係。

此外，手指也具有表情，但若是由手指的動作或氣色（指肌的顏色）來把握其微妙之意義，似乎太屬於專門性，所以在此就予以省略。

尖形的手指

從手背所看到的指甲形狀，如果指根粗、先端細、而指頭尖的人，表示善於處世接物，且具有超越人生的本能。

相反的，因理想高、感情豐富、且具有詩人的本質，所以跟賺錢的事業比較無緣。同時也不喜歡埋頭於困難問題的研究。

圓錐形的手指

手指的第三關節較粗，然後逐漸變細，到了指頭則形成圓錐狀的人，表示直感力敏銳、容易衝動。也就是「比較性急」之意。

雖然想像力豐富、且具有藝術家的氣質，可是卻很容易感情用事。

方形的手指

指頭方形，指根和指頭幾乎同樣寬度的人，主凡事有條不紊，心細多慮。

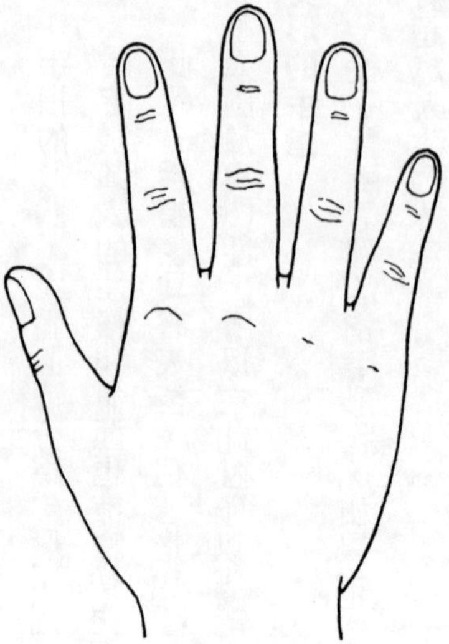

圓錐形

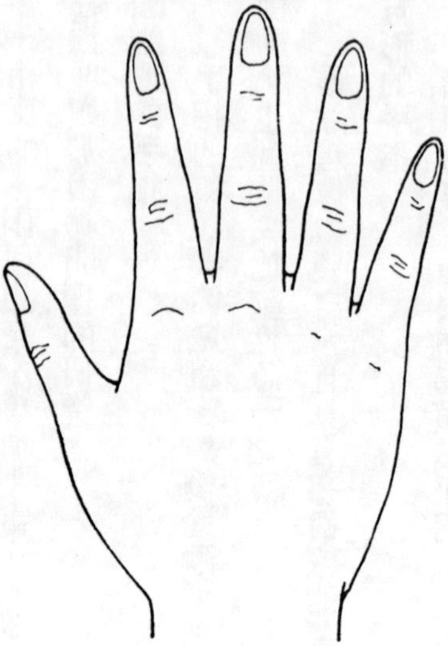

尖　形

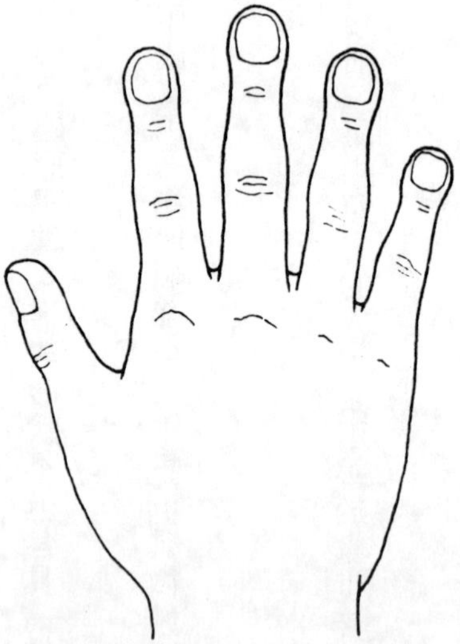

匙　形

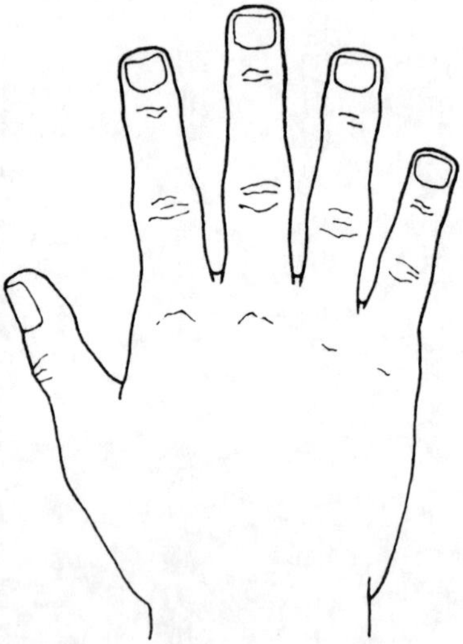

方　形

手指的四種形狀

即使在工作方面，也能夠以規律性和組織性來加以處理，一般說來，這種人不但具有以理智來對付實務的才能，同時還具有理財的能力。

匙形的手指

指頭粗大的人，因焦躁不安的傾向比較顯著，所以往往被誤認爲「帶有神經質」。總之，這類型的人都以能順其自然發展而感到心安。

此外，這類型的人不但具有獨創力和研究才能，同時獨立心和進取心也很強烈，尤其更喜歡戶外活動及旅行。

●五指的相法

每隻手指頭，都各具有使命、表情及性格。所以當您一直凝視著手指頭時，在不知不覺中就會產生一種憐愛之心。

在手指上有兩個指關節向外突出，有些人比較粗大，也有些人比較平滑。

指關節高的人，主富有思考力、做事謹愼小心，不會與人當面爭執，但卻會利用時機做出令人吃驚的大胆行爲。

第一關節較高的人，主處事有條理、有組織，且說做就做，毫不怠慢。第二關節較高的人，表示喜歡注意瑣碎的細節，且具有潔癖。

第一、第二關節都很粗大的人，主為人謹慎，反應敏捷，且具有隨機應變的本能。至於指關節平滑的人，主聰明機智、感覺銳敏、處事迅捷，但很難得到圓滿的結果。

拇指

拇指是表現其人的意志強弱和判斷力。拇指大而渾厚的人，主品格高尚、健康長壽，且經常居於領導地位。

因邊動著手，邊跟他人聊天的人，表示其警戒心很強、不容易上當、吃虧，所以邊動著拇指，邊向他人道歉的人，表示他存的不是眞心。至於出生後數天，仍把拇指握在其他四指內側的嬰兒，表示其體質極其虛弱。

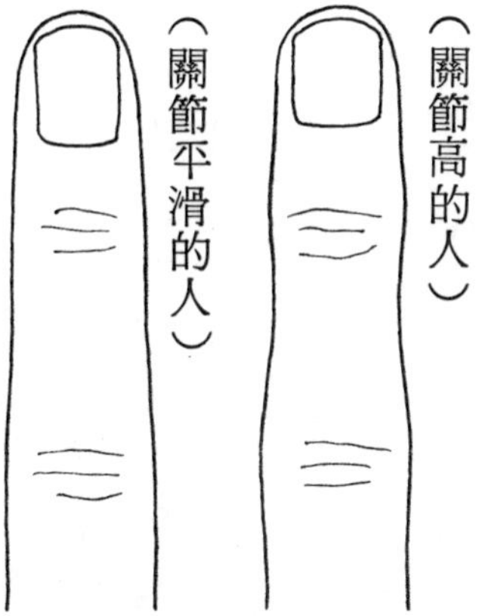

主聰明機智，感覺敏銳，處事迅速，但很難得到圓滿的結果。

主謹慎細心，富有思考力。

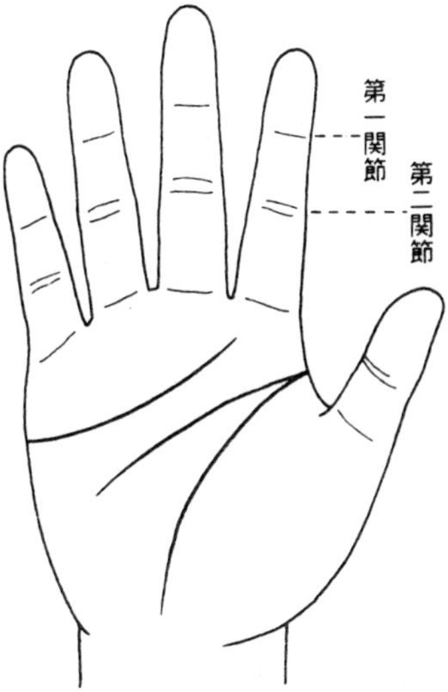

手指的關節

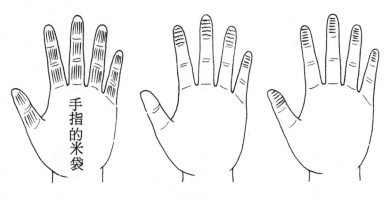

每隻手指的指骨上都有直紋的人，主生活富裕、健康。

橫紋呈波浪狀的人，暗示其危險即將來臨。

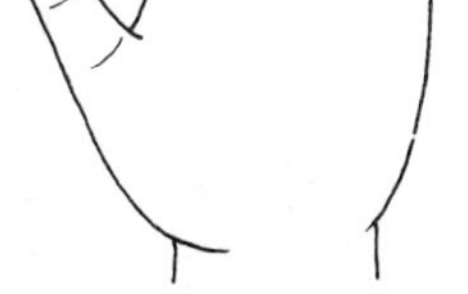

手指的第一關節上有很多橫紋的人，主健康狀態惡劣。

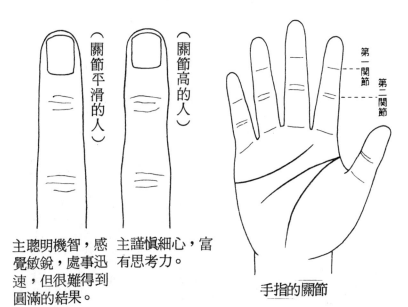

食指

食指是表現其人的名譽慾，向上心及感受性的優劣。食指比其他手指粗而長的人，主自信力和向上心很強，且具有政治的頭腦，所以經常居於領導的地位，也具有在事業方面成功的資質。

中指

中指在五指中長的最長，同時也是表現思慮強弱之處。中指比普通粗又長的人，主處事謹慎小心、不擅長社交活動，而喜歡獨自思索的寧靜生活。唯女性若是如上圖一樣，從第二關節起有下降線出現的話，表示患有不妊症。

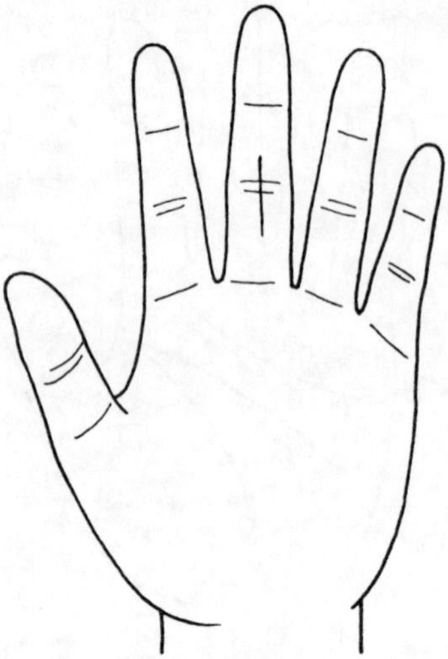

具有這種紋路的女性，表示患有不妊症

無名指

無名指是在表現藝術氣質和物質欲。無名指很長的人，主極其貪圖僥倖、且嗜賭如命。尤其是粗而長的人，不但具有藝術家的氣質，同時環境順利、衣食裕如。

小指

小指是在表現社交手腕的有無。小指粗而長的人，主智慧過人，善於雄辯、且具有社交手腕。

小指的長度，以達到無名指的第一關節爲標準，女性小指很短的話，表示其子宮很小，一輩子缺乏子運。

●五指的間隙之相法

如上圖一樣，除了姆指之外，請將其他四指並攏看看！

①食指和中指之間有隙縫的人，雖然不喜歡受到他人的束縛，但因思考細微慎密，所以將來必能出人頭地，而有所成就。

②中指和無名指間有隙縫的人，雖然喜歡過自由奔放的生活，可是對未來卻缺乏計劃性。

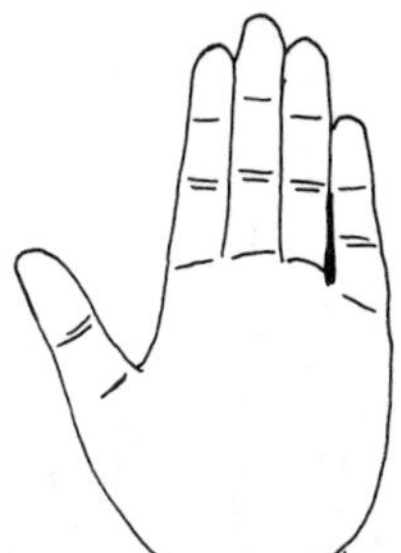

③無名指和小指之間有隙縫的人，表示本身行動不願意受到他人束縛，且具有想按照本身意識來自由發揮的個性。

④四隻手指都有間隙的人，雖然個性極其開放，樂觀，可是卻善於揮霍，而不善於存錢。

⑤四隻手指都沒有間隙的人，主慎思熟慮、言行保守、且絕不致於浪費。

●指甲的相法

指甲不但可以表現其人的健康狀態，同時也可以表現其性格和運氣。

指甲的長度，以大約佔手指第一關節的一半爲吉相。在指甲根所出現的半月形（白色）部位，以佔整個指甲的五分之一爲吉相。

當指甲有缺損時，就表示有病難的前兆，最好能立即接受醫師的診斷。

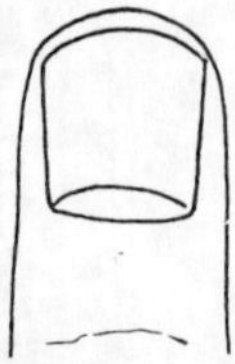

①標準的指甲

主健康、圓滿、明朗、直爽。不但能獲得社會的愛護和信任，同時還擁有在事業上無限發展的幸運之相。

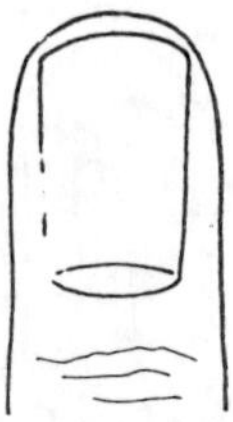

②長的指甲

雖然具有詩情畫意的藝術家氣質、且個性稍微內向，可是卻具有容易罹患呼吸器系統疾病的體質。

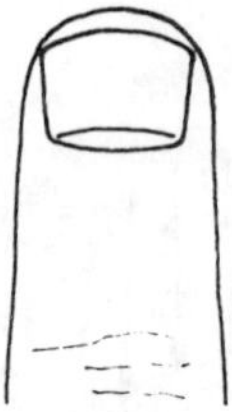

③短的指甲

主頭腦清晰、勤勉努力，但見識淺薄，容易豎敵，且具有容易罹患心臟病的體質。女性的話，卵巢多半有缺陷，是屬於缺乏子運之相。

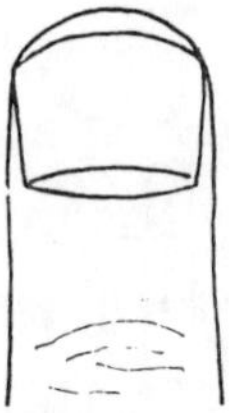

④寬濶的指甲

主性格開放、擅於交際、喜歡照顧別人，但另一方面卻因過於自信，而不擅於對事情的結束。

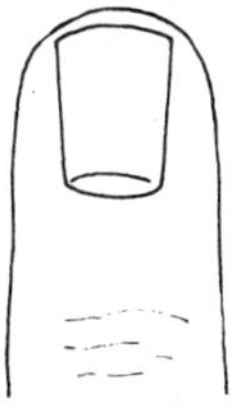

⑤狹窄的指甲

主畏首畏尾、警戒心強，因個人的理想過高，所以多半無法順利完成。

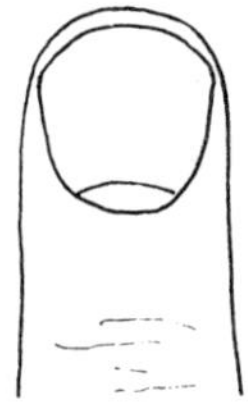

⑥圓形的指甲

主性格爽朗、人緣好、擅於結交朋友，但情緒不定、諸多反覆。

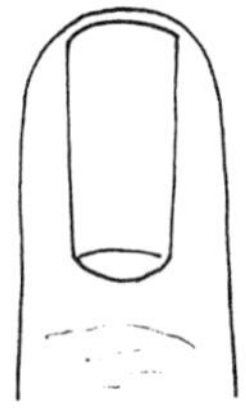

⑦細長的指甲

是屬於不溫和的理想主義者，女性的話，多半具有容易罹患脊髓病的體質。

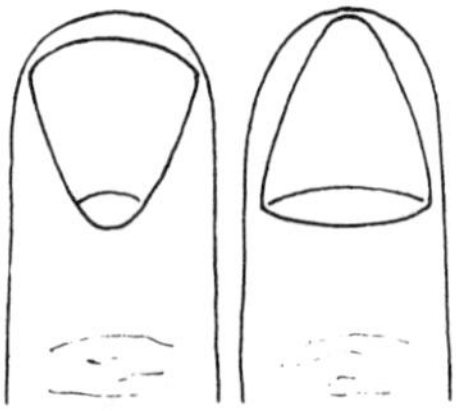

⑧三角形的指甲

可分爲正三角形和逆三角形兩種。具有這類型指甲的人，表示身心不健全、反抗心及猜疑心都很強烈。

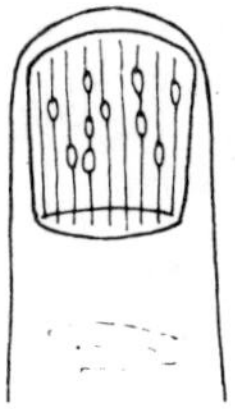

⑨指甲上有無數直紋出現，紋路上又產生顆粒狀的人，暗示其已由尼古丁引起胃腸障碍，但也有由其他原因所引起的胃腸病。

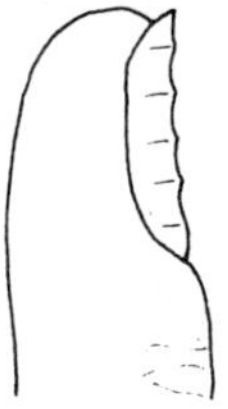

⑩指甲表面形成起伏不平的人，暗示其具有脫腸的體質。至於指甲表面有一、兩處產生凹陷的人，表示患有痔瘡。

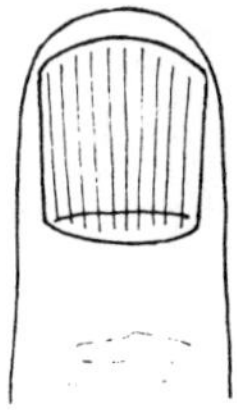

⑪指甲上有無數直紋出現的人，暗示有神經衰弱的體質。

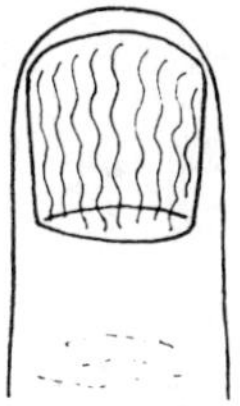

⑫指甲上的紋路像皺紋般複雜的人，表示其神經衰弱的症狀已相當嚴重。

●指紋的相法

因爲世界上絕對找不到兩個指紋完全相同的人，所以「指紋」就被當做犯罪偵查上的重要線索之一。

雖然我們的身體是由遺傳所造成，且隨著環境會發生變化，但只有指紋始終不會發生變化。

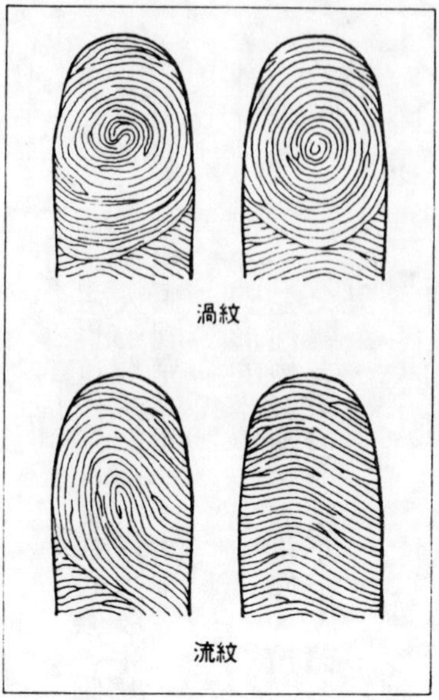

指紋，大致可分爲「渦紋」和「流紋」兩種。隨著形狀的不同，其性格和命運也不相同。下面就來詳細加以說明。

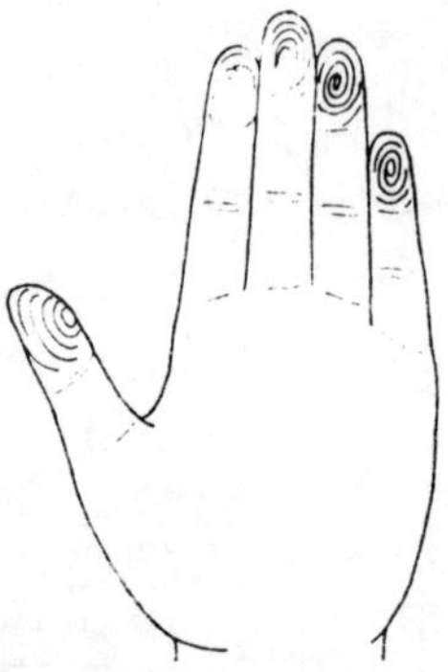

①五指都是渦紋
主過於自信、脾氣過於倔強、獨立心強。由於一生運氣的變化很大，所以平常就要注意修養及自我約束。

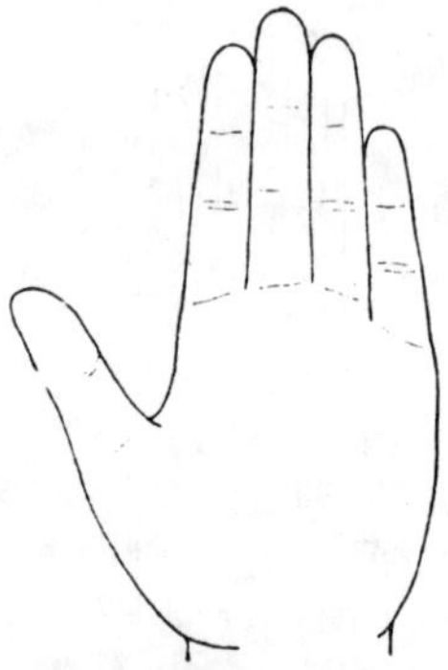

②五指都是流紋的人
主正直、手指靈巧、擅長於手藝工作。但因交際拙劣，所以不適合發展共同事業。

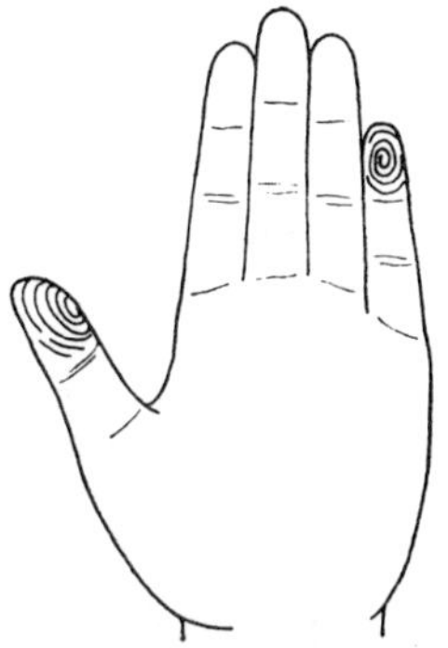

③拇指和小指是渦紋如果選擇可以雄辯特質的職業，就會嶄露頭角。因具有凌駕前輩的強運，所以不要拘泥於眼前的利益，而應該把眼光放遠一點。

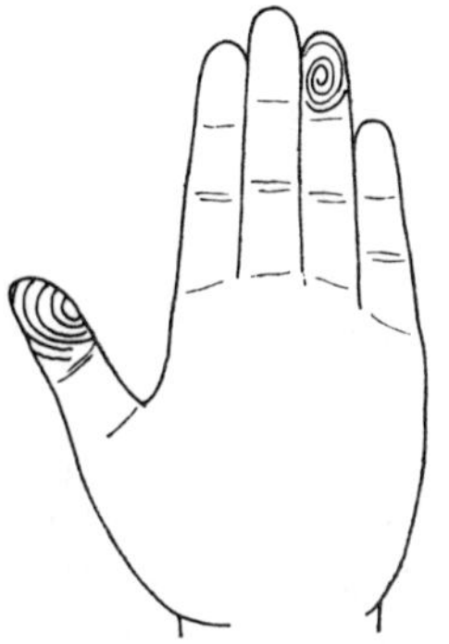

④拇指和無名指是渦紋主少年勞苦，但只要肯努力上進，到了中年、晚年，就能獲得地位和財運。

⑤拇指和中指是渦流只要戒除不安於鄉里的個性，且加倍努力地充實自己，將來必能獲得賢者的幫助，而在事業上頭角崢嶸。

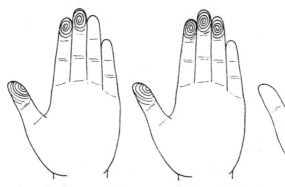

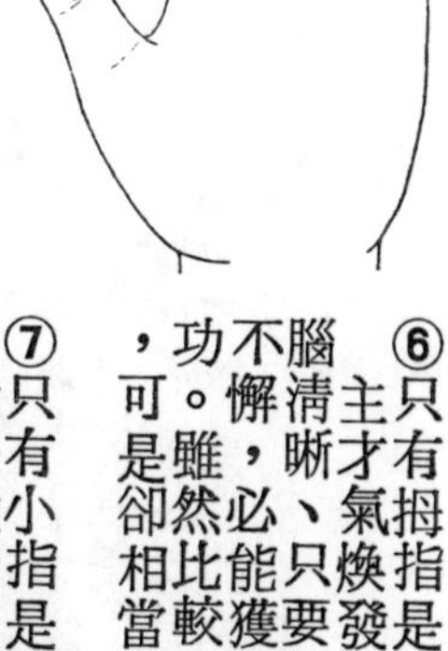

⑥只有拇指是流紋主才氣煥發、頭腦清晰、只要努力不懈，必能獲得成功。雖然比較性急，可是卻相當大方。

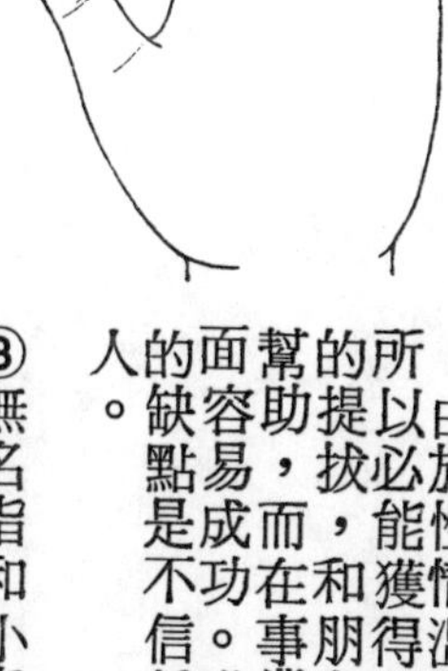

⑦只有小指是流紋，由於性情溫和，所以必能獲得長上的提拔，和朋友的幫助，而在事業方面容易成功。唯一的缺點是不信任別人。

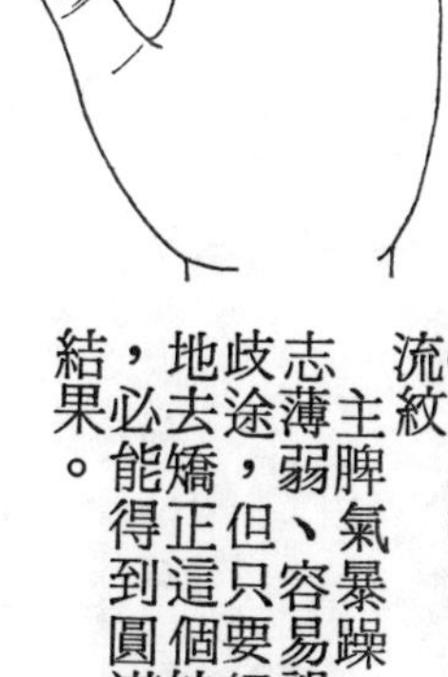

⑧無名指和小指是流紋主脾氣暴躁、意志薄弱、容易誤入歧途，但只要努力地去矯正這個缺點，必能得到圓滿的結果。

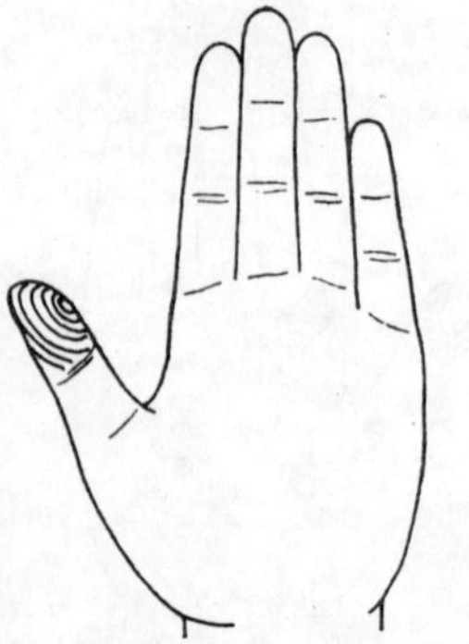

⑨只有拇指是渦紋主生命力超群，是屬於大器晚成型。雖然少年、壯年時代的運氣不佳，但到了晚年之後，就會逐漸嶄露頭角。

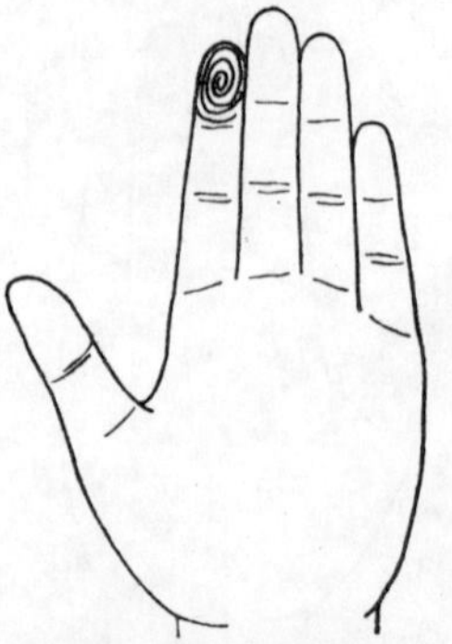

⑩只有食指是渦紋主交際場合人緣極佳。但無論作任何事業，總喜歡投機取巧，所以常在中途變卦而落空。至於晚年仍功虧一簣，而不免失敗。

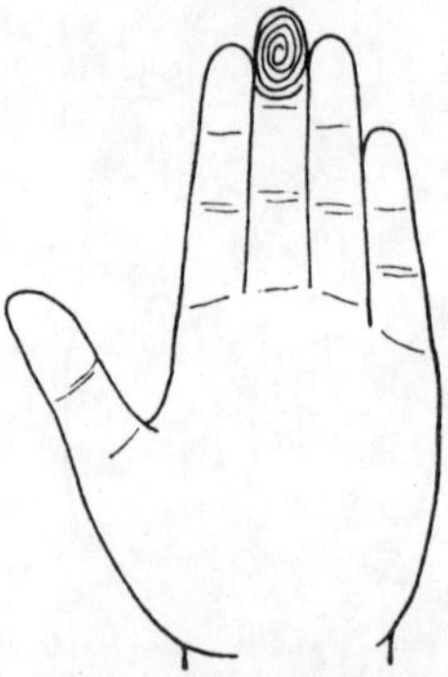

⑪只有中指是渦紋，雖然理想高、抱負大，但因誇大妄想，所以難免會變成狂者，這類型的人必須腳踏實地，才能蒸蒸日上。

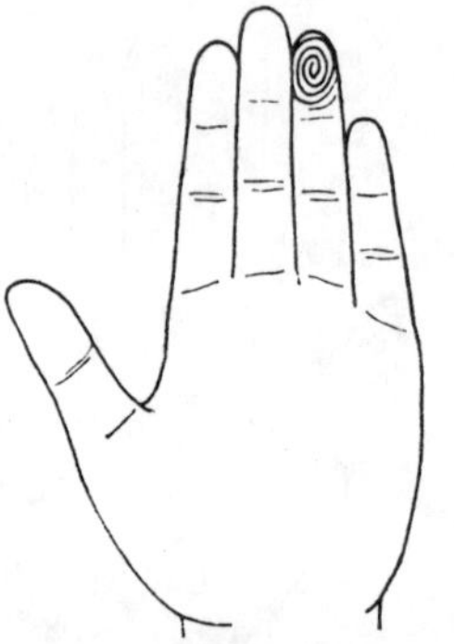

⑫只有無名指是渦紋，主少年得志，所謂順利、且富有統率力。如能耐勞持久、作事貫徹始終，其成就必更大。

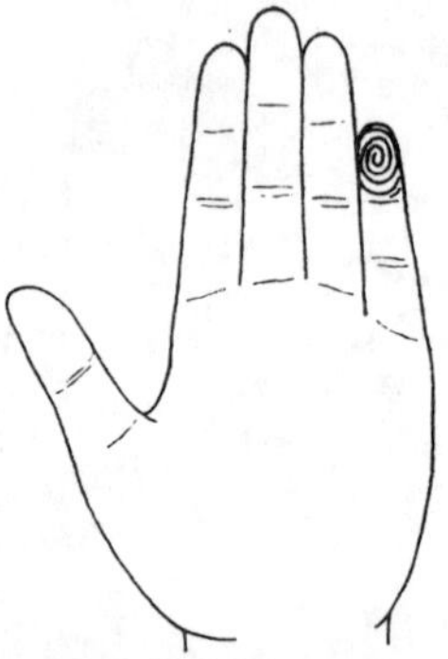

⑬只有小指是渦紋主難承主業。雖然本身很能幹，在獨立的事業上可獲得成就，但缺乏耐性和耐力。

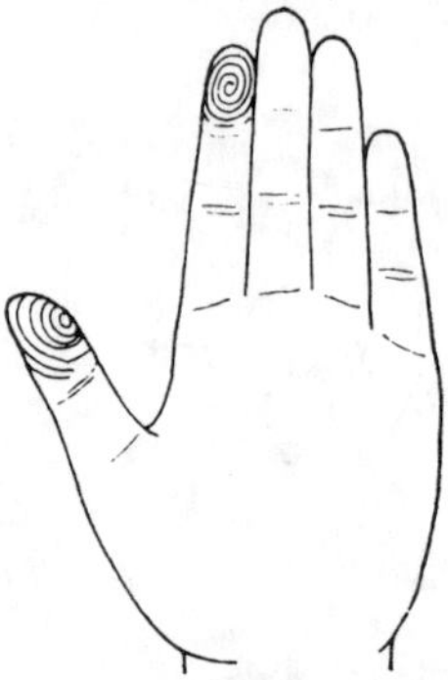

⑭拇指和食指是渦紋，主性格傲慢、度量寬大、人緣極佳、且擅於交際。但因心地過於善良，所以往往會受到戚友之連累而吃虧。

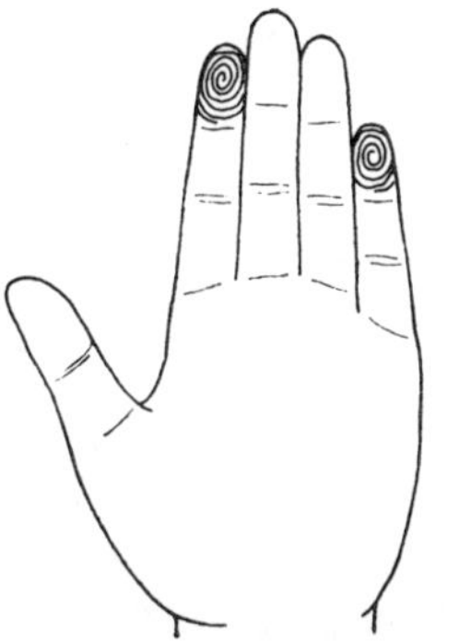

⑮食指和小指是渦紋　主深謀遠慮。年輕時即有老成的傾向，只要安於平凡的生活，晚年必能得到安泰。

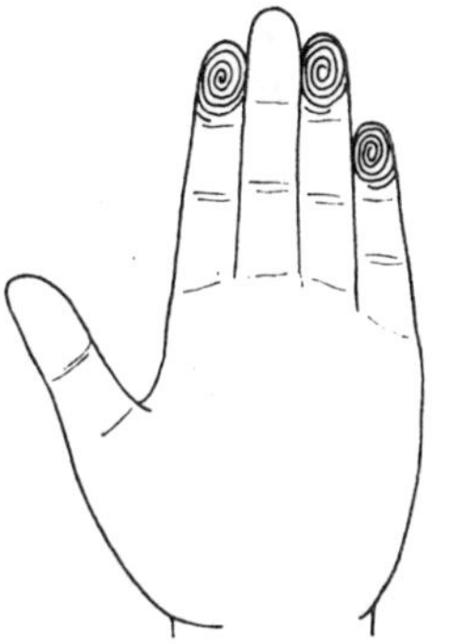

⑯拇指和中指是流紋　主「入不敷出」，這類型的人比較喜歡揮霍，往往不自量力地去尋歡作樂，到了晚年難免要仰賴他人來養活，所以必須及早戒除浪費的惡習。

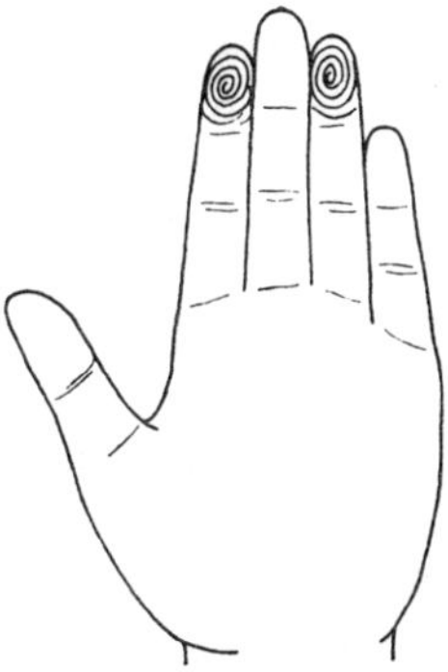

⑰食指和無名指是渦紋　表示具有不容易屈服、不氣餒的性格，只要意志堅定，最後必能獲得成功。

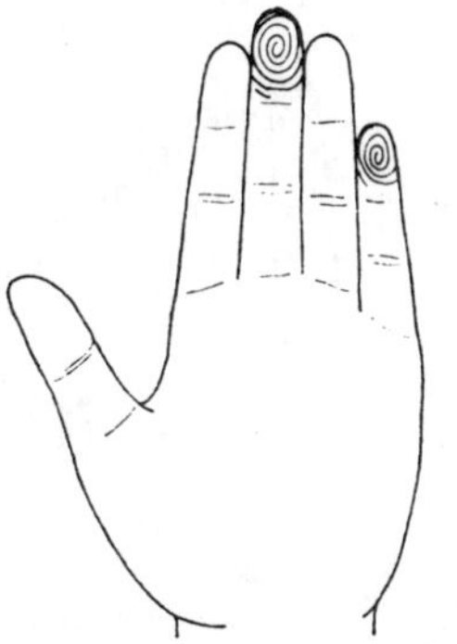

⑱中指和小指是渦紋　主一生的命運如波濤起伏，忽成忽敗，但只要不操之過急，一切按步就班、腳踏實地、晚年必能平步青雲。

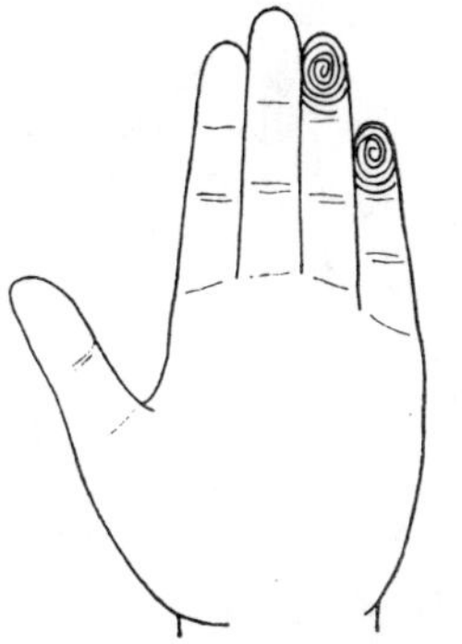

⑲無名指和小指是渦紋　主其人善於雄辯，但只要肯奮鬥進取，將能有所成就。

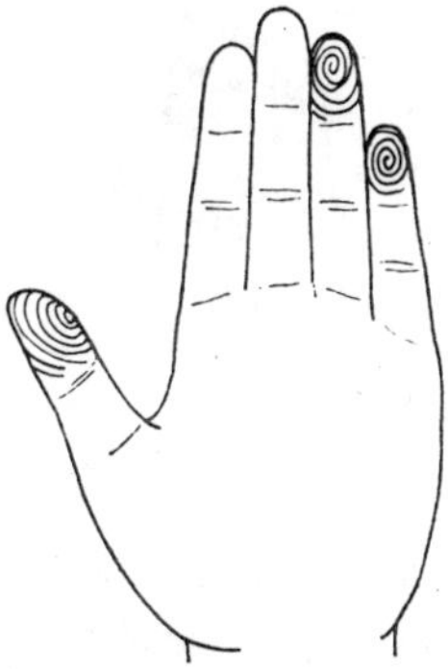

⑳食指和中指是流紋　主溫厚篤實、且能得到名望和信譽。雖然中年之前生活不安定、且比較勞苦，但到了晚年就會好轉。

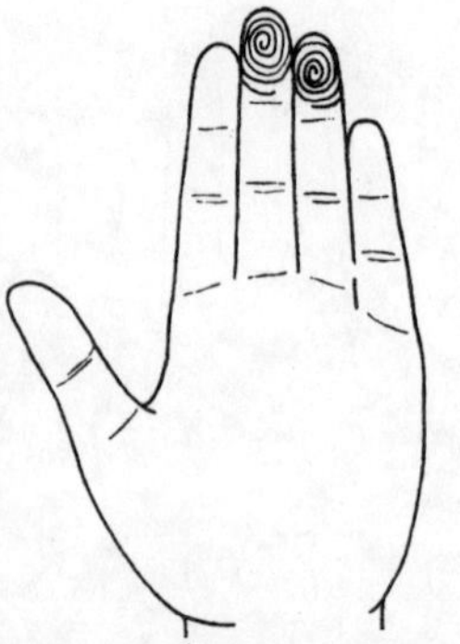

㉑中指和無名指是渦紋表示富有實行力，但缺乏決斷力和判斷力，如能耐勞持久，作事貫徹始終，必有所成。

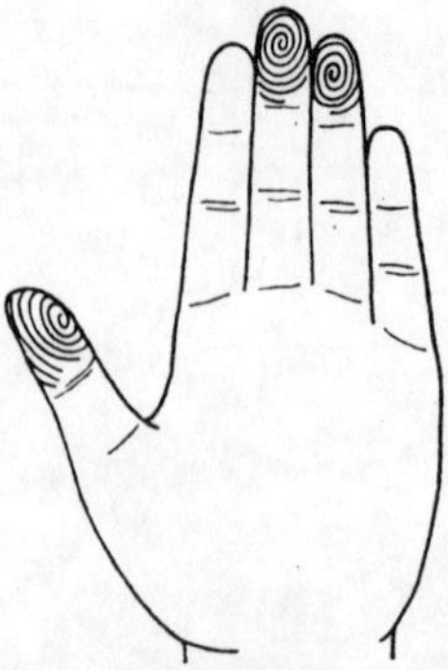

㉒食指和小指是流紋主個性寬容、富有俠義心，是屬於頭目型的人物，由於思考細微慎密，且手指靈巧，所以適合從事技術性的工作。

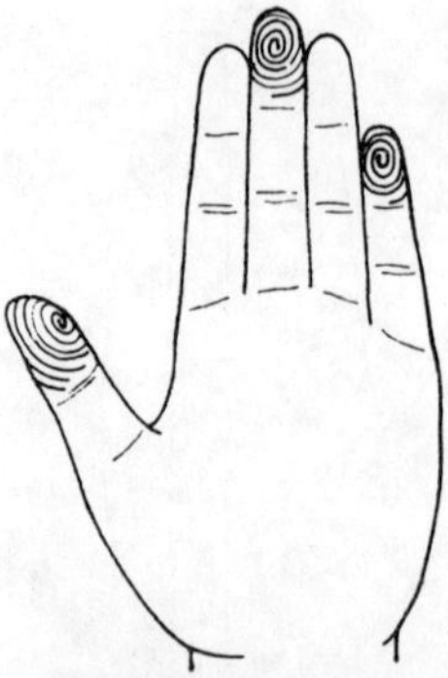

㉓食指和無名指是流紋主做事快捷、乾淨俐落，但稍嫌輕率、個性衝動、決斷力不堅，只要不耽溺於酒色，必能獲得成功。

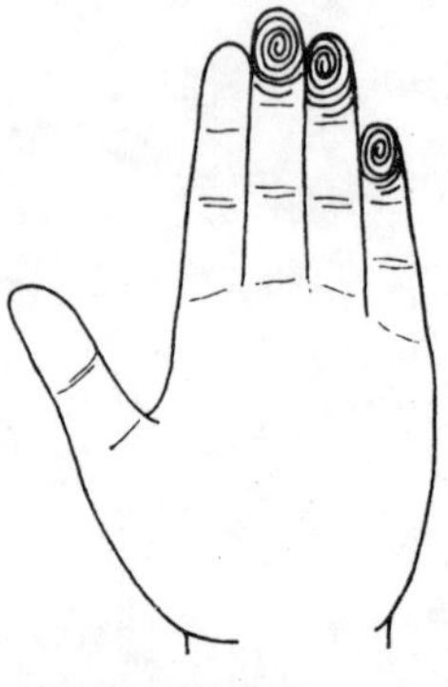

㉔拇指和食指是渦紋主個性單純、直率、意志薄弱、難有定見，倘若再不對生活加以妥善安排的話，到了晚年將會貧苦無依。

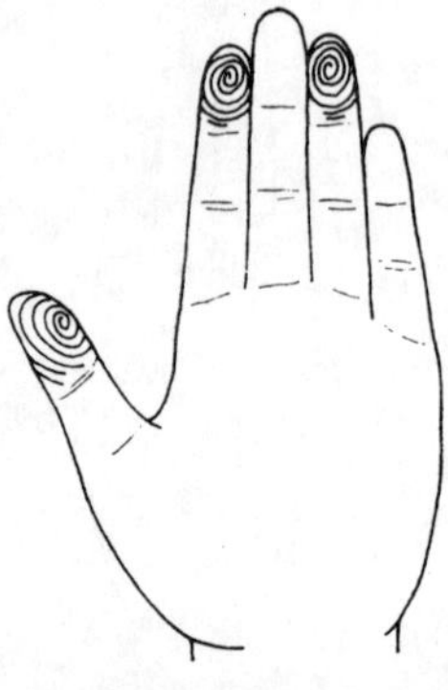

㉕中指和小指是流紋主志向遠大、善於把握良機，尤其適合從事投機性的工作，且越靠近晚年運氣越順遂。

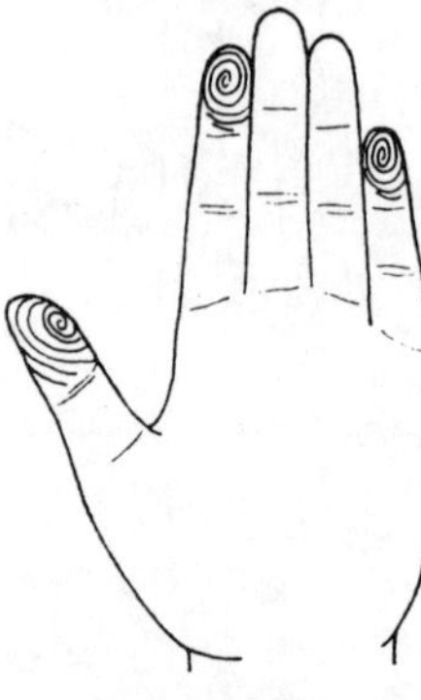

㉖中指和無名指是流紋主光明磊落、漫不經心，且把金錢看得很淡薄，由於不會自我約束，以致經常行爲越軌，而令人側目。

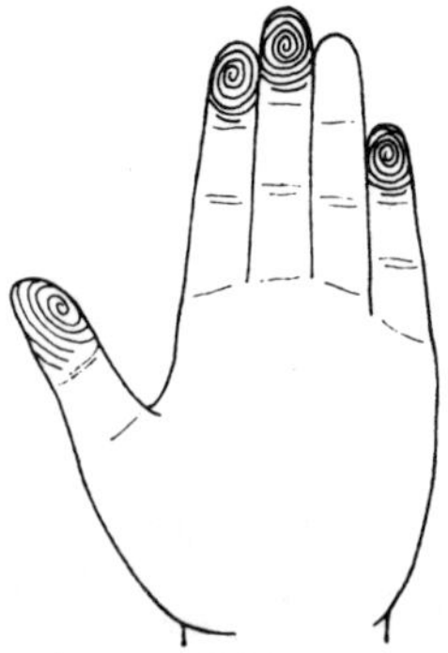

㉗只有無名指是流紋因爲善於交際應酬，且溫厚篤實，所以尚能得長官的賞識和提拔，下能得部屬的擁護，且直到晚年運勢都很強盛。

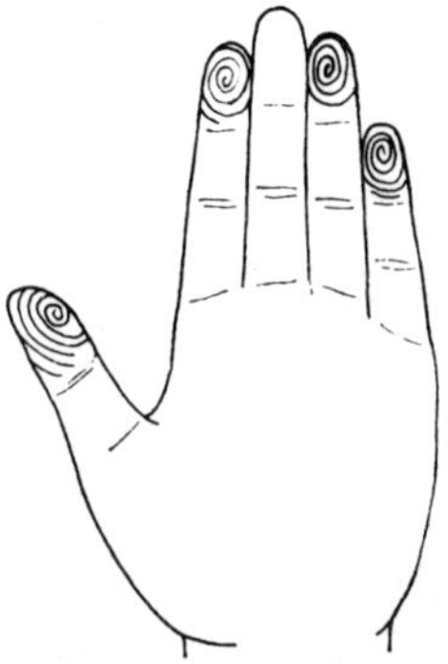

㉘只有中指是流紋主富有勇氣和俠義心，且勤勉努力，所以必能獲社會人士的信任。但另一方面卻比較會斤斤計較，倘若不加以自重的話，將容易豎敵。

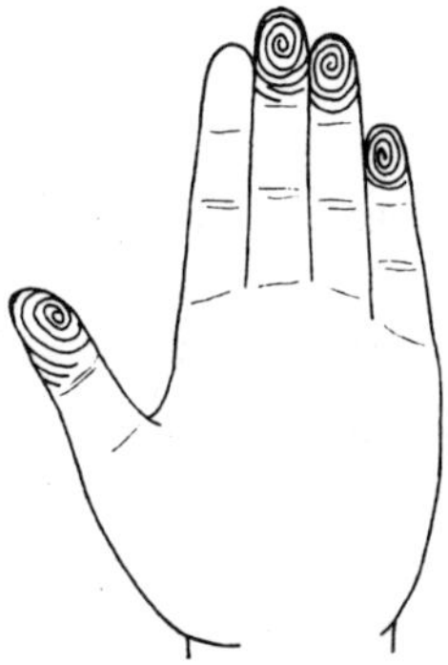

㉙只有食指是流紋主個性品德優越、待人接物和善，但不適宜經商，而適宜當學者、教育家及宗教家等。

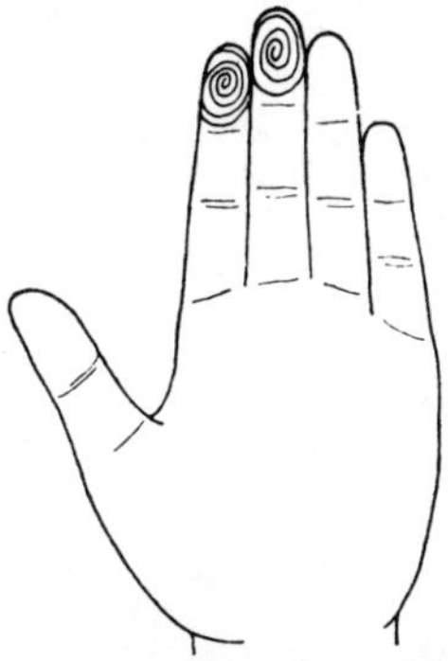

㉚食指和中指是渦紋主道德崇高、且富有協調性，所以必能獲得衆望而成功。但往往會因異性問題而招來失敗。

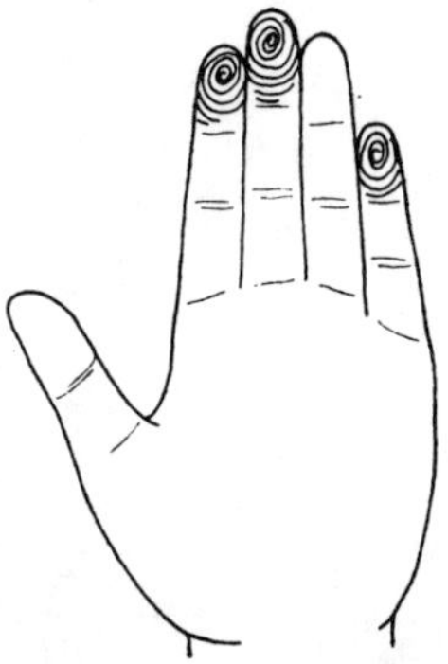

㉛拇指和無名指是流紋主性格質樸穩重，只要脚踏實地，一步一步向前邁進，不久將會獲得財富和聲望。

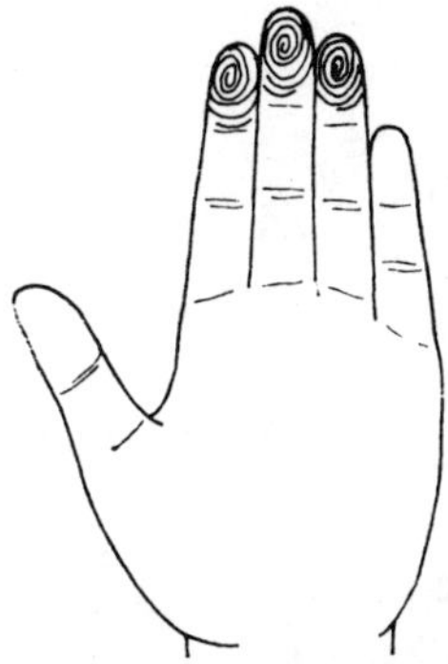

㉜拇指和小指是流紋主個性正直。但因流於頑固、自我心強，所以容易得罪他人。這個趨向直到中年以後才會緩和，且使運氣好轉。

●掌丘的相法

掌丘，卽手掌上某部位稍微隆起之肌肉。

掌丘共有七個名稱，但因火星丘包括有第一火星丘和第二火星丘，所以加起來應該是八個。

看掌丘的順序，就是從手掌中心的火星平原開始，然後才木星丘、土星丘、太陽丘、水星丘、太陰丘及金星丘。

掌丘的名稱

△木星丘……位於食指的指根。

△土星丘……位於中指的指根。

△太陽丘……位於無名指的指根。

△水星丘……位於小指的指根。

△第二火星丘……位於水星丘的下方。

△太陰丘……位於第二火星丘的下方。

△金星丘……位於被生命線所包圍的右側，也就是拇指和食指所形成的角之頂點，水平地劃

下來的那條線之右側。

△第一火星丘……位於木星丘和金星丘之間。

木星丘

這個丘豐滿發達的人，其特徵是富有卓越的思考力。同時自尊心和優越感也很強，爲了獲得名利權位，而不惜努力不懈。

雖然他具有奮鬥精神、意志堅強、且能夠開拓自己的人生大道，而站在領導者的地位，但若是自命非凡、操權弄柄、雄視濶步、必定會招來害人害己的失敗。

土星丘

這個丘發達的人，多半具有敏銳的洞察力。同時以他那堅強意志和卓越的知識來開拓命運，相信必能獲得周圍者的信賴和聲譽。

相反的，也可能會因憂鬱孤獨、且具有遁世之思想，而使大事無法完成。

太陽丘

這個丘發達的人，主性情溫厚、光明磊落，且具有鑑賞能力的藝術天才。也就是所謂的「能幹者」。由於其表現力、說服力及經濟觀念都很發達，所以最適宜從實業方面求發展。

太陰丘

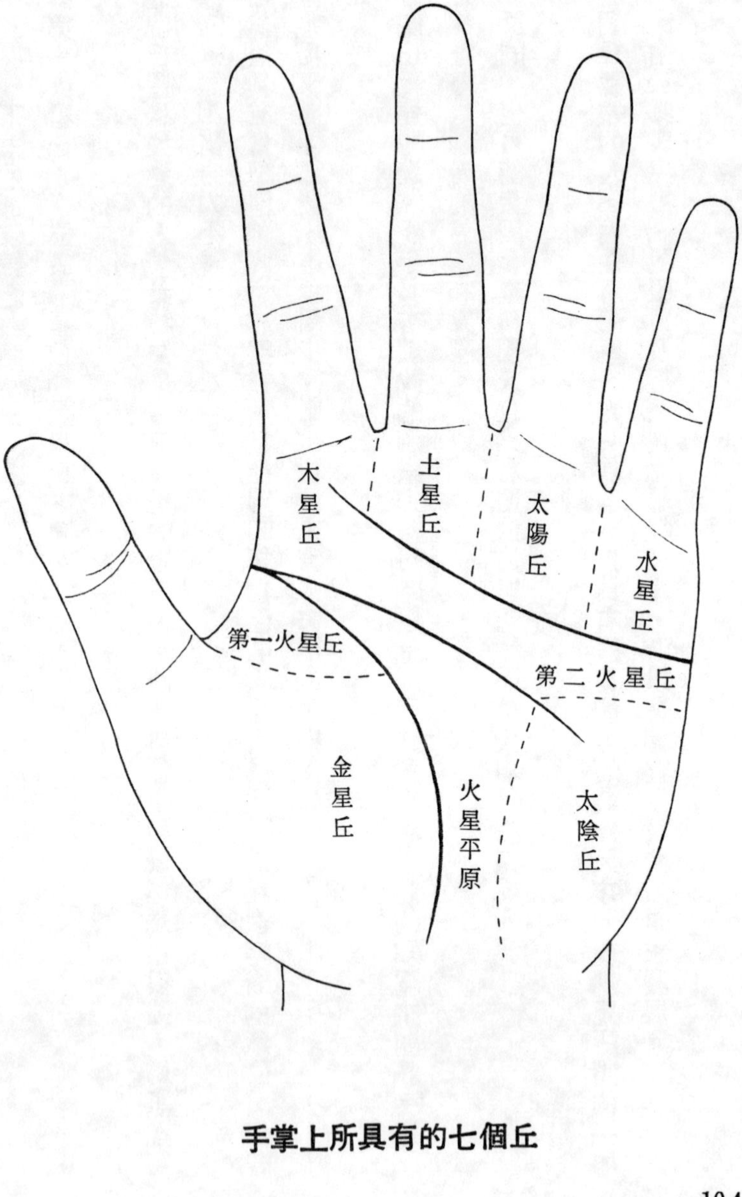
木星丘
土星丘
太陽丘
水星丘
第一火星丘
第二火星丘
金星丘
火星平原
太陰丘

手掌上所具有的七個丘

這個丘發達的人，主理想遠大、富想像力而善於反省，且具有以敏捷的判斷力來處理事物的才幹，無論在精神或物質方面都很富裕，不但可以擁有一個和諧美滿的家庭，同時子孫運也很昌隆。

金星丘

主溫和親切、無論對父母的親情、夫妻的愛情或友情，都能付出眞情，同樣的，也能得到別人的愛。此外還具有能在學問及技藝方面求發展的本質。

火星丘和火星平原

第一火星丘發達的人，主冒險進取，臨危不變、做事有始有終。

第二火星丘發達的人，主具有不屈不撓的精神，能忍辱負重，且不畏任何艱難的勇敢者。

火星平原豐滿發達的人，主生活力旺盛，且具有不愁衣食住的福德。

●掌紋的名稱

在手掌上縱橫交錯著無數長線和短線。雖然有些人比較明顯的僅有寥寥數條，但有些人卻多的無法細數。這些紋理，每一條都有一個名稱，且具有一定的意義。

生命線

生命線，就是起自食指和拇指之間，沿著金星丘畫一個弧形而下降的線。

智慧線（理智線）

智慧線和生命線大約起自同一部位，也就是朝橫的方向或稍微斜下的那條長線。

感情線

起自智慧線上方，而一直延伸到小指下方的那條線。

命運線（事業線）

起自手腕，一直延伸到中指下方的那條線。

成功線（太陽線）

起自手腕的部位，有的一直延伸到無名指的下方，也有的在太陽丘上方就中斷了。

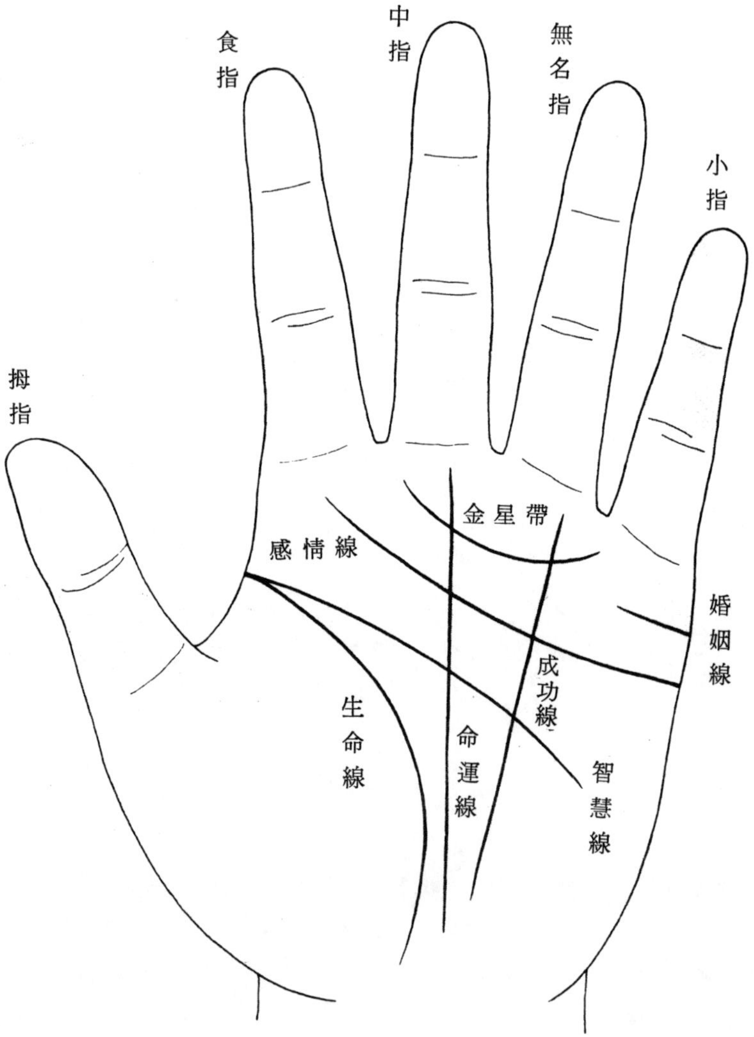

出現在手掌上的紋理

婚姻線　出現在小指下方的水星丘上之橫線。

金星帶　起自食指和中指之間，而延伸到無名指和小指之間的弧線。

●生命線的相法

生命線，不僅是表現壽命長短、健康狀態、有無病難及突發事故的部位，同時也是要做預防災厄和提高警覺的部位。

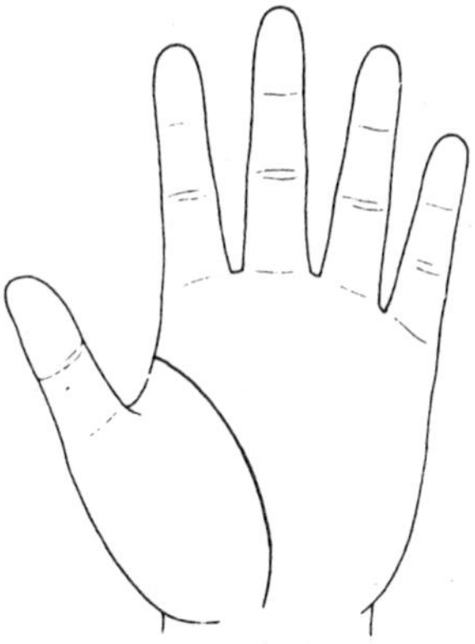

生命線細長、深秀明朗、不中斷、且呈現淡紅色的人，主健康良好、長命百歲。但若是憑著身體健康而暴食暴飲的人，也會導致短命。

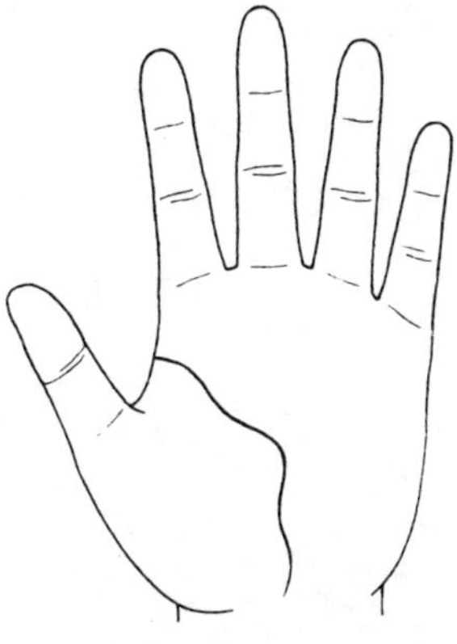

生命線曲折的人，主住居經常變動、生活不安定。多半具有遠渡重洋的機會。

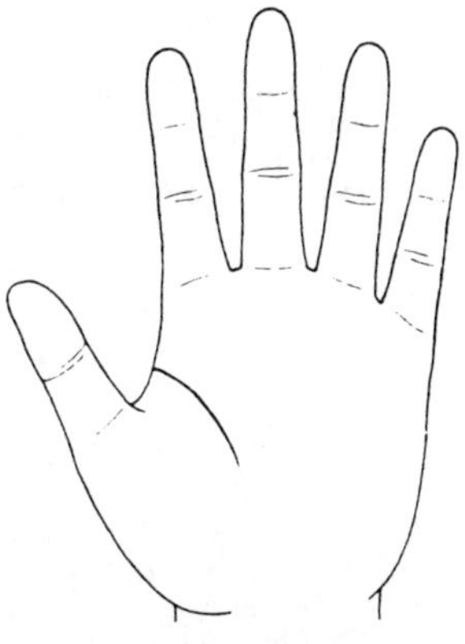

生命線短的人，主個性正直、腳踏實地，但流於胆小。

因體質較弱，可能多病，但不等於短壽，通常都會過著不滿和不安的人生。

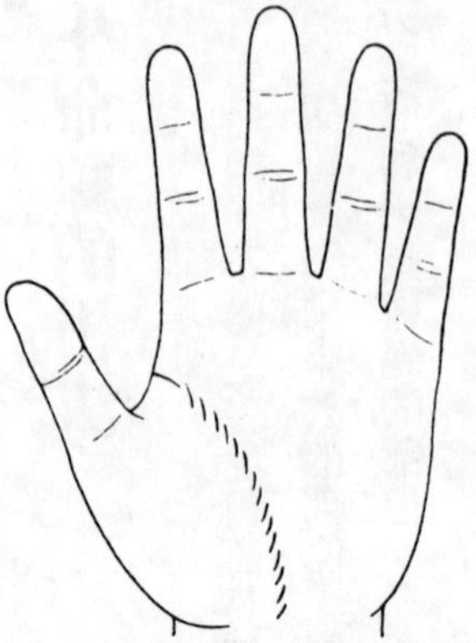

由梯形小線連接成生命線的人，主健康情況惡劣，最容易得到惡病。

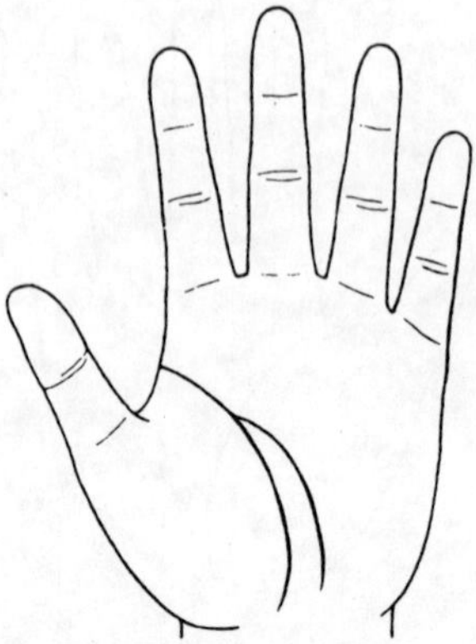

生命線分有支線的人，表示一個家會分成兩個在生活，也就是持有兩個家庭之意。

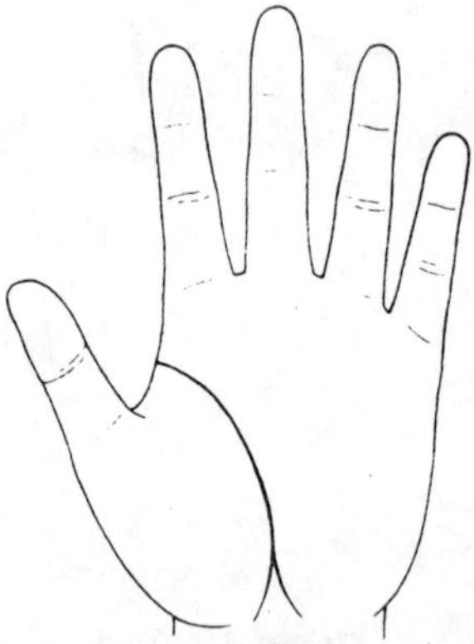

生命線的末端起叉紋的人，就是「要特別注意起居生活」的一種警言。或者表示著即將離開祖國而到國外定居之意。

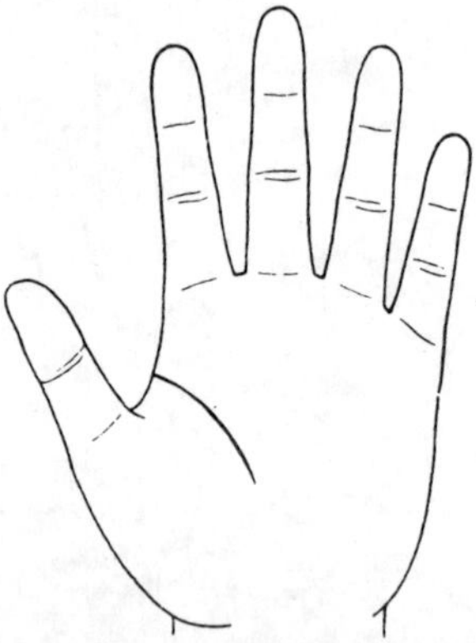

即使兩手的生命線都很短，但若是其他的主線都很深秀明朗的話，也不致於短命。雖然經常會生病，可是都很迅速地脫離危險。

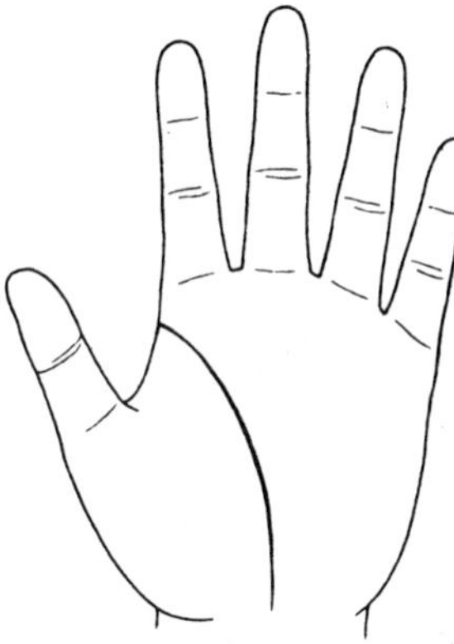

通常生命線都起自拇指和食指的中央，如果比這個部位還要上方的人，主進取心和克己心都很強，只要奮鬥努力，事業終有可成。

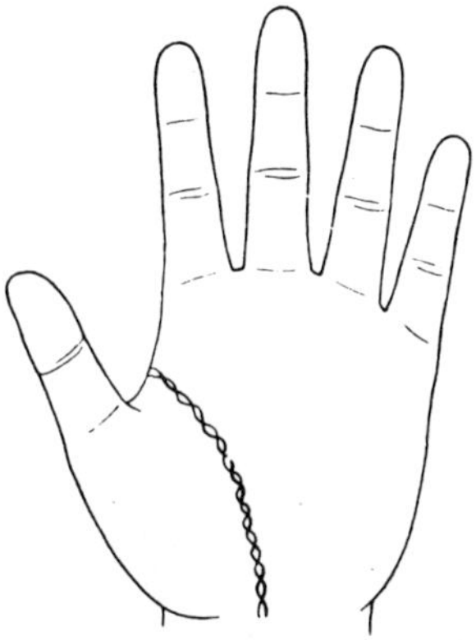

生命線上有許多小圈連成鏈形的人，主天生體弱多病。因內臟諸器官，尤其是消化器系統較弱，所以一輩子疾病纏身。

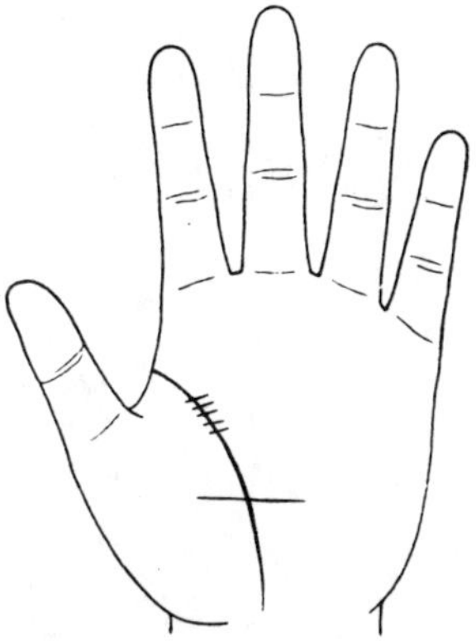

生命線上出現數條細小橫紋的人，主凡事謹慎小心，且具有神經過敏的性質。至於生命線上出現長横紋的人，表示會招來很大的煩惱。

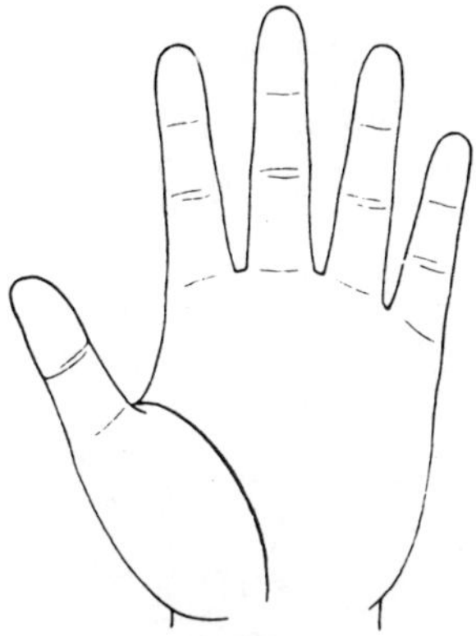

生命線起自拇指根部的人，主缺乏自制力和反省力，因爲經常都以自我爲中心來思考、行動，所以比較容易豎敵。

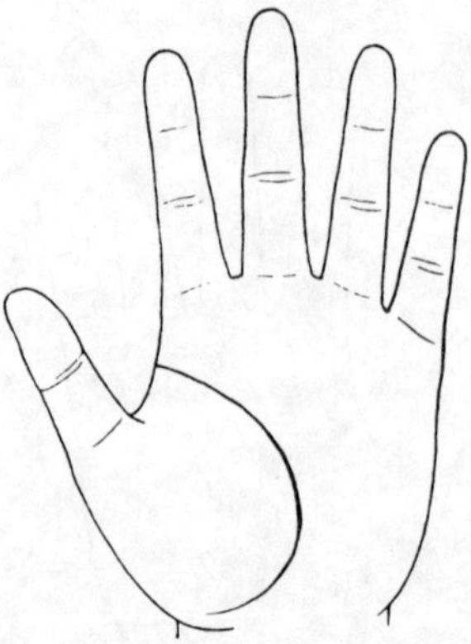

生命線的終點，好像要環繞拇指似的形成一條弧線的人，雖然身體健康、聰明睿智，但因比較任性，所以在愛情方面容易發生糾葛。

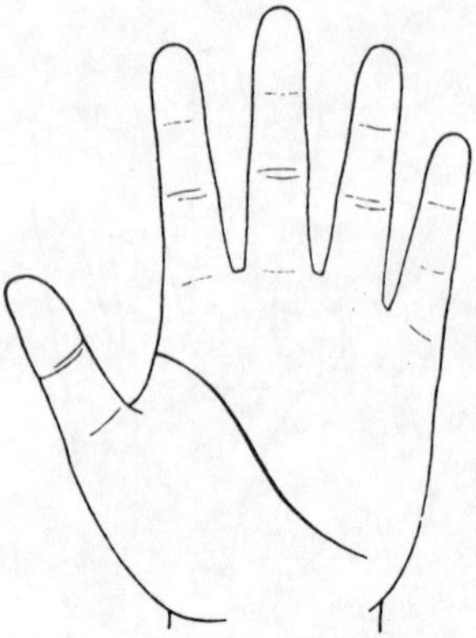

生命線的終點不是在金星丘的下方，而是朝著太陰丘方向去的人，主心志不堅、缺乏自信心，住居經常變動、職業經常更換。

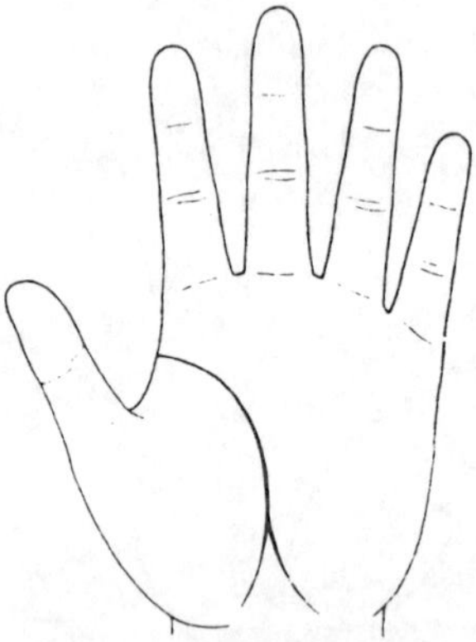

生命線的末端起大叉紋的人，暗示其中年以後的運氣較弱，所以在青年、壯年時期，應該多加充實自己的生活。

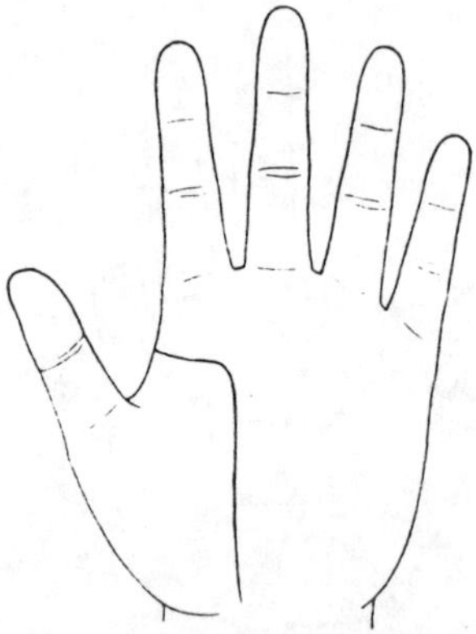

這類型的生命線，主精神慾比物質慾還要強烈。同時天生體質虛弱，缺乏生活意欲和性的魅力。

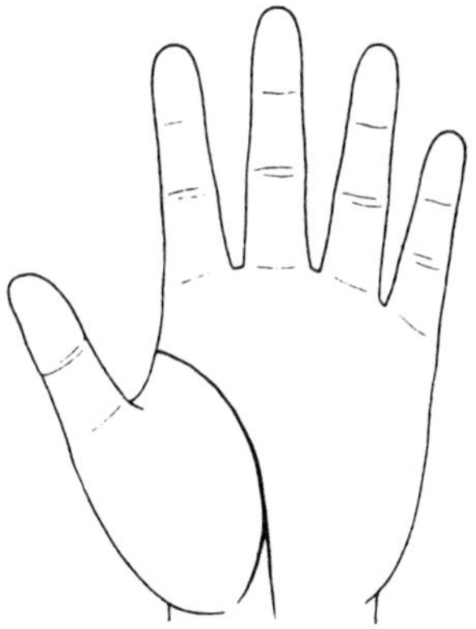

　　從生命線分歧，朝著手腕下伸的那條支線，主老當益壯，晚年財運遞增、地位高陞。

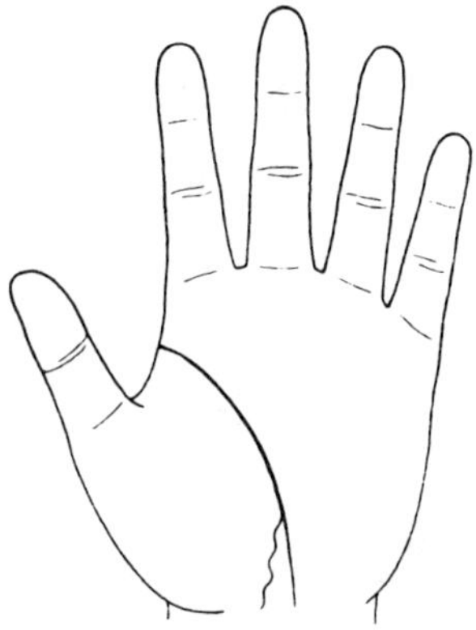

　　生命線的下部起蛇形支線的人，暗示其不注意起居生活、不自我約束，一再地消耗體力和精力，所以很早就會呈現衰老的現象。

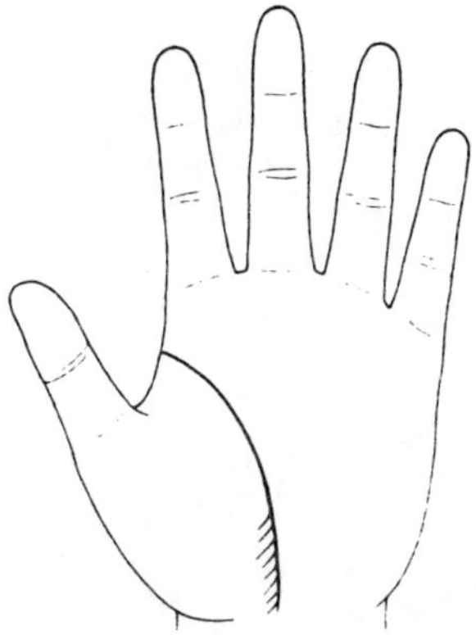

　　生命線下部出現數條細小支線的人，因具有容易疲勞的體質，所以做事情之前一定要先考慮自己的體力，不可以勉強。

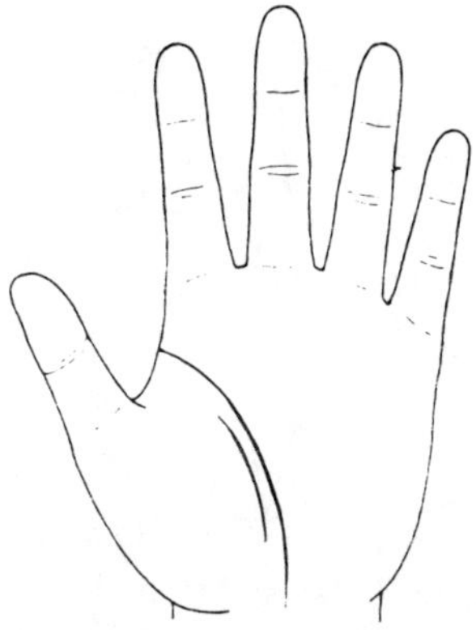

　　另有一條掌紋與生命線平行的人，主對疾病的抵抗力極強，但因天生體質比較虛弱，所以一定多注意起居生活。

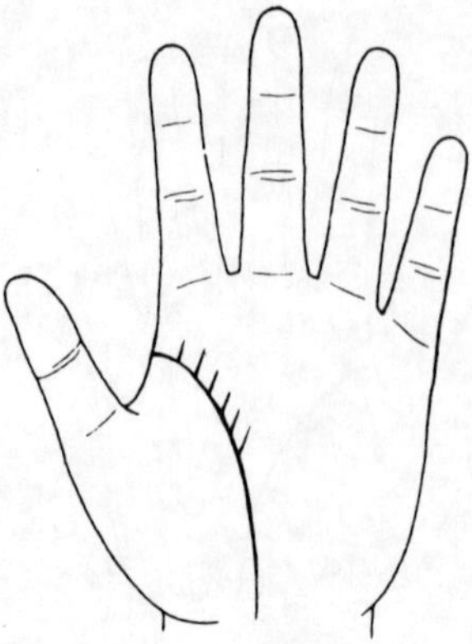

生命線上有數條支線向上延伸的人，主精力旺盛，可以渡過富有活動性的生涯。

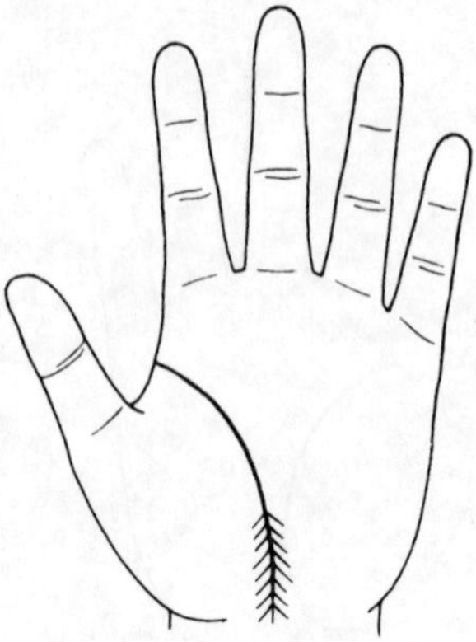

生命線下部之兩側，出現數條細小支線的人，表示會因不注意起居生活，而引起賀爾蒙不足的現象，所以一定要自我警惕。

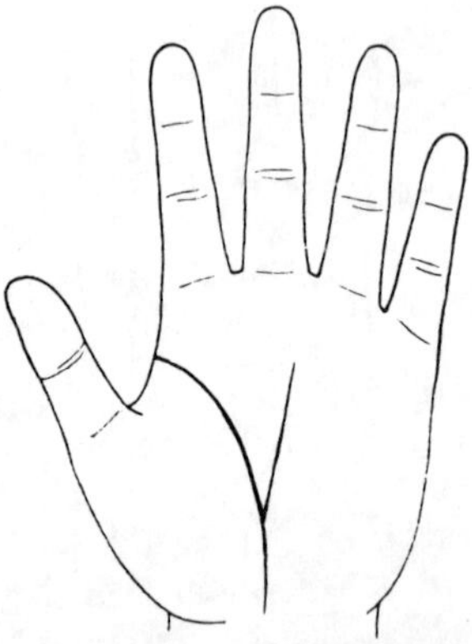

生命線的支線延伸到火星平原上的人，主年輕時代的生活比較勞苦，但只要忍耐和努力，到了中年以後，運氣就會逐漸好轉。

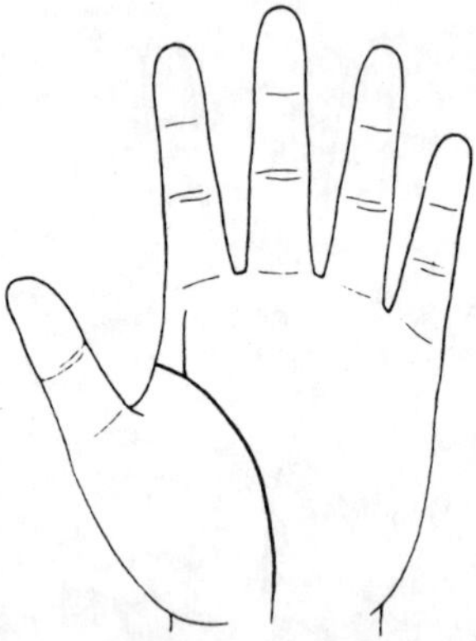

生命線的支線延伸到木星丘的人，主剛愎自用、自信過人。由於具有旺盛的生命力，所以成功的機會很多。

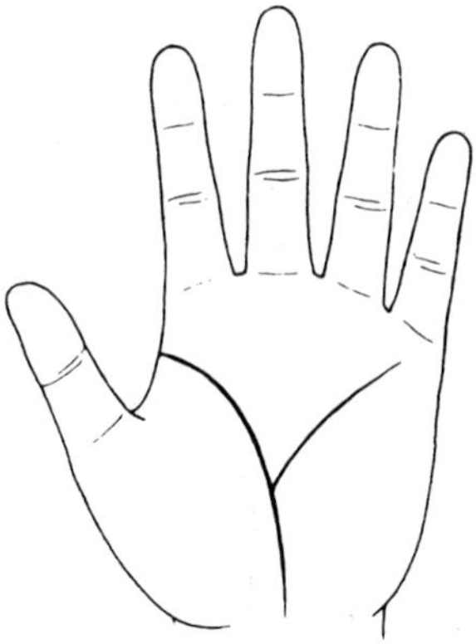

生命線的支線延伸到水星丘的人，尤其是水星丘也很發達時，表示能夠在實業方面有所成就。

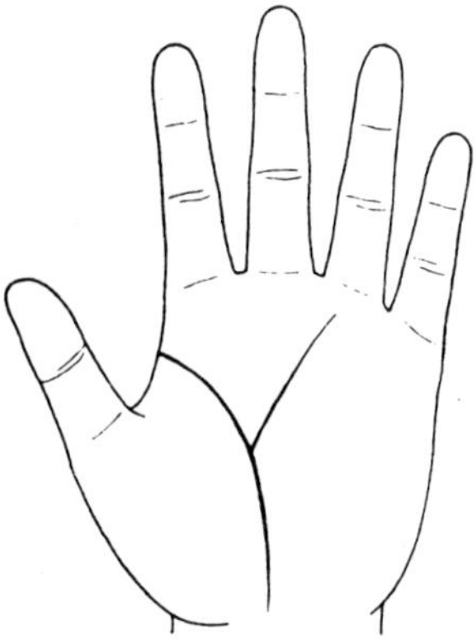

生命線的支線延伸到太陽丘的人，主財星高照、百事順遂。如果太陽丘也很發達的話，表示可以在藝術方面嶄露頭角。

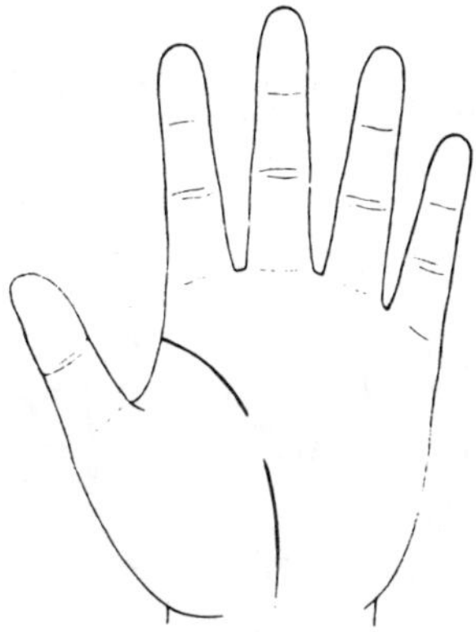

生命線的中央有隙縫的人，主中年期會罹患大病。倘若斷裂的間隔越長，其危險性也越大。

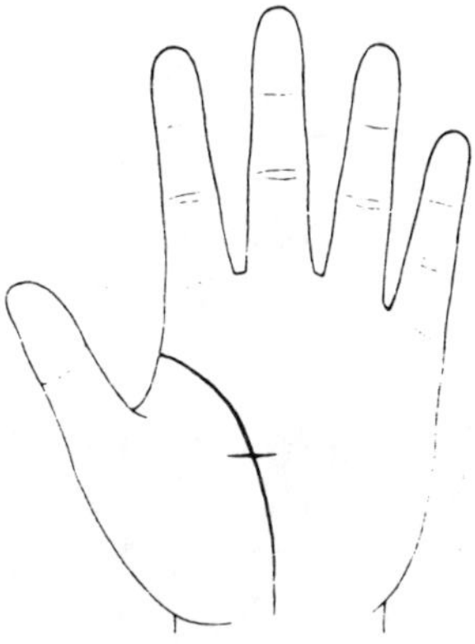

有其他掌紋明朗深長地橫斷生命線的人，暗示會引起突發性的疾病或災難，而帶來生命的危險。

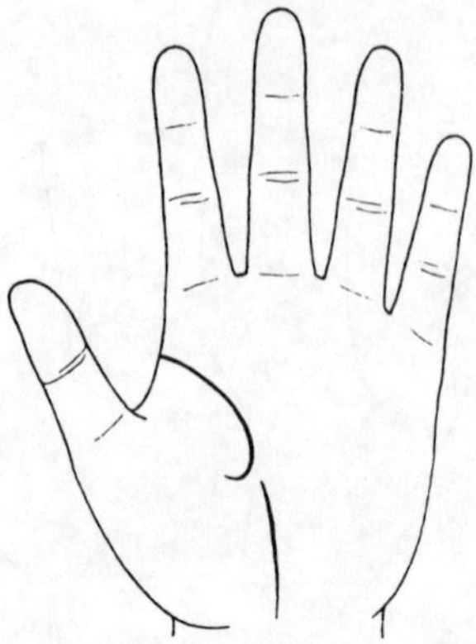

在生命線上形成如上圖般隙縫的人，表示會罹患嚴重的疾病。倘若兩手的同一部位都有同樣隙縫的話，暗示會因其病而死。

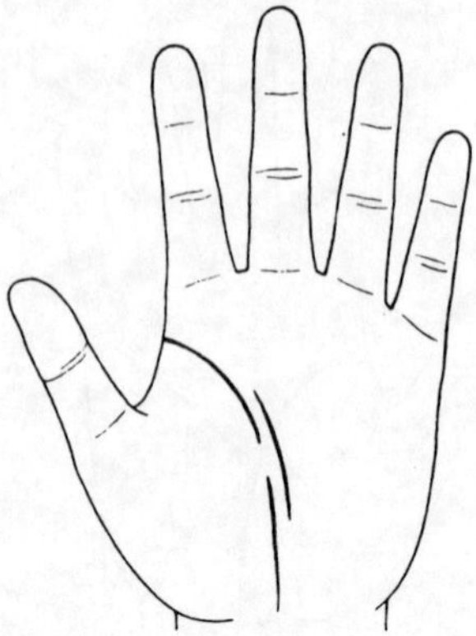

在生命線的斷裂處，另出現一條並行線的人，表示即使罹患大病也很快就會痊癒。

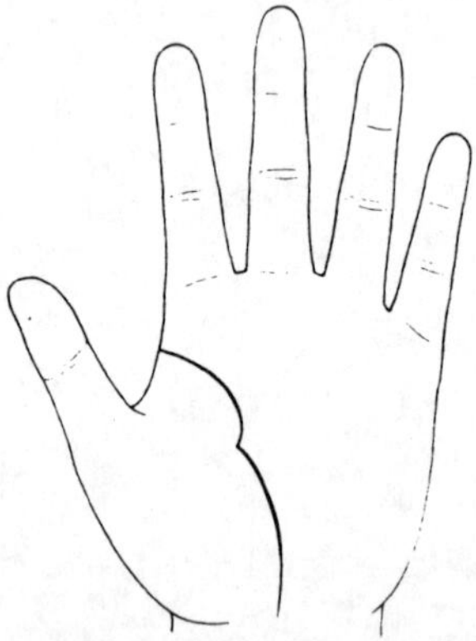

生命線好像形成兩座山峯的人，表示會在人生的歧路上盲然不知所措。

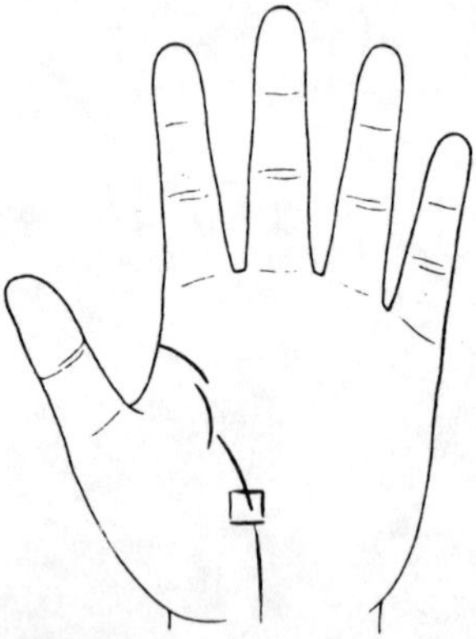

在線條紊亂的生命線上，如果出現四方形的話，表示症狀很快就會好轉。

●智慧線的相法

智慧線，不僅能表現知能的高低，同時也能表現推理力和直感力等頭腦活動的優劣。

此外，這條線也是表現人的特性之重要紋路。

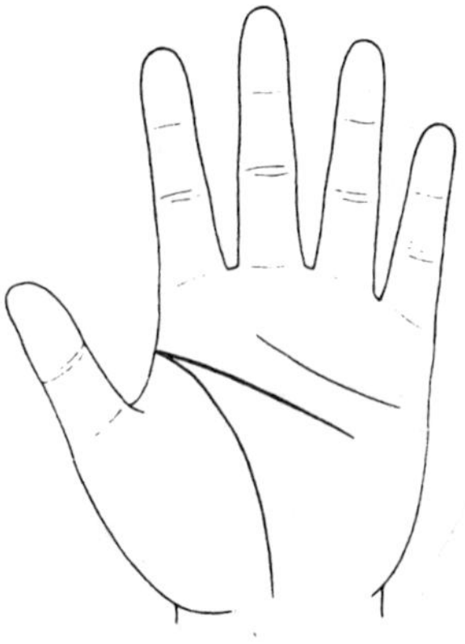

智慧線明朗深長的人，表示對事物具有全力以赴的精神。雖然視其努力的程度也能獲得名譽和財運，但若是大意的話，有時也會陷入人家的圈套中。

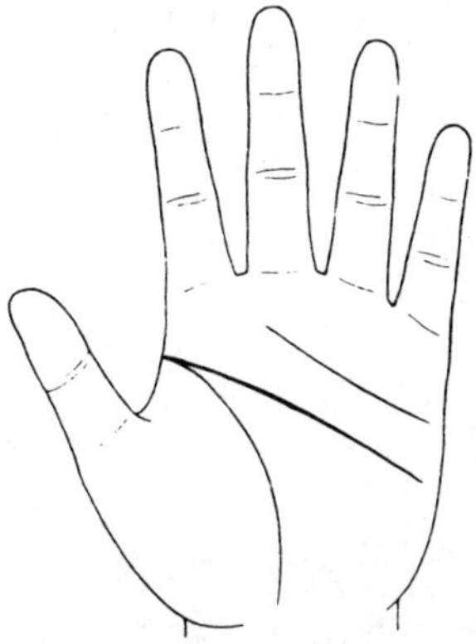

智慧線太長的人，表示一切都以自我爲中心來加以思考、行動。因爲過於自信，所以難免會招來失敗。

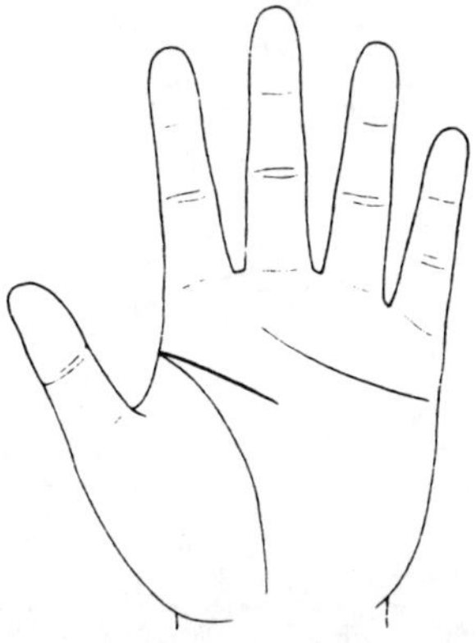

智慧線太短的人，主才能拙劣，總是立在社會的最下層，過著貧困無依的日子。

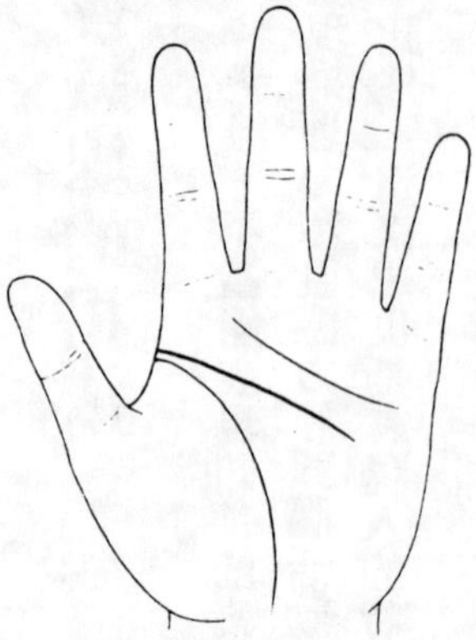

與生命線很接近，且起自其上部的智慧線，主充滿信心、且具有抑制力，只要勇敢進取，必能獲得成功。

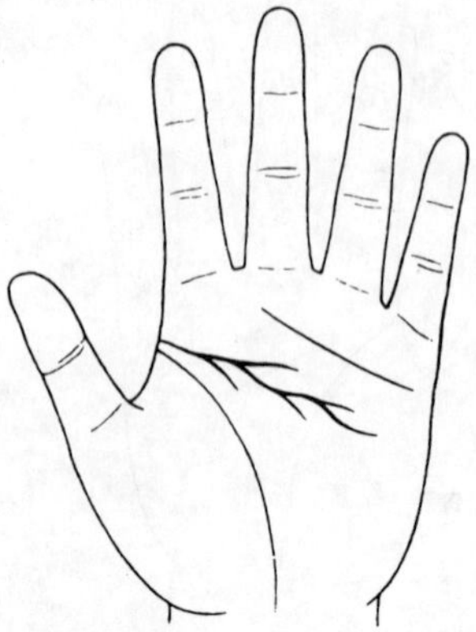

智慧線紊亂的人，主思緒複雜、處世缺乏規律性和組織性。所以經常被憂鬱所困擾。

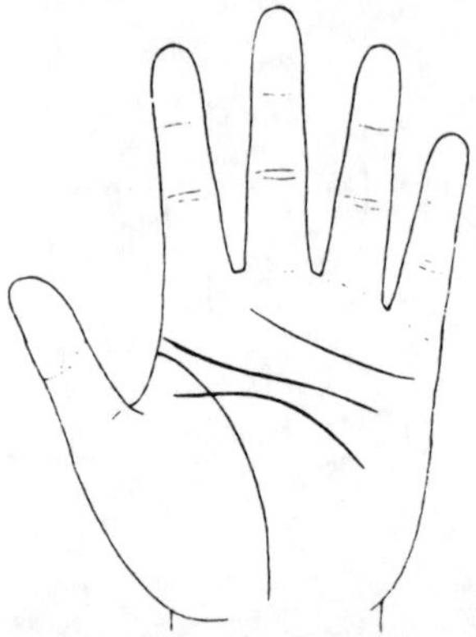

有二條智慧線的人，主具有雙重性格。也就是溫順而敏感，大胆而冷靜的組合。女性的話，雖然聰明絕倫，但難成爲賢妻良母，如果朝職業方面發展的話，必能有所成就。

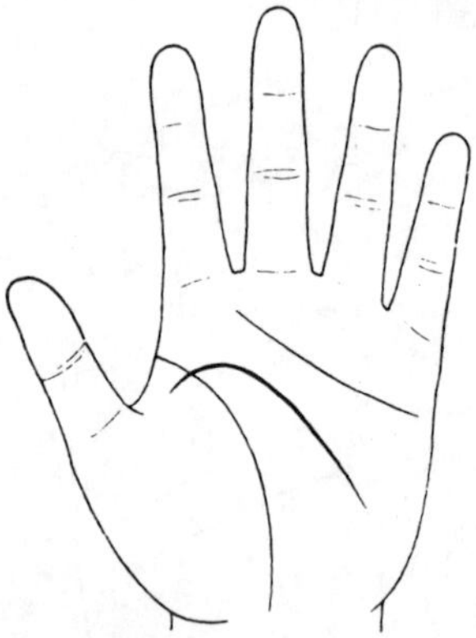

智慧線如上圖的人，主想像力豐富、喜歡空思妄想，且相當任性。相反的，因神經過敏，所以很容易受到誘惑。

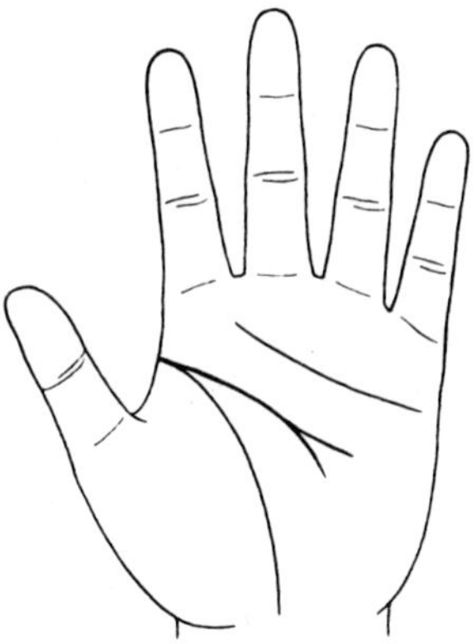

智慧線的末端分叉，如果叉小的話，主決斷力遲鈍。如果叉大的話，則可以當做雙重智慧線來看。

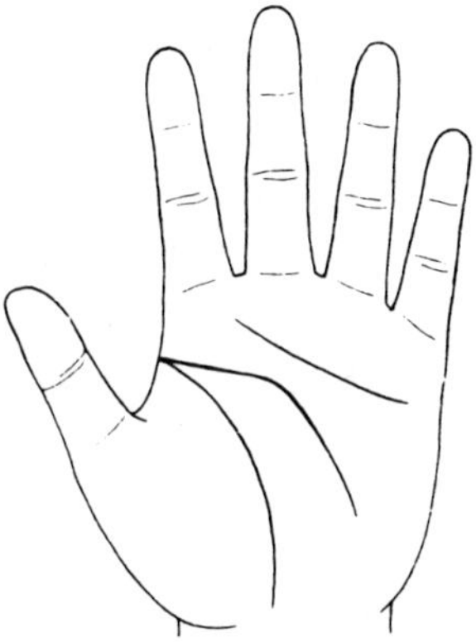

智慧線的前半是筆直的橫線，後半是往下斜而終止在太陰丘上部的人，主深謀遠慮，且具有實務方面的才能。

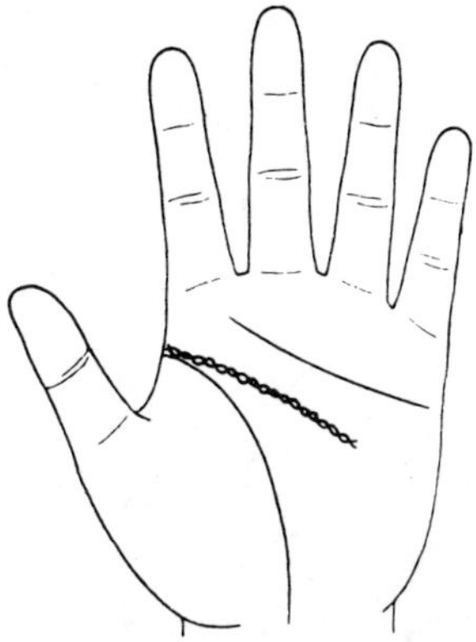

智慧線呈鎖鏈狀或波浪狀的人，主低能、記憶力不好，且經常會頭痛。

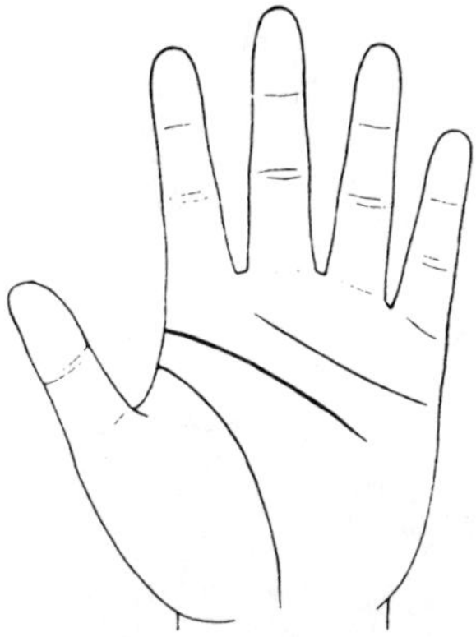

與生命線的起點距離很遠的智慧線，主任性、缺乏自制能力。也是在不良少年中最常見之相。

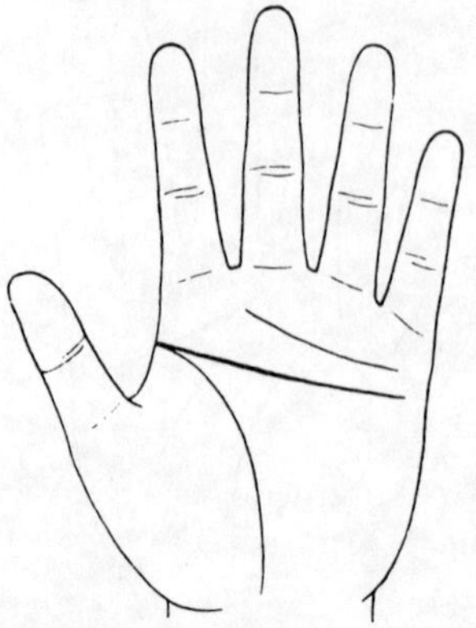

智慧線水平地延伸到水星丘的人，主意志堅強，不畏任何困難。同時因善於社交應酬，所以成功的機會很大。

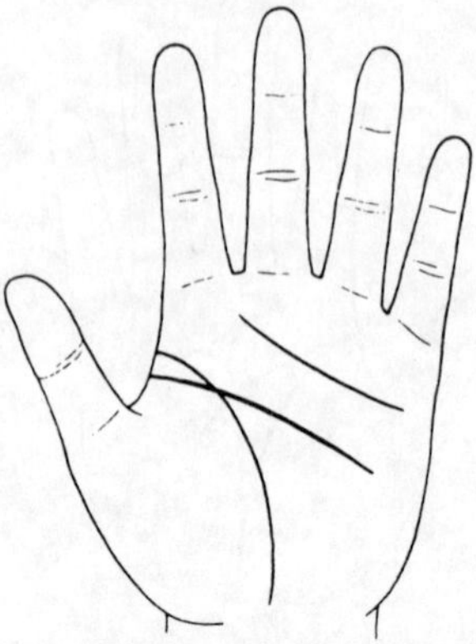

智慧線起自生命線起點之下方的人，主常識豐富、且具有計劃性，但因容易衝動，爲芝麻小事也會斤斤計較，又胆量小、做事謹慎細心，所以無法充分發揮其能力。

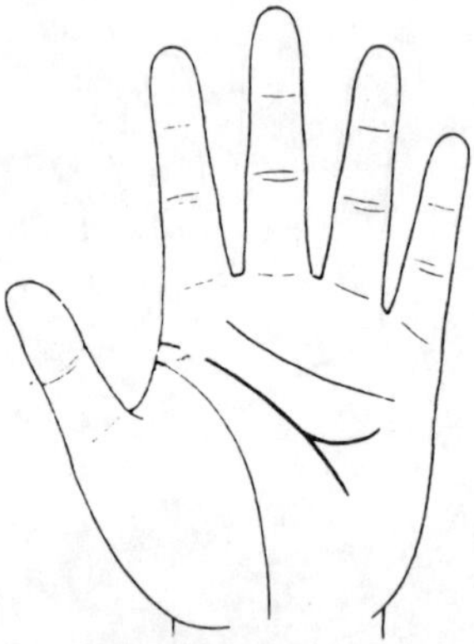

智慧線分有支線，且朝上的人，主頭腦敏銳、英勇明智，適合經商及從事營利事業。

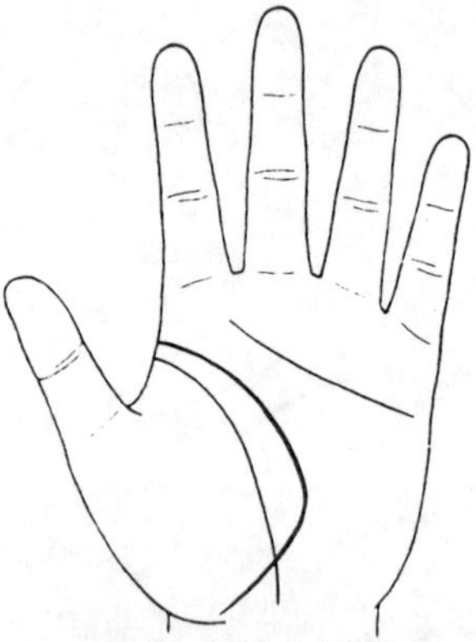

與生命線並行下昇，且穿過生命線延伸到手腕的智慧線，主謹慎小心、性情懦弱，因具有憂鬱的個性，所以容易罹患神經症。

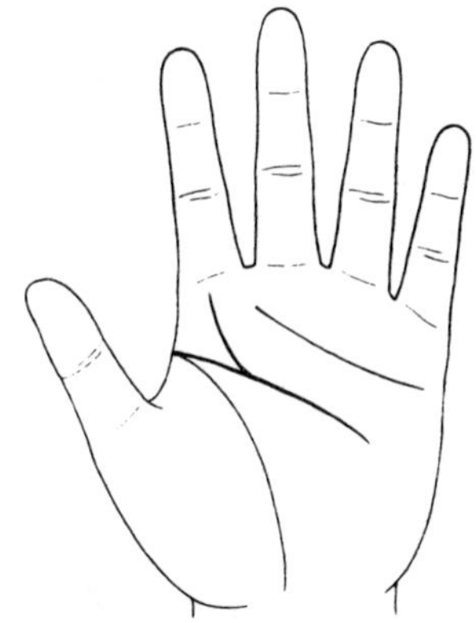

支線延伸到木星丘的智慧線，表示具有支配慾、名利及權利慾等，所以經常表現出充滿活力，勇往直前的積極個性。

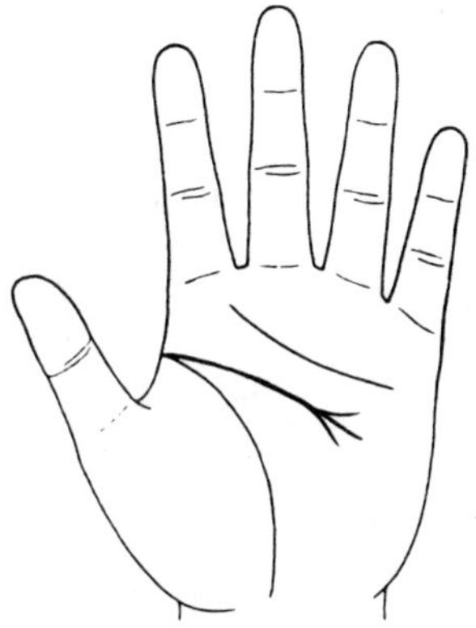

智慧線的末端，分成三條支線的人，主溫雅成名。雖然富有熱情，但缺乏穩定性。

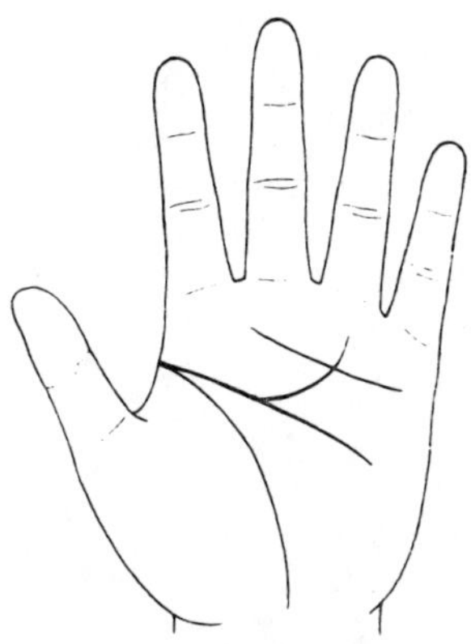

支線延伸到太陽丘的智慧線，主才藝超群，只要朝向藝術方面發展，將來必能出人頭地。

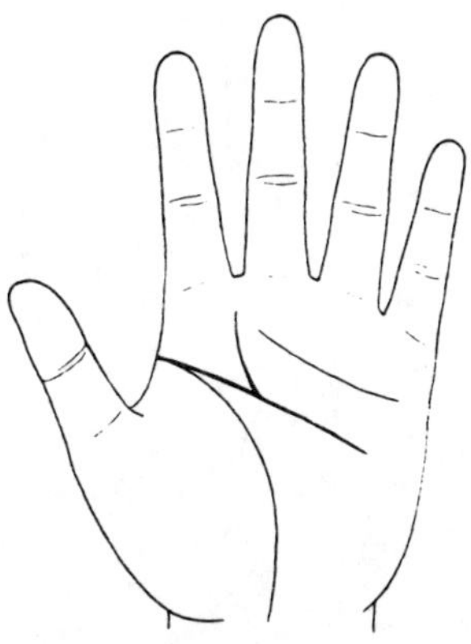

支線延伸到食指和中指之間的智慧線，主聰明伶俐，但好高騖遠、不切實際，所以經常會惹來災禍。

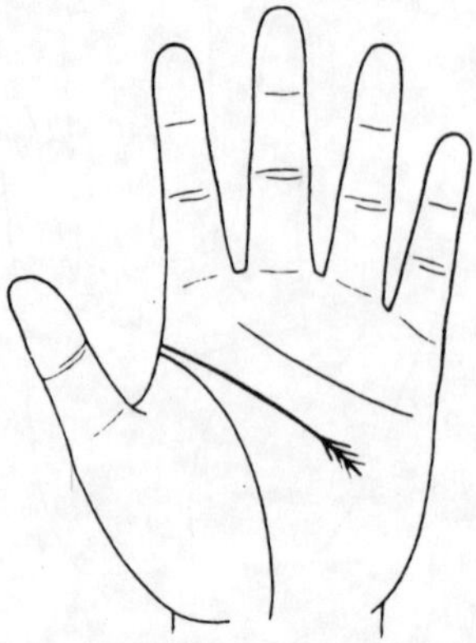

　　智慧線的末端有很多支線的人，暗示會遭受突如其來的病災所襲擊，所以平常就要提高警覺。

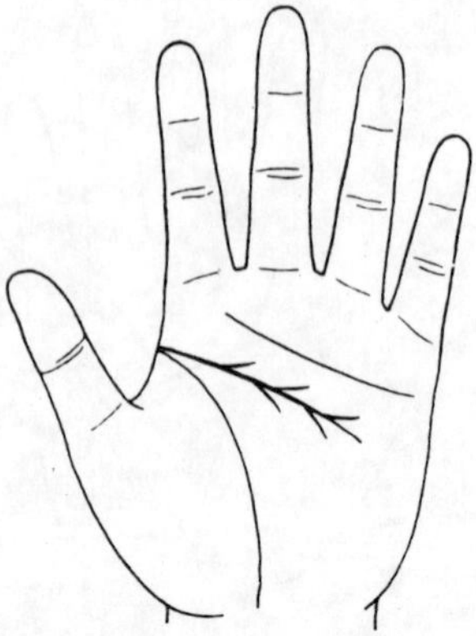

　　支線很多的智慧線，表示具有多方面的才能，也就是多才多藝的人。

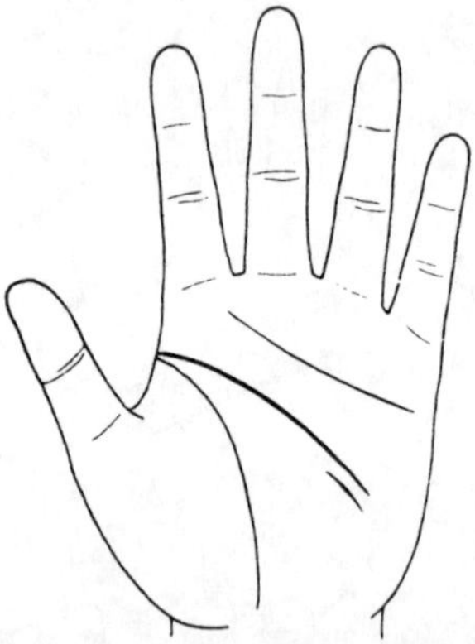

　　智慧線的末端，有一條平行線的人，主對事物的看法比較悲觀，且具有雙重性格。

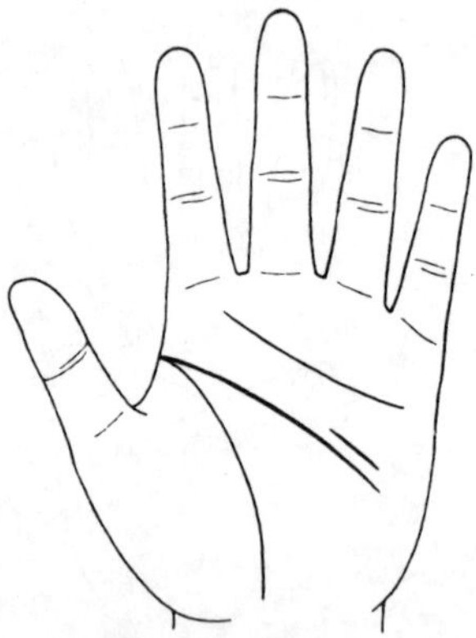

　　智慧線末端的上部有一條並行線的人，表示對事物的看法比較樂觀、且具有雙重性格。

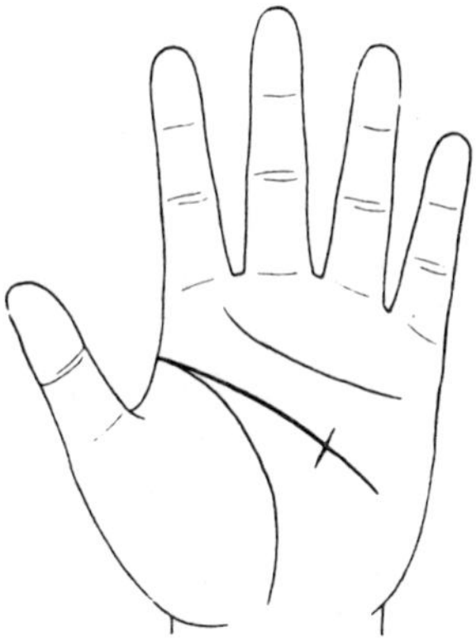

智慧線上出現一條短而明顯的橫斷線，主其人會熱衷於某件事物。

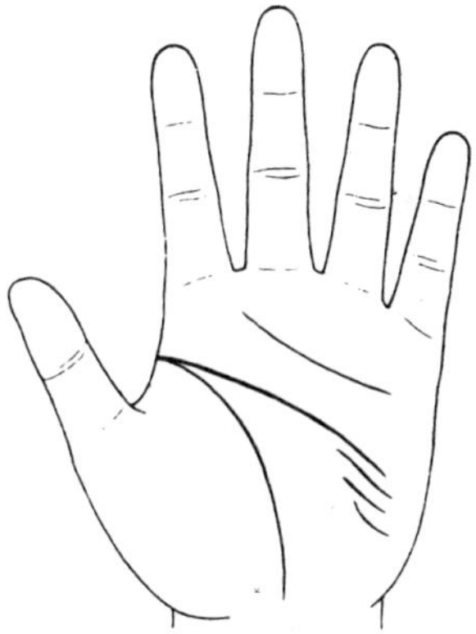

智慧線的末端，有數條平行線的人，主心細多慮，缺乏協調性、且具有憂鬱的性格。

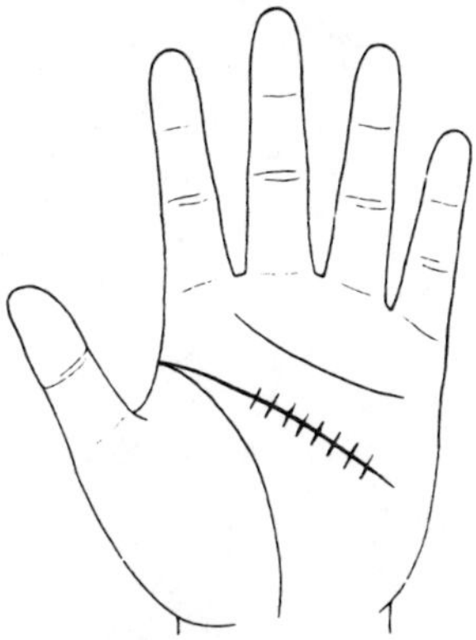

智慧線上有數條橫斷線的人，主心緒煩燥不安、神經質、且容易遭受到精神上的打擊。

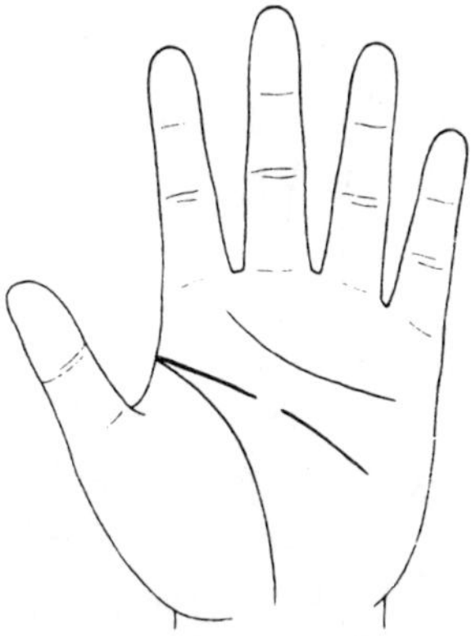

智慧線有明顯中斷的人，主中年會遭遇到突發性的病災，以至死亡。

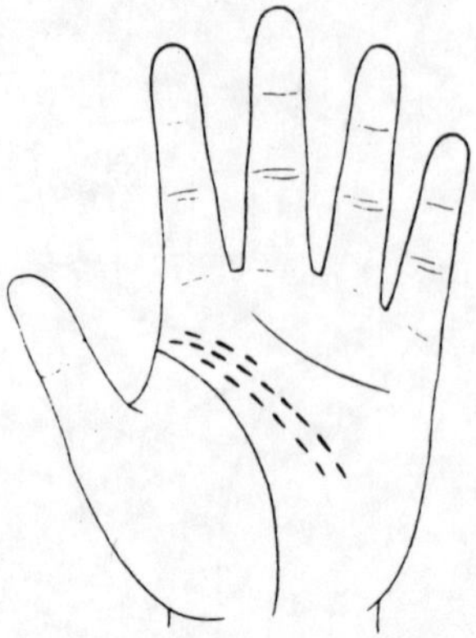

智慧線斷續又破裂的人、主低能、欠缺思考力、沒有主見、且不講求信譽。

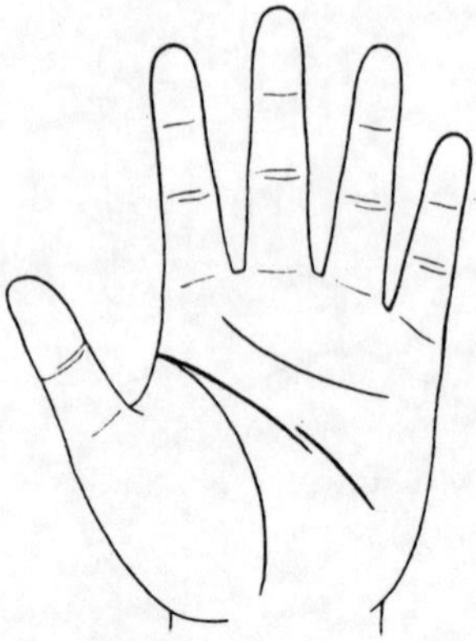

智慧線中斷，而在三厘米內再連接起來的人，主頭部會引起某種障礙，或暗示頭部會受傷。

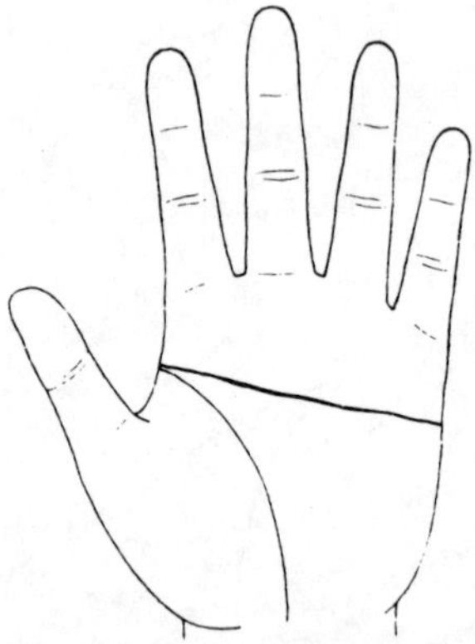

智慧線橫斷手掌、且沒有感情線的人，又稱爲「斷掌」。這類型的人，雖擁有財運，但因多半生活不安定，所以平常應該多加謹愼。

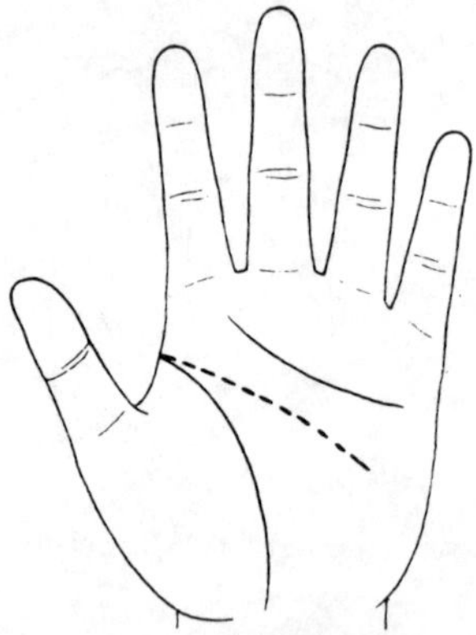

智慧線以點線連接而成的人，主消極、懦弱、缺乏智能。

●感情線的相法

感情線，又稱爲「愛情線」，不但表現感情的強弱，同時也表現感情的複雜或單純。

人是感情的動物。即使智慧再高，也無法過著缺乏感情的獨居生活。至於喜怒哀樂的感情，就是表現在這條線上。

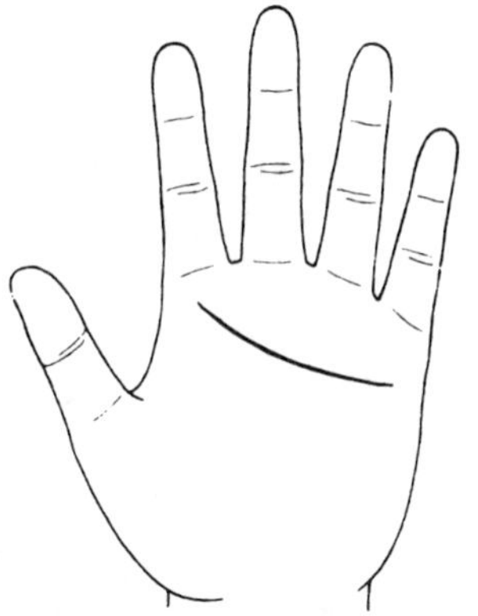

感情線明朗深長的人，主大吉大利、百事順遂，且百無顧忌、勇往直前，對任何事情只要付諸實行，必能成大業、名利雙收。

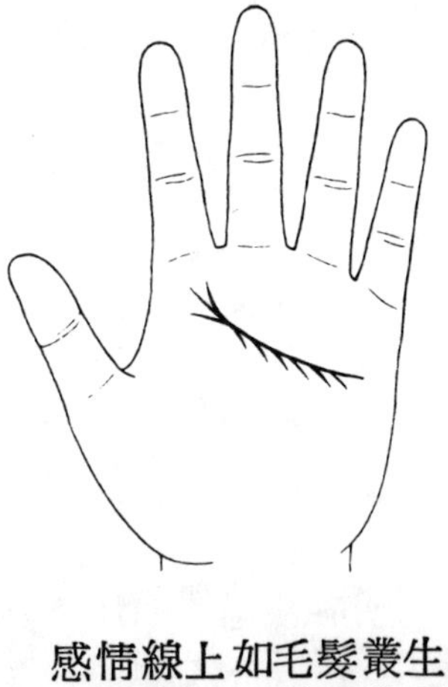

感情線上如毛髮叢生般地長有數條或無數細紋下垂的人，主缺乏決斷力，凡事都因延誤而喪失良機。

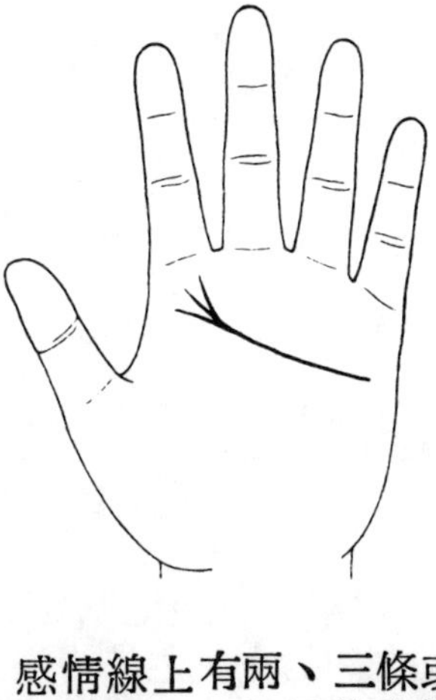

感情線上有兩、三條或數條叉線的人、主思緒紊亂、心神不專、職業屢更或兼營兩、三種事業。

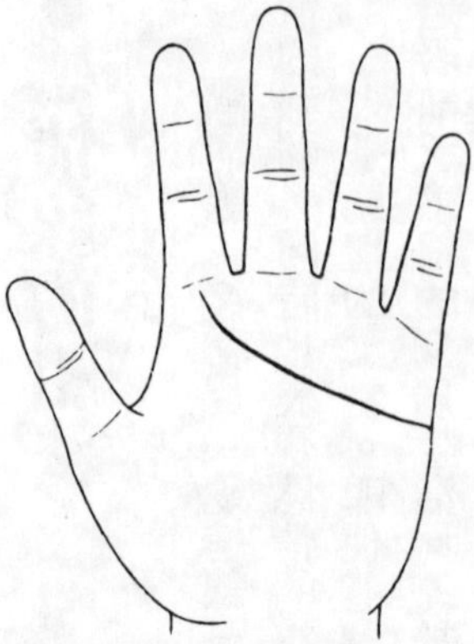

感情線延伸到食指根部的人，主誠實可靠、具道義心、愛情純眞。但往往會因過於信任別人而受到拖累。

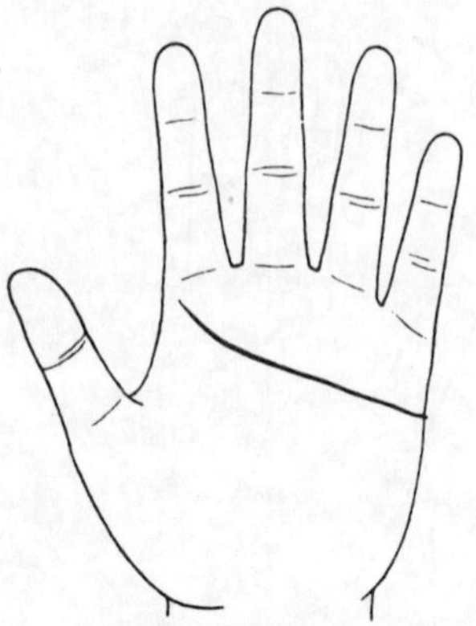

感情線過長的人，主熱情而薄倖、妒忌心重。相反的，感情線過短的人，主冷酷無情、只知有己、不知有人，一味橫行，不慮後果，最後難免會被周圍者排斥，而變成孤獨。

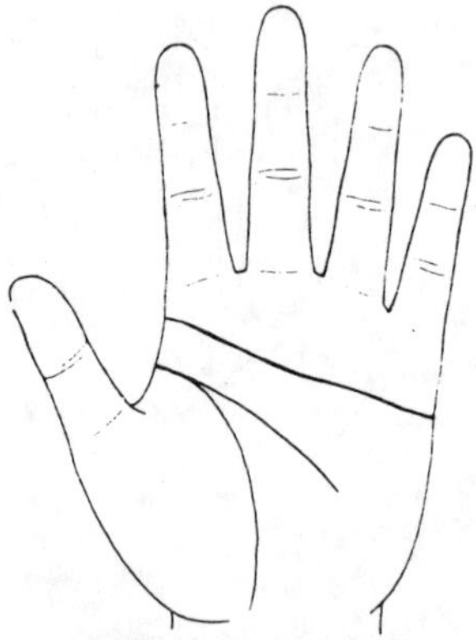

感情線過長而延伸到木星丘外側的人，主濫施愛情、獨佔慾強、嫉妒悍戾、一味橫行、不達目的不已。

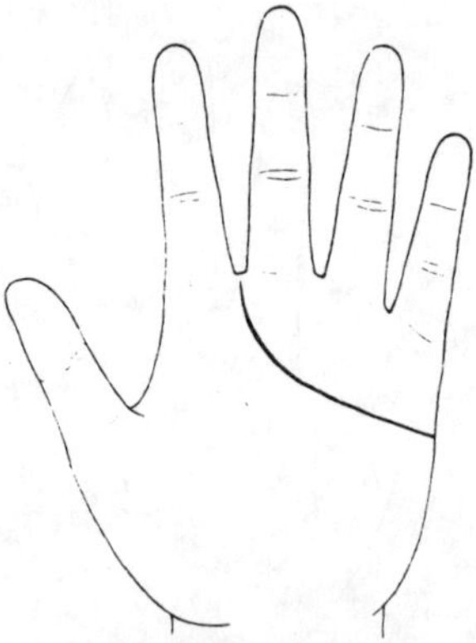

感情線延伸到食指和中指之間的人，主品格端正、愛情專一、不無端猜疑與嫉妒、具有良知、不會因愛情問題而招來失敗。

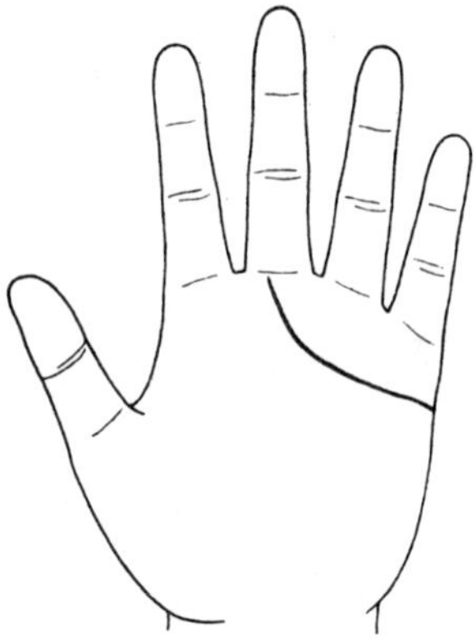

感情線起至中指下方，而延伸到土星丘的人，主貪圖肉慾、官能的愛情。不但會濫用感情，而且心情反覆無常。

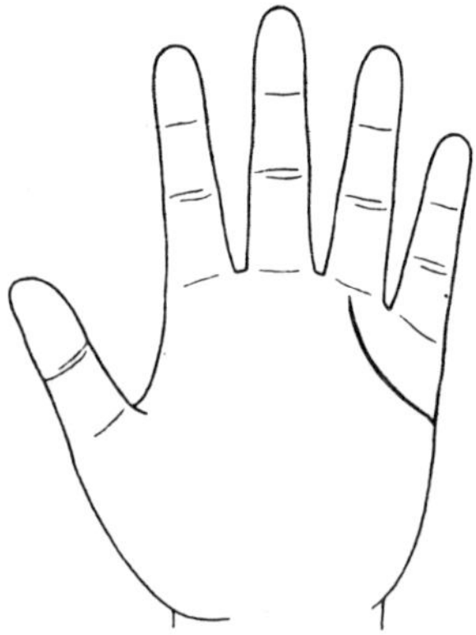

感情延伸到無名指下方的人，表示多爲肉體的享樂者，對精神上的愛毫不重視。由於自私、任性，所以多半情操不貞、愛情易變。

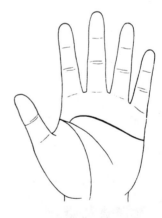

感情線延伸到木星丘，而末端下降的人，暗示會遭遇到突發性的不幸事故，所以隨時要多加提防。

感情線起自食指下方，而延伸到第一火星丘再下降的人，主同情心重、富犧牲精神。所以往往會犧牲自己而成全別人。

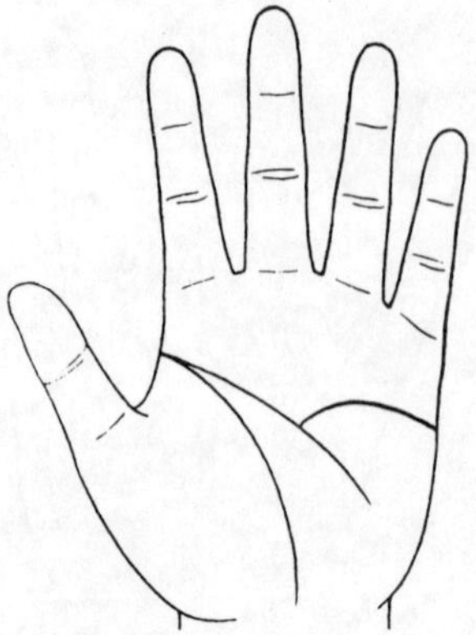

感情線止於智慧線上的人，主工作重於愛情，因對愛情淡薄、喜獨居，即使結婚也徒具形式而已。

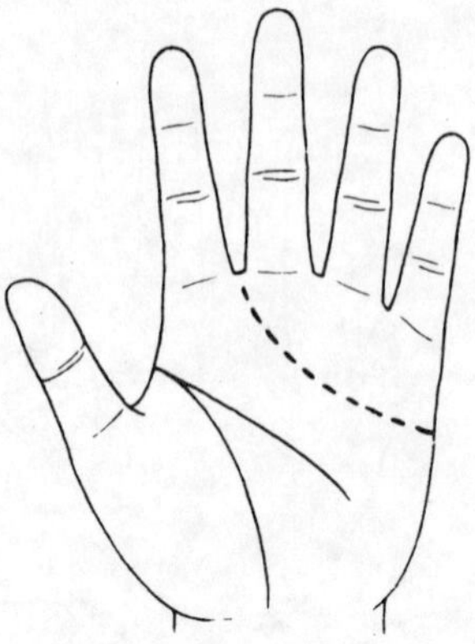

感情線斷續又破裂的人，主神經質、喜怒哀樂變化無常、任性、愛情不堅、內心焦躁，所以很難得到美滿的愛情生活。

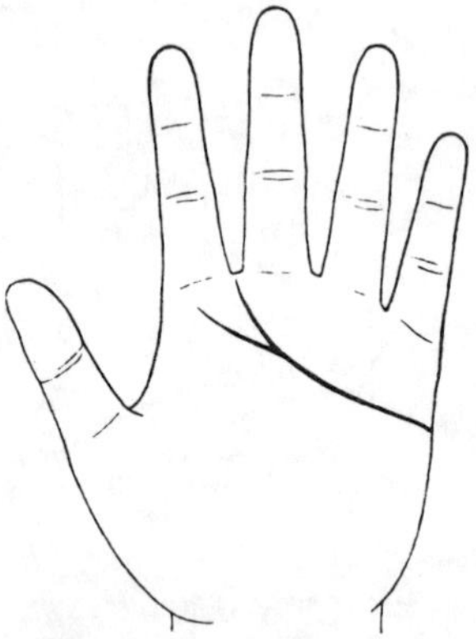

感情線末端分叉，一條延伸到木星丘，另一條延伸到食指和中指之間的人，主對愛情適可而止、不過度沈溺，所以一輩子都能過著圓滿的愛情生活。

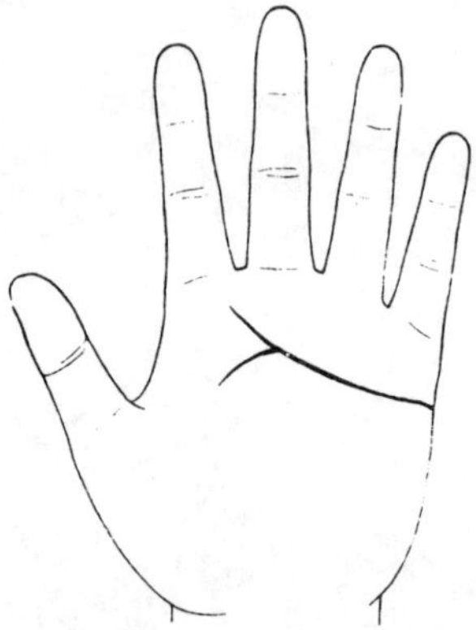

感情線的支線延伸到火星丘的人，主情感特豐富、熱烈。相反的，因易受動搖，所以很難維持永久性的戀愛。

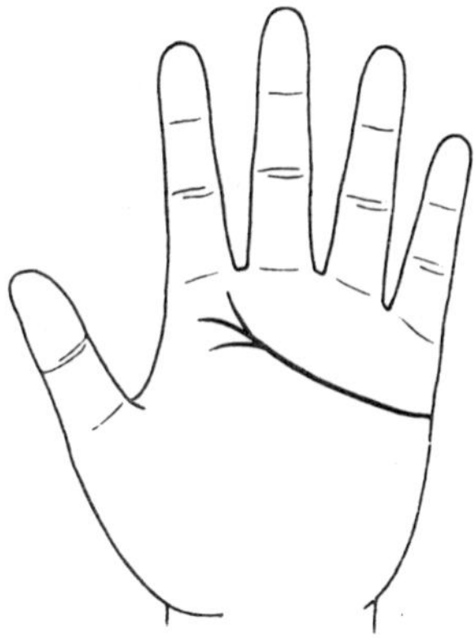

感情線末端有三叉的人，主其愛情的表現是多方面的。

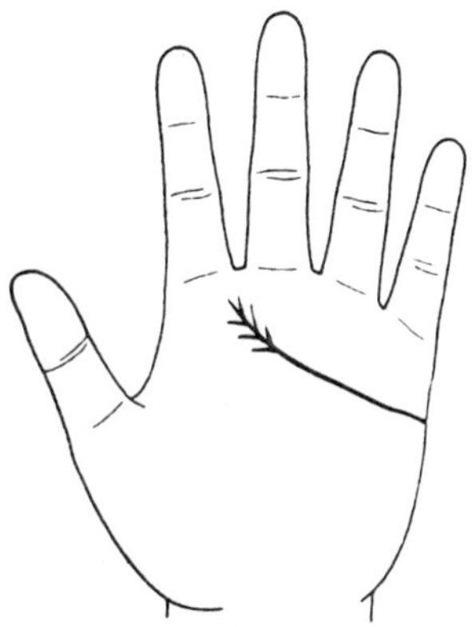

感情線末端的附近，有無數條支線的人、主愛情專一，同樣的，也能獲得對方的愛情。

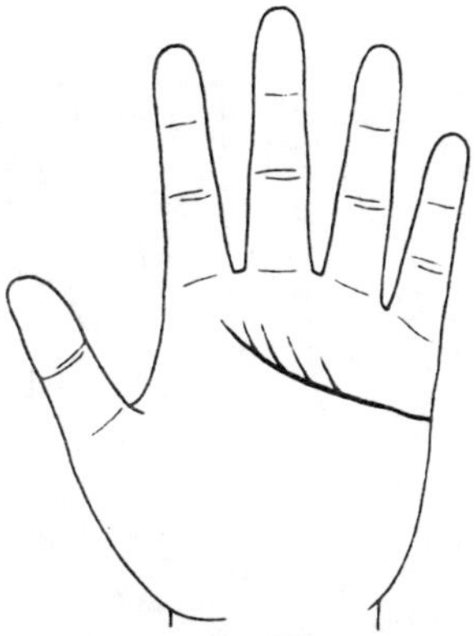

感情線上出現無數上昇支線的人，表示其愛情關係相當明朗，且具有博愛的精神，能犧牲個人利益為衆人造福，所以不但能獲得友情，且可以享受美滿的愛情生活。

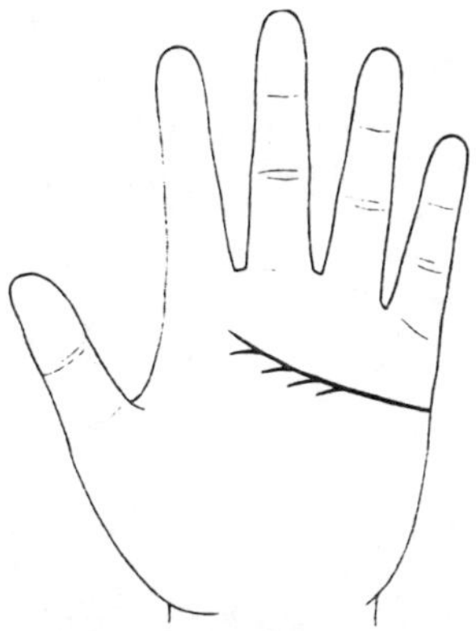

感情線上出現無數下降支線的人，倘若支線越多，表示愛情生活越容易破裂。且暗示與異性之間的關係異常複雜。

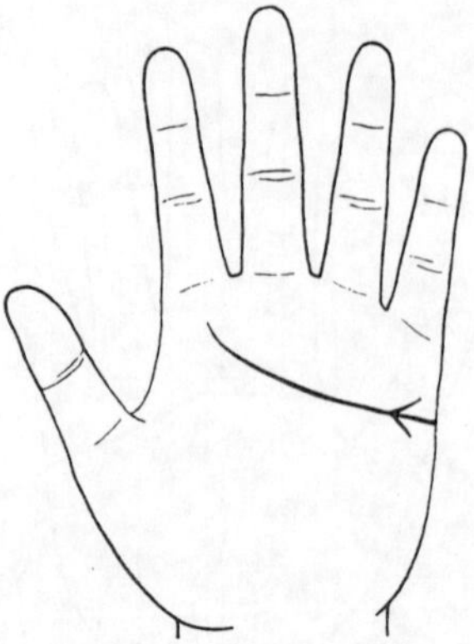

感情線的起點之上下方，各有一條支線的人；表示在異性關係上或結婚問題上，容易發生糾紛。

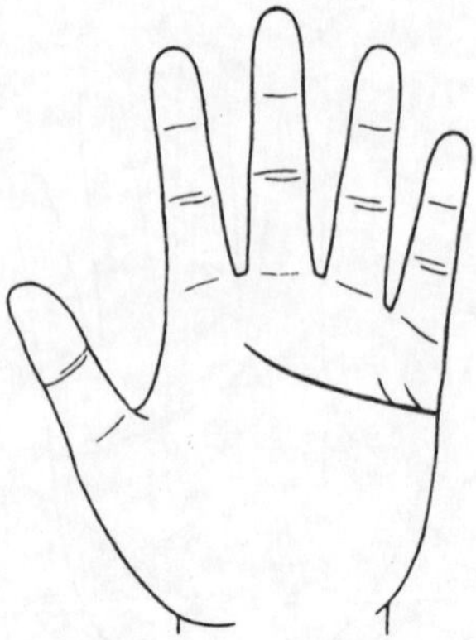

感情線的起點附近，有兩、三條上昇支線的人，表示愛情豐富，同時也是「調情聖手」，也就是具有吸引異性的魅力。

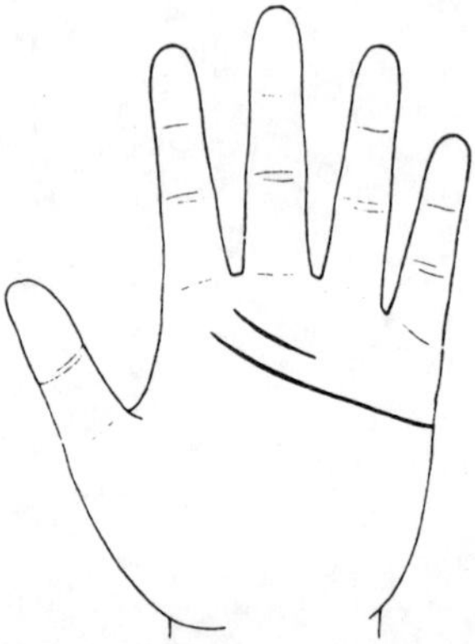

感情線的上方，再出現一條並行線時，又叫做「雙重感情線」，是主善於表現愛情。女性的話，表示能得到夫運，而渡過幸福美滿的婚姻生活。

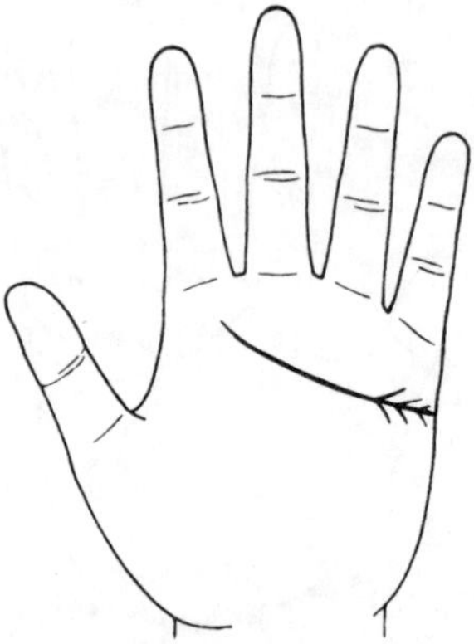

感情線的起點附近，有數條支線的人，表示其生殖機能健全，所以子運也很昌隆。

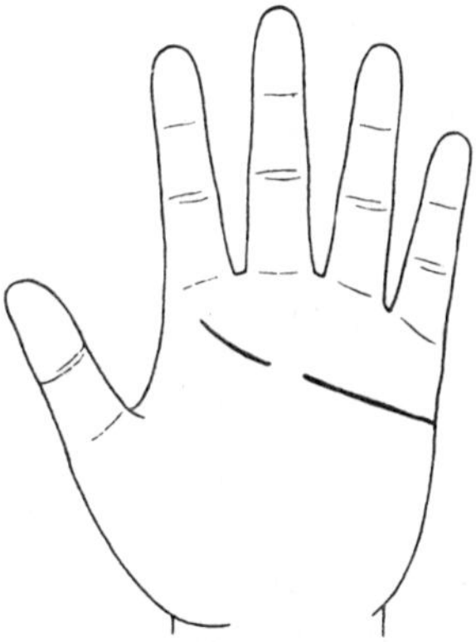

感情線在中指下方中斷的人，表示不會因個人問題，而會因命運的安排，使愛情發生破綻。

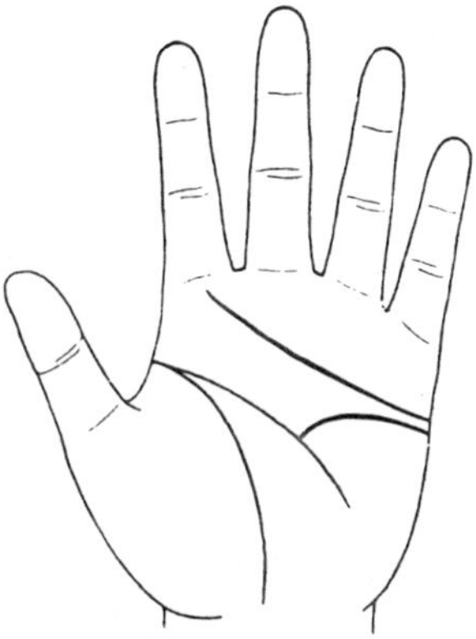

感情線延伸到木星丘，且在其下部出現另一條支線，而末端接觸到智慧線的人，是女性中最常見的手相，雖然富有愛情，但因好勝心強，所以在職業上必能有所發展。

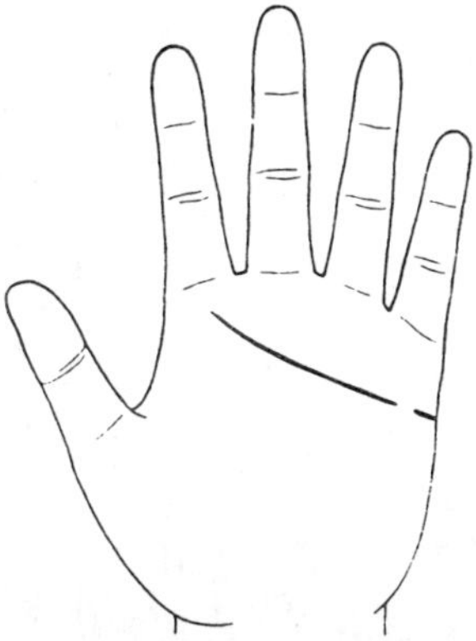

感情線在小指下方中斷的人，主因過於重視物慾、且自私性強，所以才導致戀愛或結婚生活的破裂。

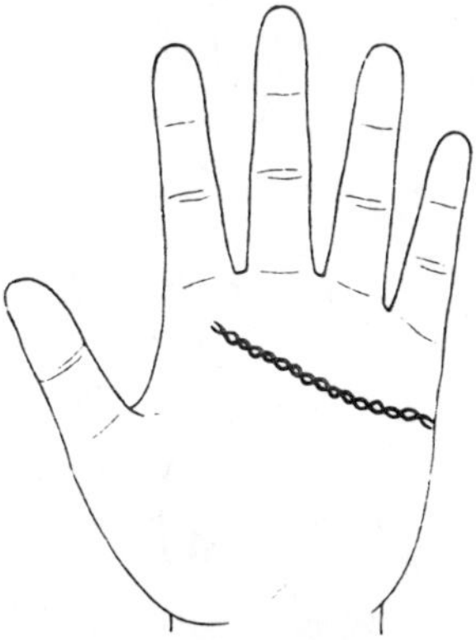

感情線成鎖鍊狀的人，主謹慎小心、勞碌多憂，因經常表現這種不安的狀況，所以無法保持美滿的戀愛關係。

●命運線的相法

命運線是表現命運消長的部位。但若是僅靠命運線來判斷運氣，這是相當不合理的，其實，應該要配合智慧線，生命線及感情線等主線來加以判斷。

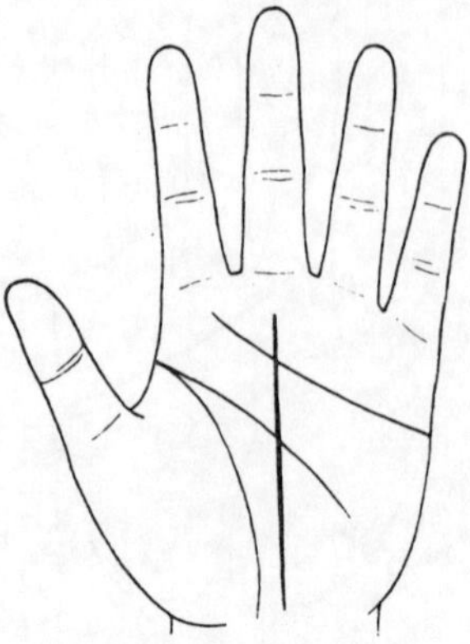

命運線淸晰深長的人，主百事順利、一生充滿希望，無論事業、戀愛、結婚，都能獲得好運。

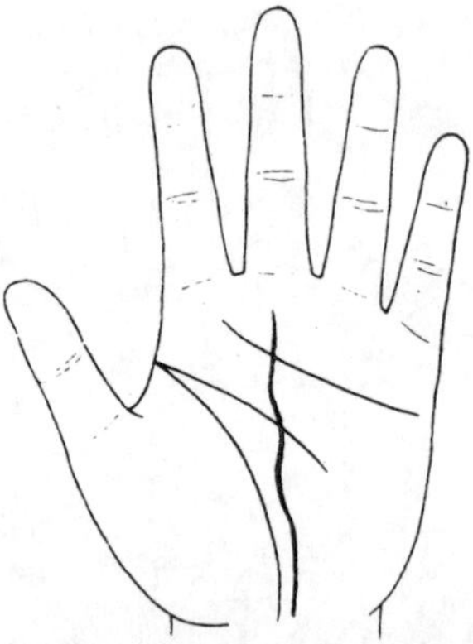

命運不論長短，只要筆直不彎曲的人，主講求信譽。如果是長又彎曲的人，表示其一生的命運變幻無常、且多波折。

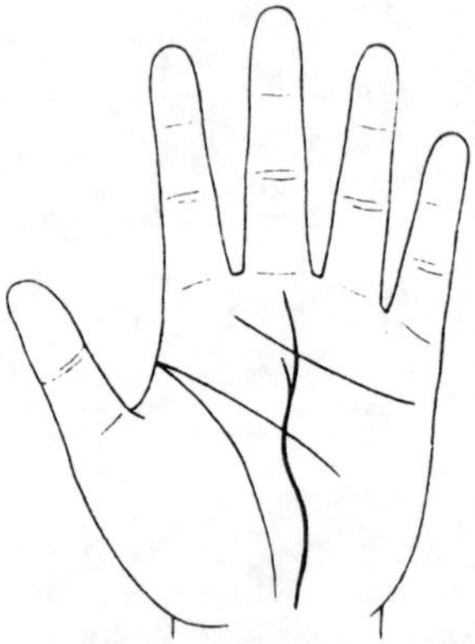

命運線紊亂的人，主其畢生都要在困難中掙扎。因爲這類型的女性多半好勝心強，所以有一輩子單身的傾向。

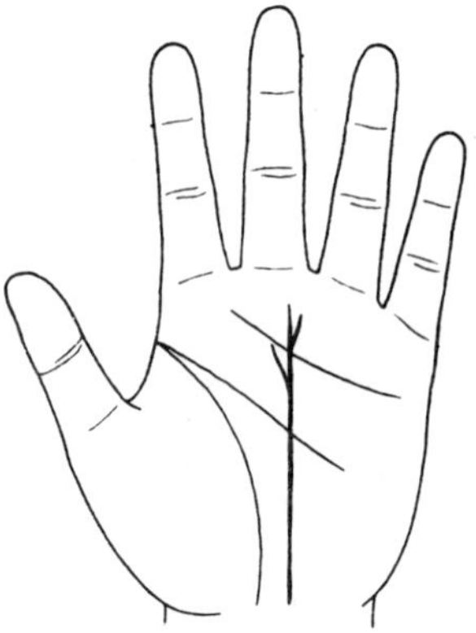

命運線的先端，有數條分叉線的人，表示擁有好幾個職業及住家，或者是兼營好幾種事業。

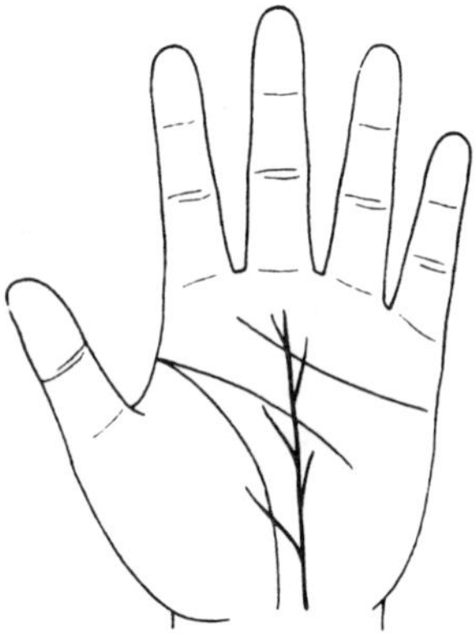

命運線上有支線的人，主其一生運程不定、經常處於困惑和焦慮之中，而不知何處是歸程。

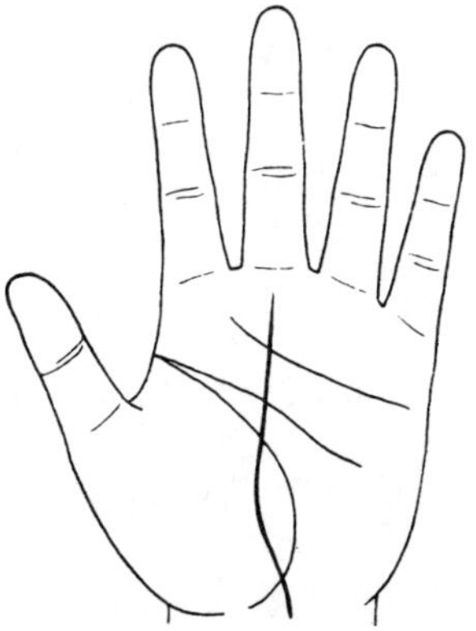

命運線起自手腕，穿過生命線往上昇的人，表示要爲父母犧牲，所以自己的命運就受到父母的左右。

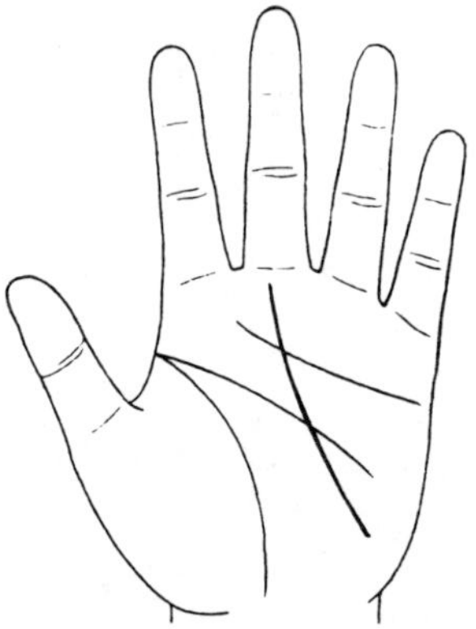

命運線起自太陰丘，而終止於下方的人，表示會離鄉外出謀生。且暗示著不是靠自力，而是靠朋友或配偶的幫助來把握住幸運。

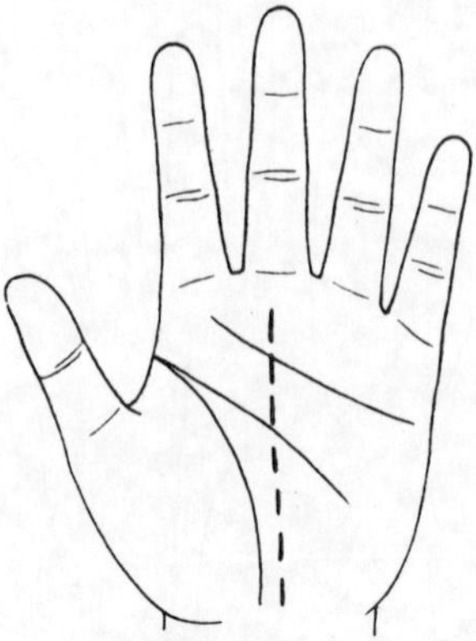

命運線由點線連接而成的人，主意志薄弱、缺乏勤勉努力，無論作任何事、都不能有始有終。又因爲運氣較弱，所以一輩子都無法把握住幸運。

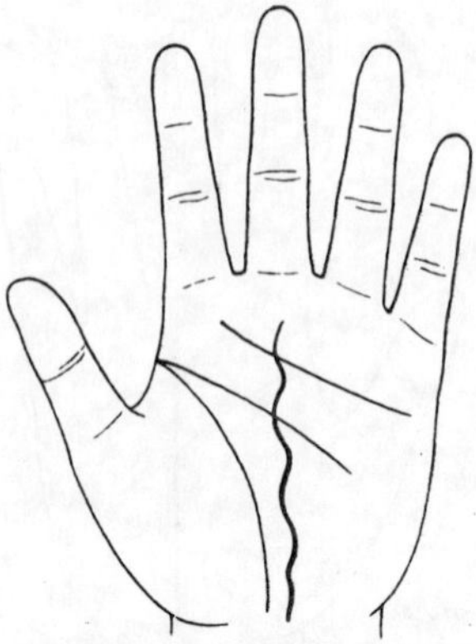

命運線像蛇形般上昇的人，主心志不堅、生活不安定，若僅靠本身力量發展，恐難有成就、且缺乏子運。

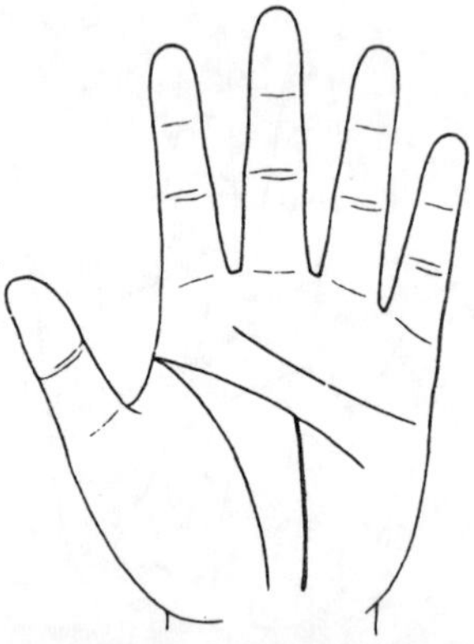

命運線止於智慧線上的人，主淺見、一生運氣停滯。如果智慧線不好的話，其惡運將會更加顯著。

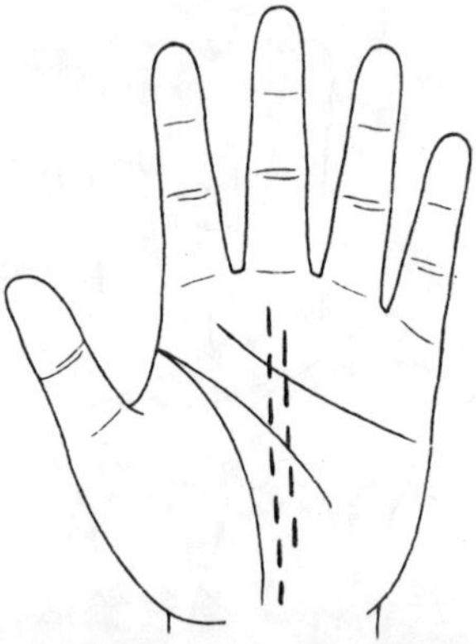

命運線由小線連接而成的人，主一生的命運如波濤起伏，變幻不定，且思考和動作都無法一致。至於住居和職業也是一再地變換。

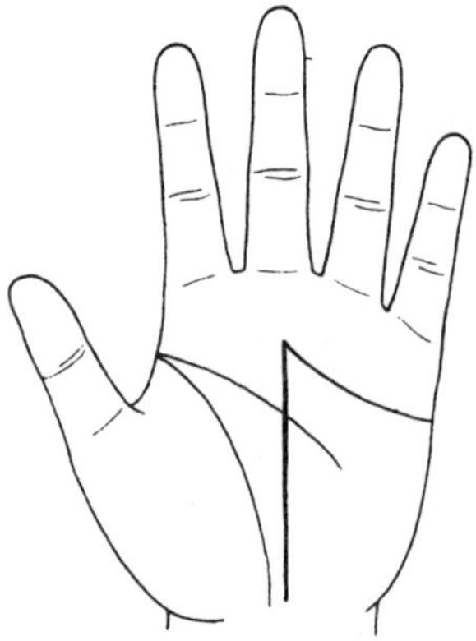

感情線的末端和命運線結合在一起的人，主愛慾強、容易引起異性之間的糾紛；且常爲此而帶來命運上的障碍。

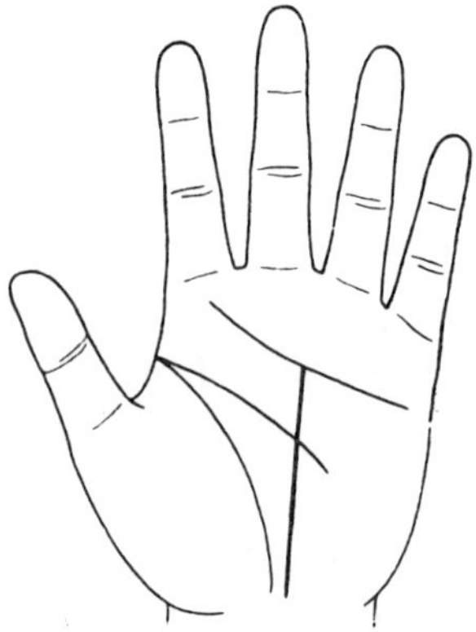

命運線止於感情線上的的，主愛情生活會遭受挫折，或者與結婚對象發生衝突。如果感情線紊亂無章的話，表示情況會更加惡劣。

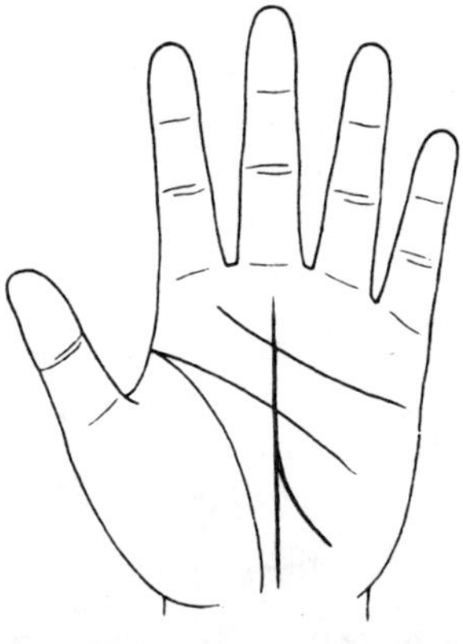

命運線的起點分爲兩條，若其中一條起自太陰丘的人，表示具有藝術和演藝方面的才能。女性的話，主結婚對象係有財力或有實力的人。

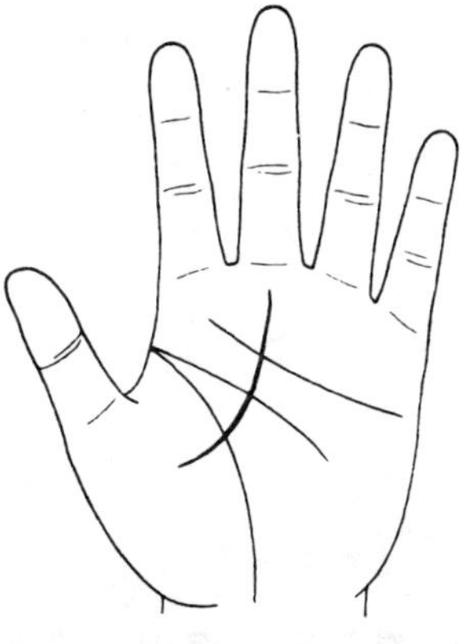

命運線起自金星丘的人，表示會經由戚友的援助，而獲得開運。

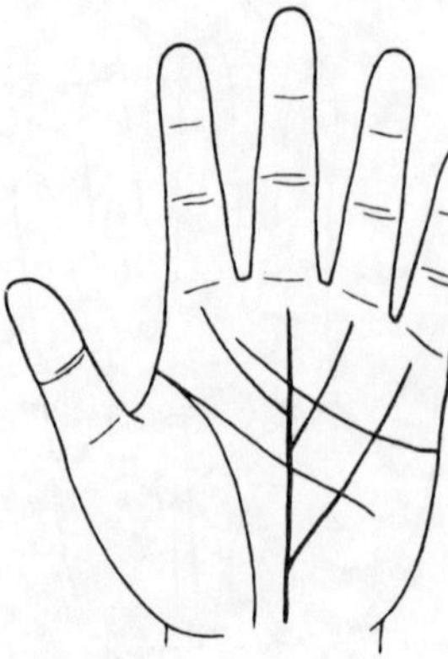

命運線的支線往手指方向延伸的人，表示具有向上心和自信心來開拓自己的命運。

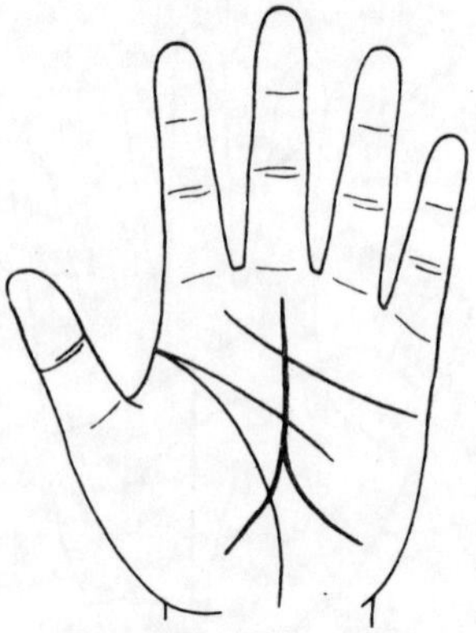

命運線的起點有兩條，若其中一條起自太陰丘和金星丘的人，表示會爲理想和現實生活的問題，而感到困惑和焦慮。

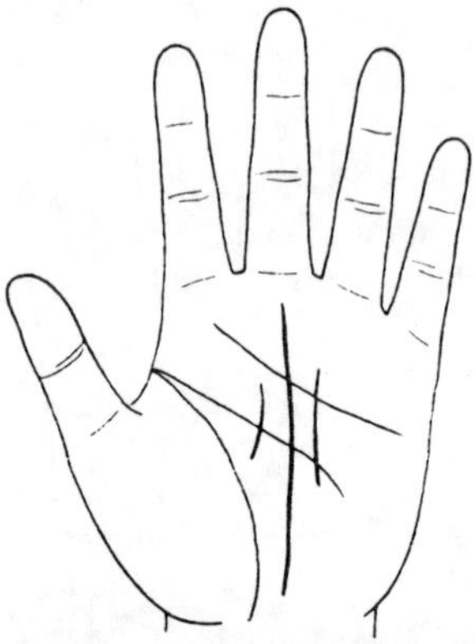

沿著命運線而出現副生命線的人，主百事順遂。如果小線明朗深秀的人，表示運氣很強，但若是小線曲折或彎曲的話，表示會遭遇到各種挫折。

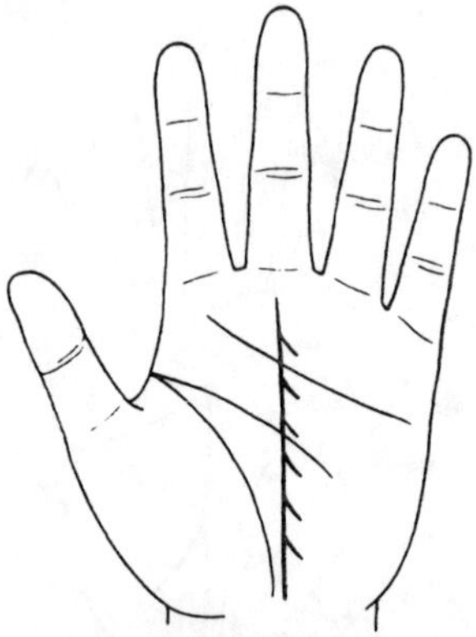

命運線上有無數支線朝下的人，主看起來能順利發展，事實上，經常遭逢逆境而無法順遂。

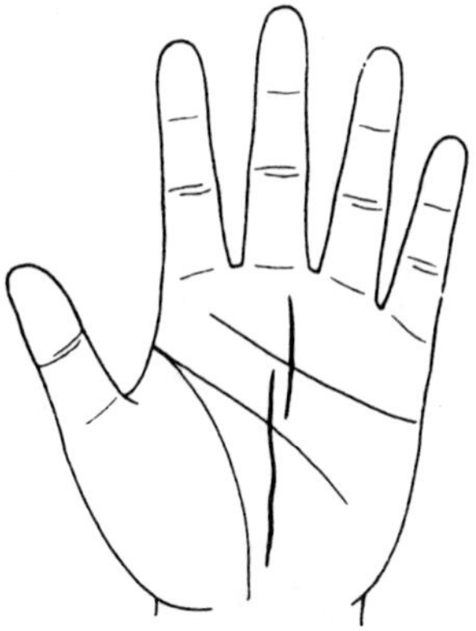

命運線中斷，而又重疊連接起來的人，主命運變幻莫測，忽成忽敗，但也暗示著否極泰來之意。

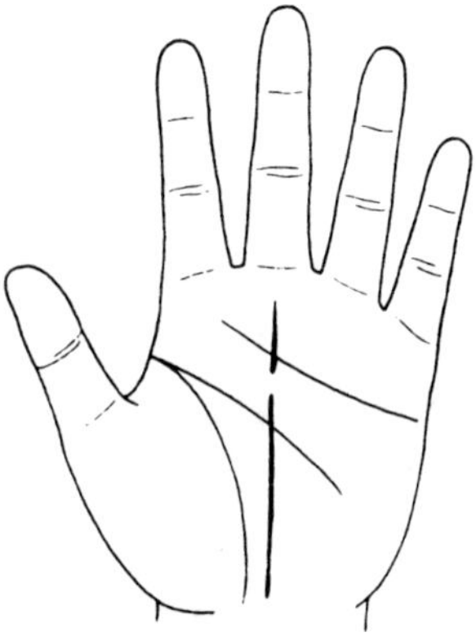

命運線中斷的人，主早年運佳，但會因各種災厄阻碍其發展，而使運氣逐漸走下坡。

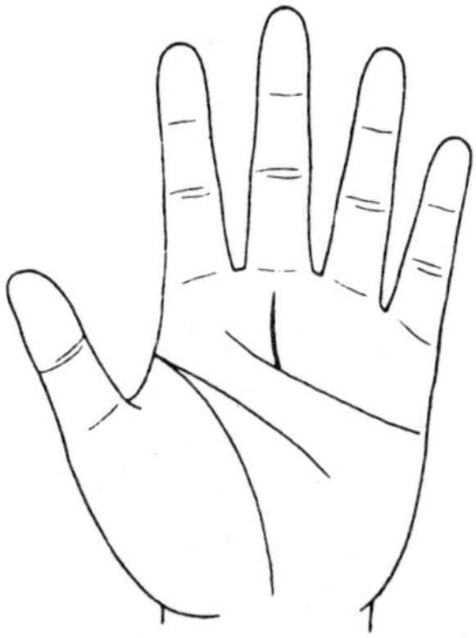

命運線起自感情線而往上延伸的人，雖然早年、中年時代運氣不佳、且勞碌多憂，但多半過了五〇歲以後，就會逐漸好轉。

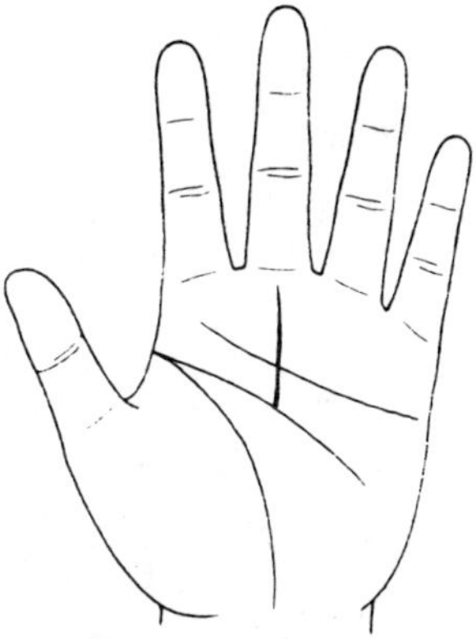

命運線起自智慧線，而往上延伸的人，表示可以經由智慧的活動來開拓命運，而把握住幸運。這類型的人，多半在中年以後就能有所成就。

●成功線的相法

成功線，就是可以正確地回答您目前運氣狀況的一個部位。命運線是看命運的運轉和強弱，而成功線是看命運的結果。因此，即使命運很好，但若是成功線不好的話，也無法得到好的結果。

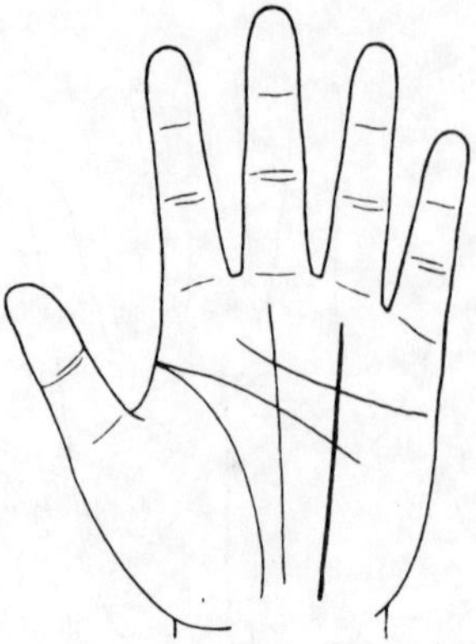

成功線筆直深長的人，表示運氣很強，無論做任何事，只要貫徹始終，必能獲得成功。

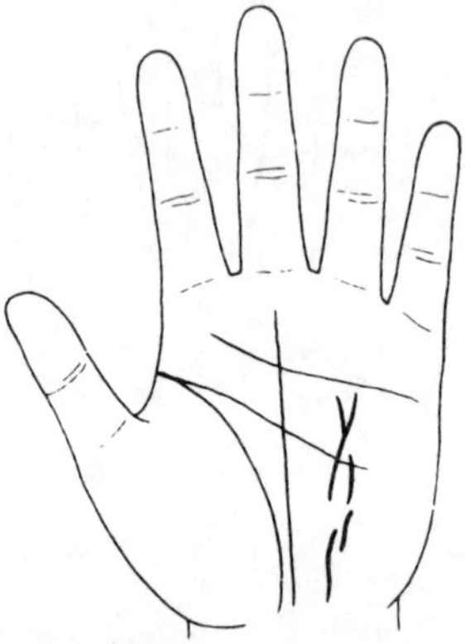

成功線紊亂的人，表示不願接受別人的意見和忠告。因而鹵莽衝動，做事有始無終，所以經常會得罪別人，而失去信用。

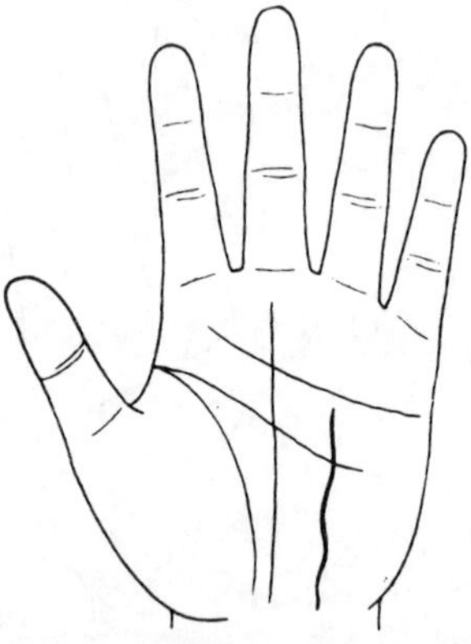

成功線彎曲的人，主缺乏直率的性格，把一切事物皆往壞的方面發展，終必帶來失敗的命運。

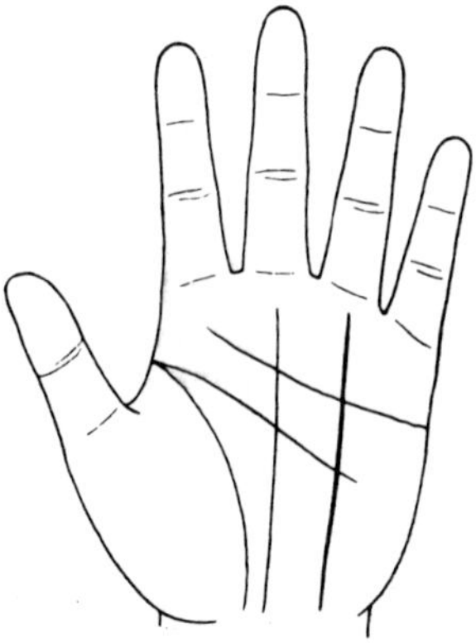

成功線起自手掌下方，而筆直上昇的人，是屬於理想的成功線，主很早就能在社會上獲得信譽，而邁向成功大道。

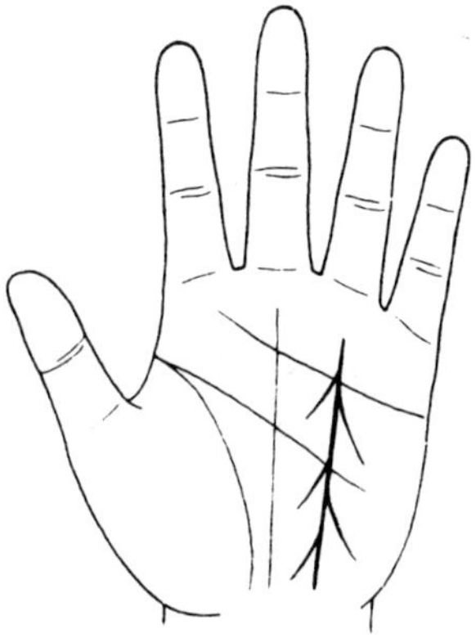

成功線上出現支線的人，主無法腳踏實地的去開創人生，經常胡思亂想、而不切實際，終必斷送自己的前途。

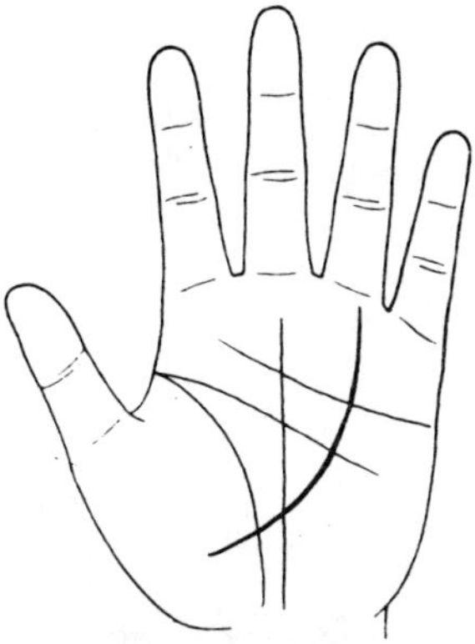

成功線起自金星丘，而往上延伸的人，表示具有文學方面的才能，只要努力，必能獲得財運和地位。

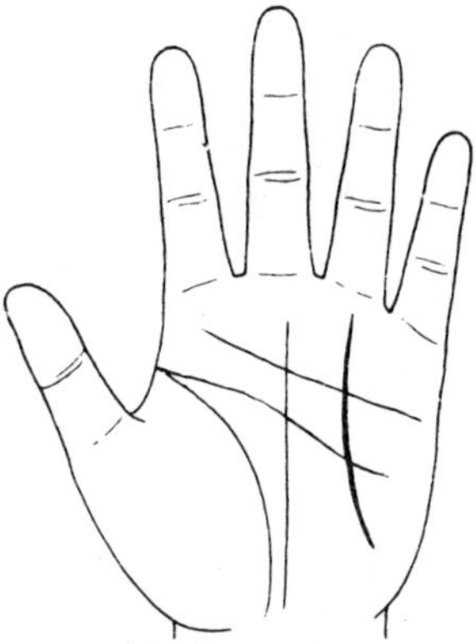

成功線起自太陰丘，而往上延伸時，對一般人來說，並不會受到影響，但若是對藝術家及演藝人員來說，表示能獲得人緣和聲望，而在社會上展露頭角。

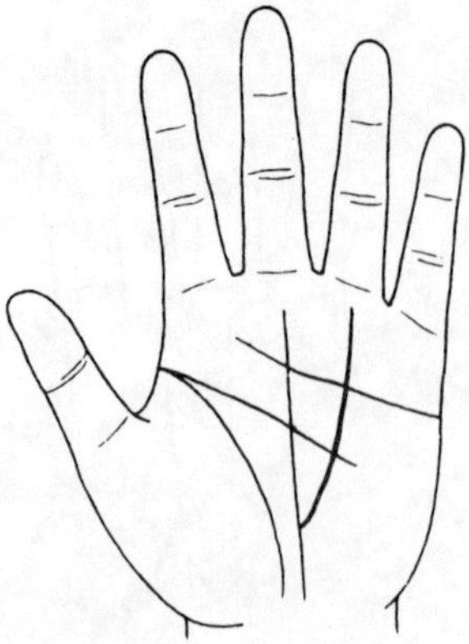

成功線起自命運線，且隨著命運線筆直延伸的人，表示只要努力，就會獲得財富和聲望。

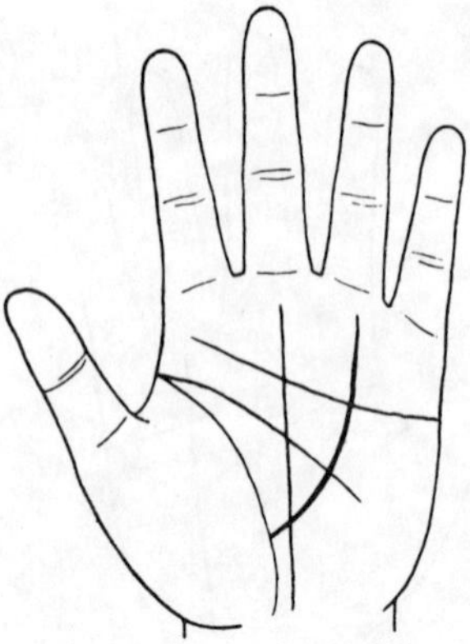

成功線起自生命線，而往上延伸的人，主意志堅強、勤勉努力、且能夠得到他人援助，而在藝術或文學上有所成就。

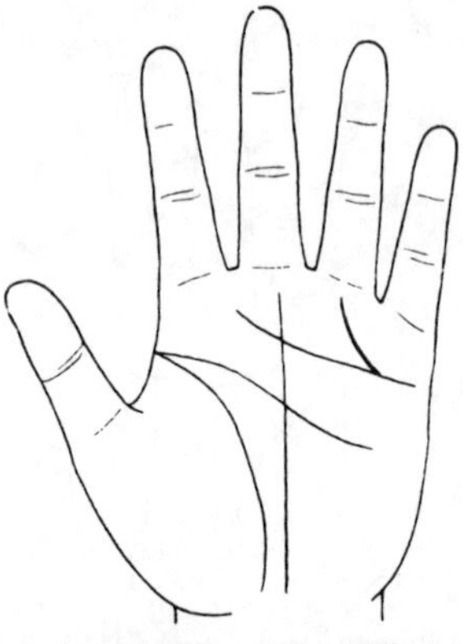

成功線起自感情線，而往上延伸的人，主個性率直、青年和壯年時期比較勞苦，但多半到五〇歲以後，就能獲得顯貴的地位。這類型的人，最適合從事技術方面及事務方面的工作。

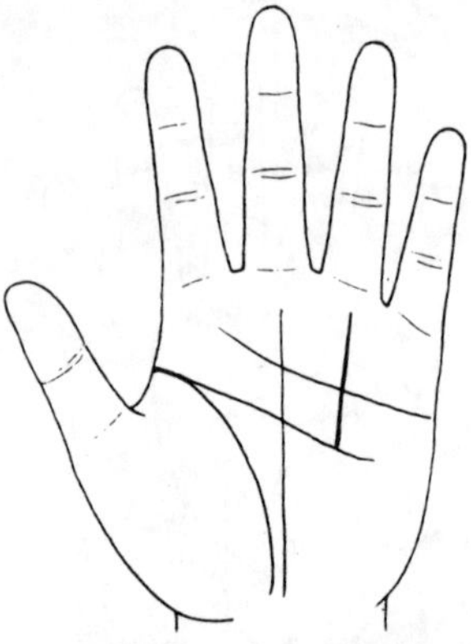

成功線起自智慧線，而往上延伸的人，主聰明睿智、善於交際、只要運用其智力、不辭勞苦、終必獲得事業的光輝成就。

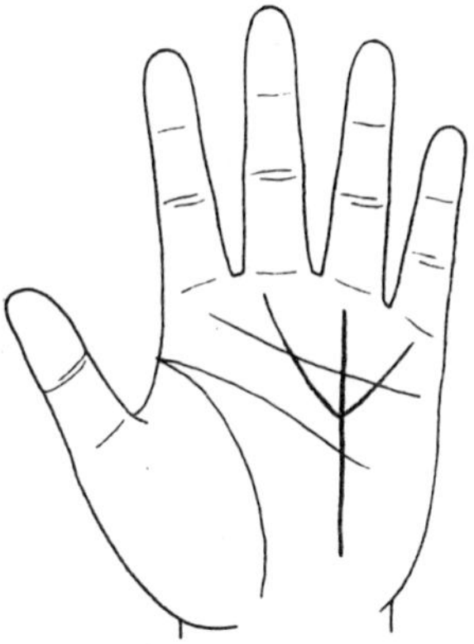

成功線先端分為三叉，一條延伸到中指下部，另一條延伸到小指下部的人，主思想精銳，很有氣魄、長袖善舞，可以擁有名譽、地位及財富。

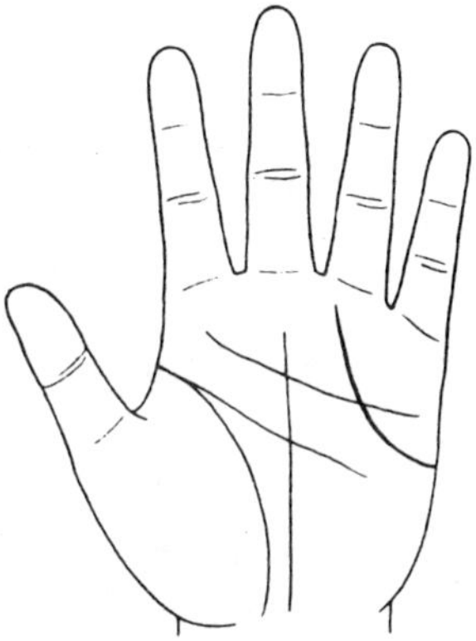

成功線起自第二火星丘，而往上延伸的人，主富有耐苦持久之力，但在事業上必能有所成就，且獲得大利。

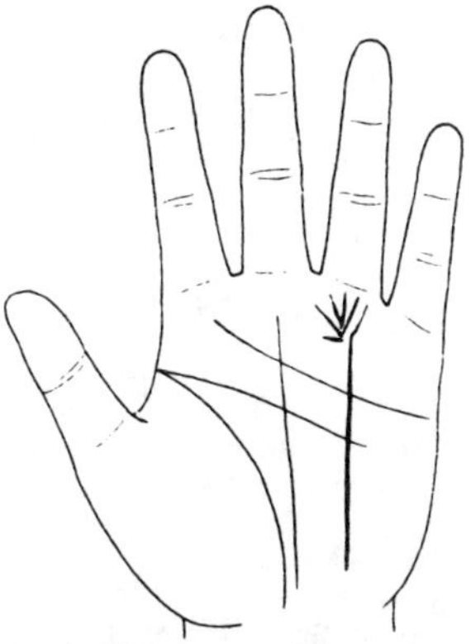

成功線先端有數條不規則支線的人，主信念游移不定、作事多缺乏恆心，十藝八九不成。是暗示一事無成之相。

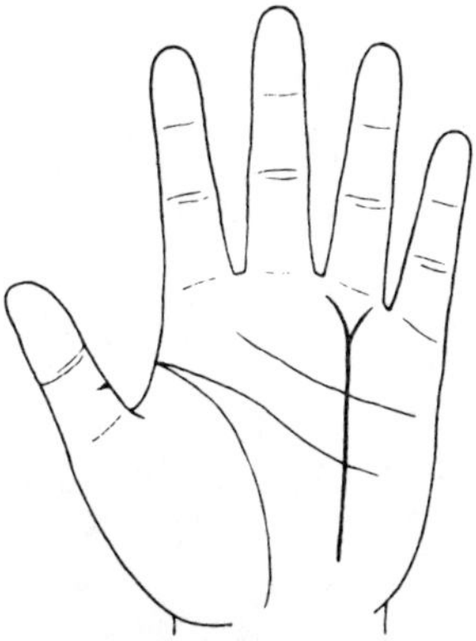

成功線先端分叉的人，主做事有始無終、無法貫徹到底，但若是支線清晰深長的話，就可以彌補這個缺點，使運氣好轉。

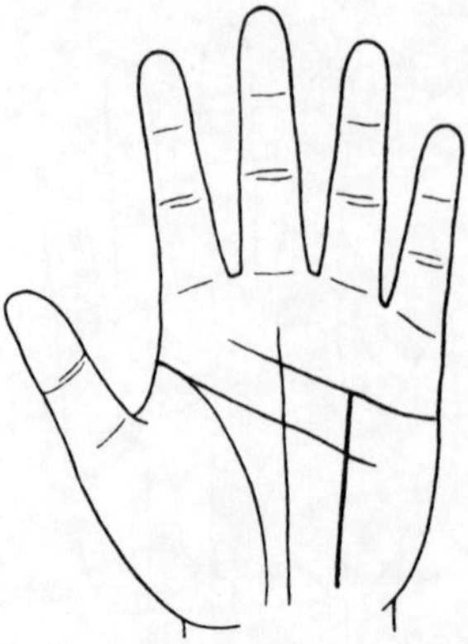

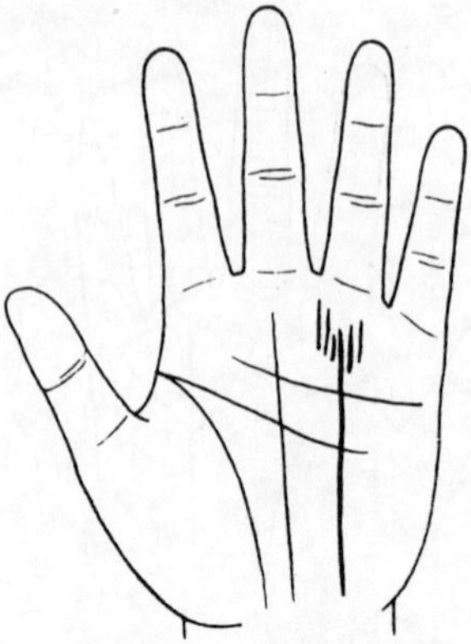

成功線先端止於感情線上的人，主感情起伏不定、常遭受知己朋友的厭惡，甚至好不容易把握住的幸運也會溜掉。

成功線先端有數條小並行線的人，主與人相處不易協調，工作缺乏恆心，所以很難完成偉大的功業。

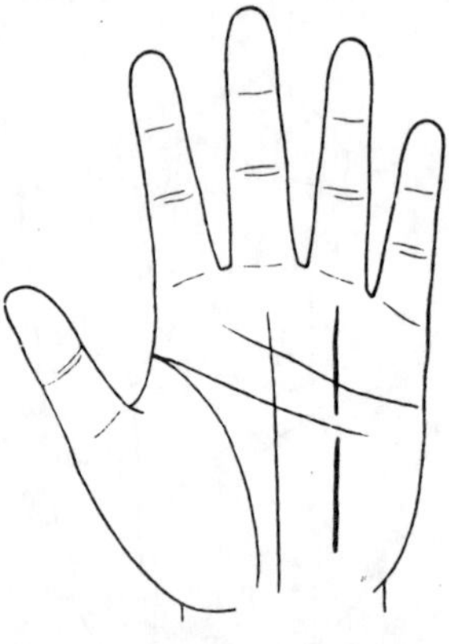

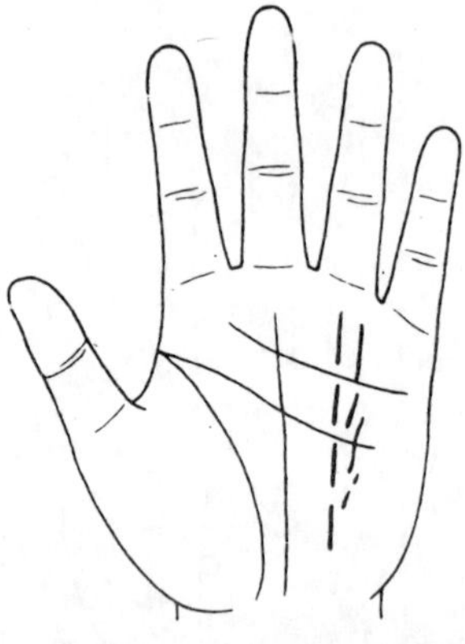

成功線中斷的人，主正在上昇的成功運，半途會遭到挫折。如果中斷的線有另一條線連接起來的話，表示可以東山再起，而走上成功的大道。

成功線由小線連接而往上延伸的人；主缺乏遵守一定方針行事的性格，因心欠專一之故，所以成功的機會不大。

●婚姻線的相法

婚姻線，是觀察結婚對象好壞？或者結婚後是否幸福的部位。

此地所謂的結婚，並不僅指正式的結婚，而是包括戀人關係等，男女間的一切關係。

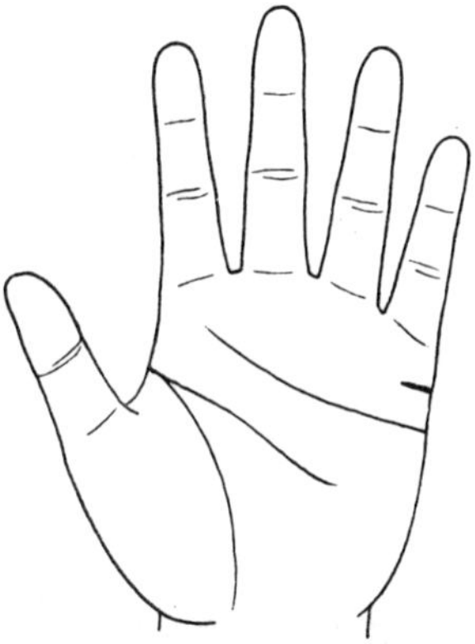

婚姻線清晰且水平延伸的人，表示能找到理想的對象，而過著幸福和諧的婚姻生活。尤其是左右手都有的人，暗示一定會帶來最大的幸運。

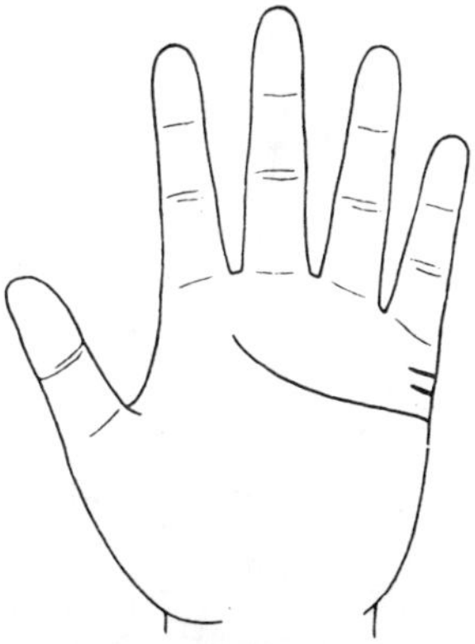

有兩條婚姻線的人，主能獲得溫暖的愛情，但即使正式結婚，也難免婚後分居或離異，甚至造成再婚狀態。

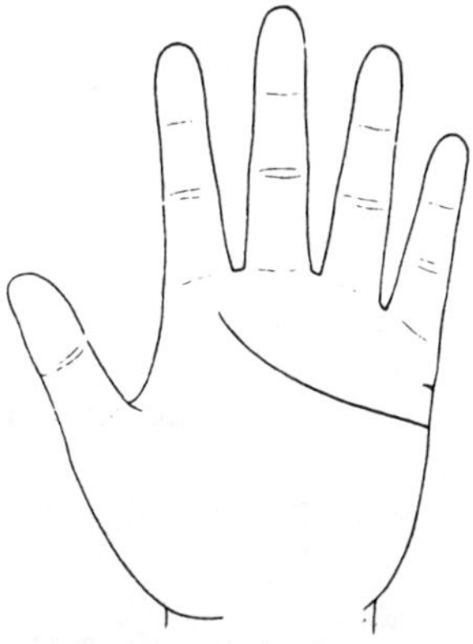

婚姻線模糊地出現在水星丘上的人，主婚姻運不佳，不但很難找到理想的對象，同時其愛情關係也不穩定，暗示其晚年必成孤獨的結婚運。

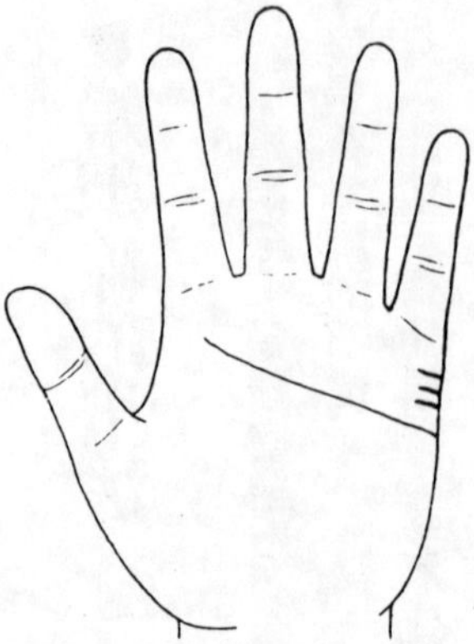

有三條婚姻線的人，主愛情複雜、貞操觀念薄弱，且容易流於風流和多情。但若是智慧好的話，就可以避免紛爭。

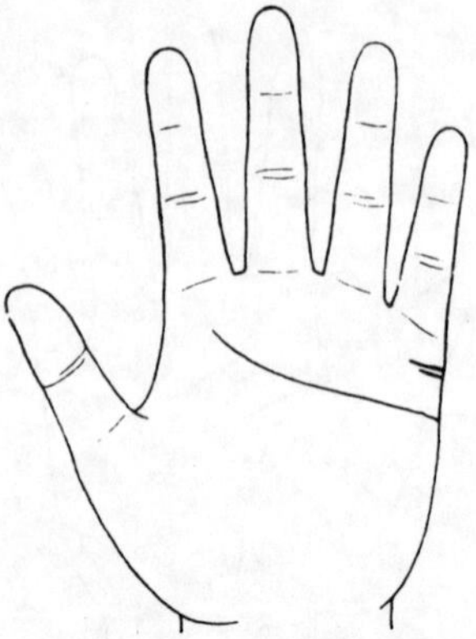

兩條婚姻線極其靠近，且長度不一的人，表示會在三角戀愛的關係上發生問題。如果上面的線較長的話，表示在結婚前會跟其他異性發生關係。相反的，如果上面的線較短的話，表示結婚後會跟其他異性發生關係。

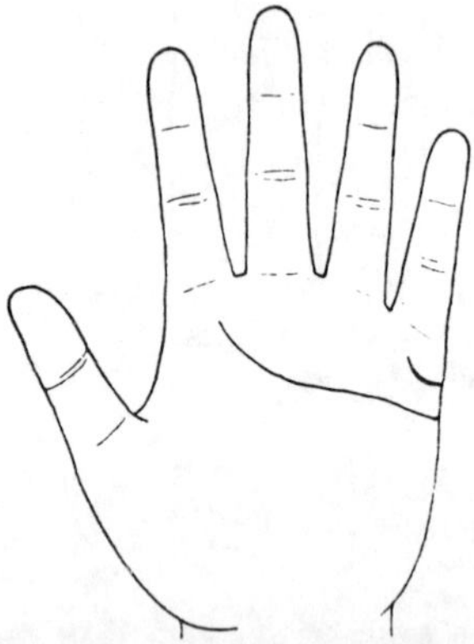

婚姻線先端，往上延伸的人，主不易結婚，有獨身的傾向。女性的話，即使結婚，也難免會分居、而獨自開拓自己的道路。

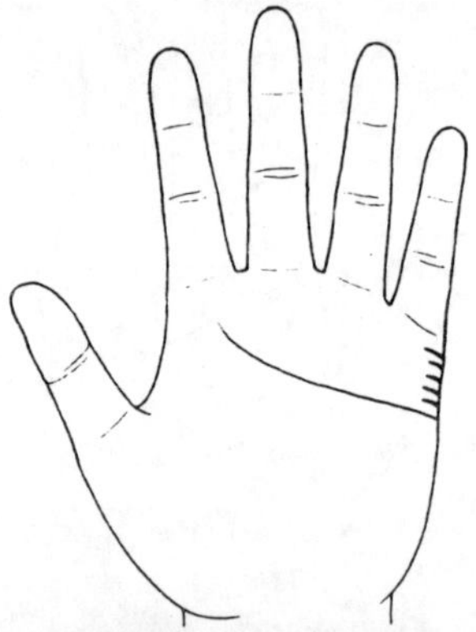

婚姻線特多（四條以上），主享受肉體的樂趣多於精神。因爲是一個貪慾的好色之徒，所以很難過健全的家庭生活。

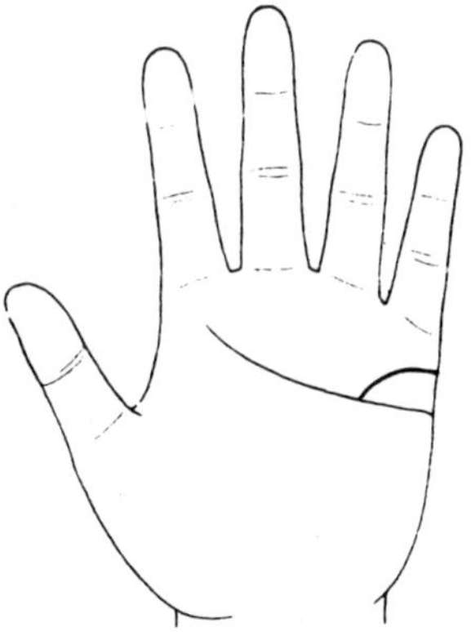

婚姻線先端下降，而接觸到感情線的人，表示會與戀人，訂婚者或結婚對象造成死別的情況。或者會因其他的因素而變成不幸的婚姻。

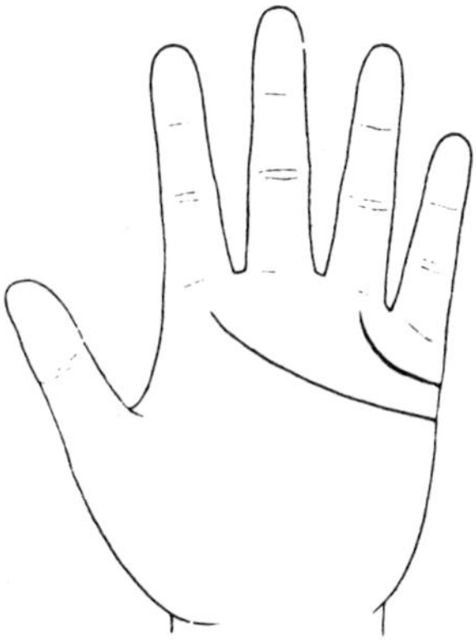

婚姻線先端，接近無名指下方的人，主結婚運極佳。女性的話，暗示能夠與理想的對象結婚。

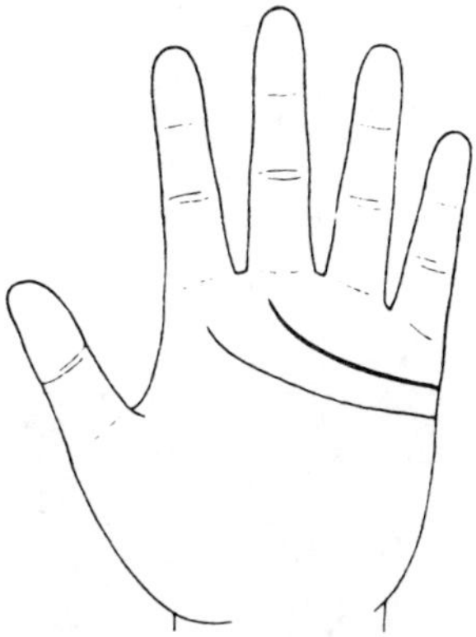

婚姻線在中指下方上昇的人，表示對愛情問題特別敏感，因經常抱著悲觀和猜疑的心理，所以很容易促使婚姻生活產生破綻。

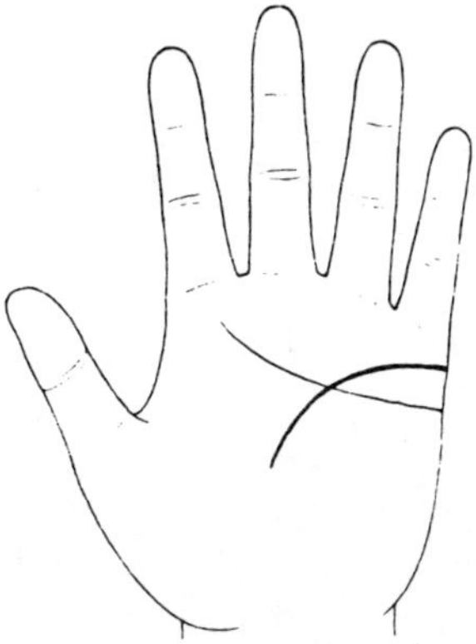

婚姻線先端，在手掌中央下降的人，主婚姻生活會因愛情的冷淡而招來破局，或者暗示會過著不幸的婚姻生活。

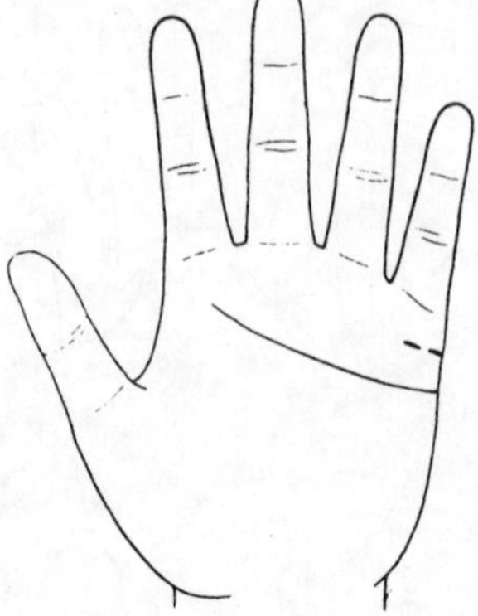

婚姻線有隙縫的人，主婚姻生活幸福美滿。但會因愛情關係產生破綻而被中斷。

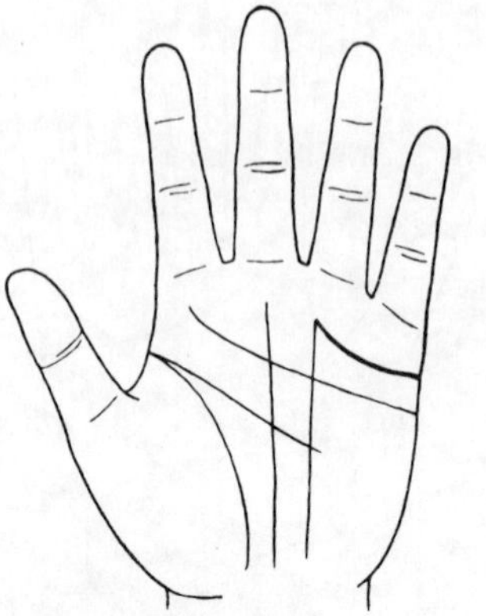

婚姻線先端上昇，而接觸到成功線的人，暗示會與有名譽、地位及財富的成功者結婚，同時會經由結婚而抬高自己的身份。

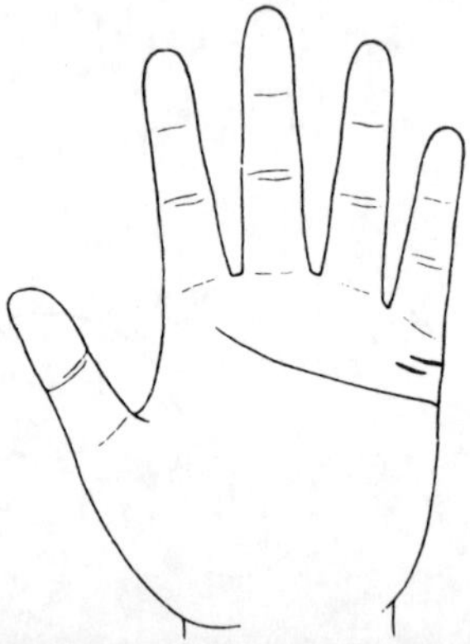

從婚姻線的中間，再出現另一條婚姻線的人，表示其婚姻生活會產生中斷，但還會破鏡重圓。

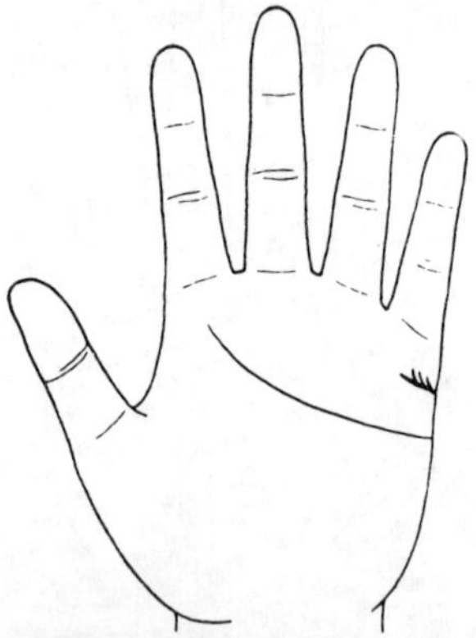

婚姻線帶有上昇斜線的人，表示愛情專一，彼此協調，又因經濟充裕，所以能安定的過婚姻生活。

●金星帶的相法

金星帶位於感情線上，通常起自食指根部而彎向小指根部，有些人與其他掌紋同樣地清晰深長，然而，大多數的人都是細弱不顯、又乏旁支。雖然金星帶在命運上比不上其他掌紋重要，但若是要了解愛情問題，或男女關係的話，就必須與感情線及金星丘互相配合來看。

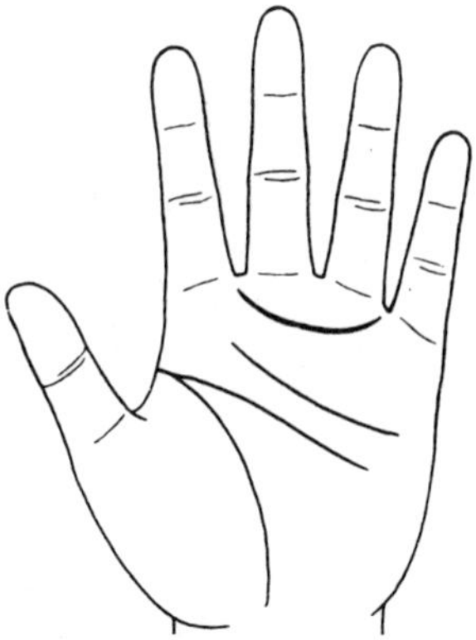

金星帶起自食指和中指之間，而延伸到無名指和小指之間最為理想。這類型的人，如果金星丘是隆起的話，主淫蕩多慾，有耽溺於酒色的傾向。但若是金星適當隆起的話，主德高望重、英勇明智。

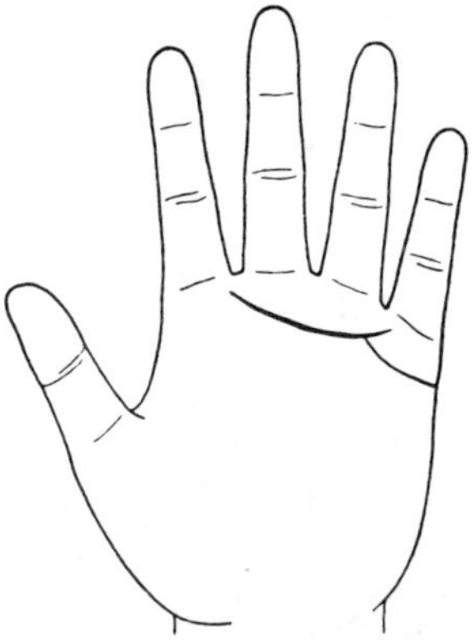

金星帶與婚姻線接觸的人，主夫妻折散或奪取他人姻緣。如果智慧線有缺陷的話，表示無法控制情慾、且容易受騙。

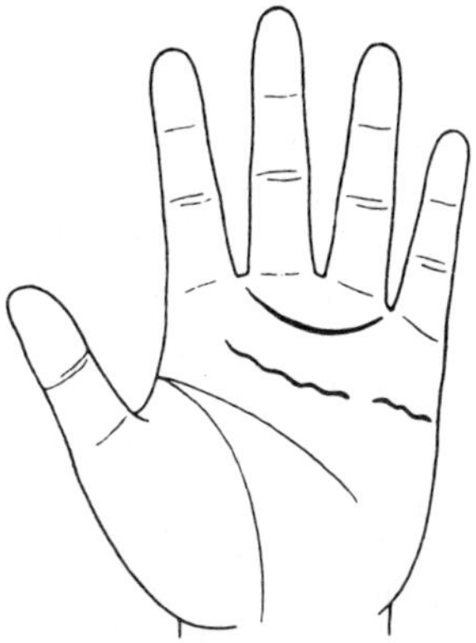

金星帶屬於吉相，而感情線不好的人，表示會在感情上遭受挫折、且容易受到誘惑。女性的話，表示比較會感情用事、且容易罹患歇斯底里症。

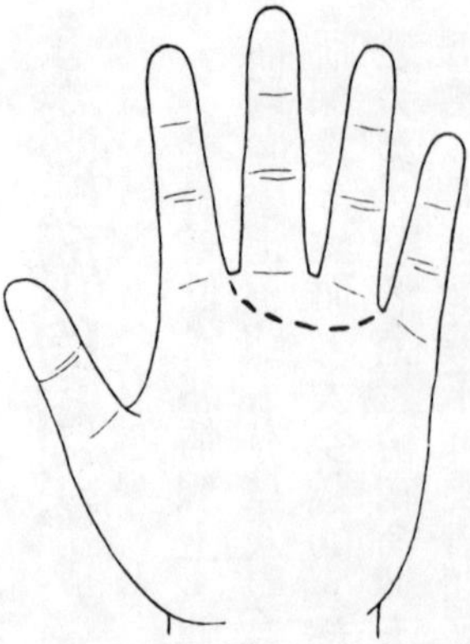

金星帶由斷斷續續的短線所形成的人，主在性方面發生異常，經常耽溺於風流、多情等。女性的話，表示感受性很強，所以容易罹患歇斯底里症。又無論男女，都很容易在性方面發生衝突。

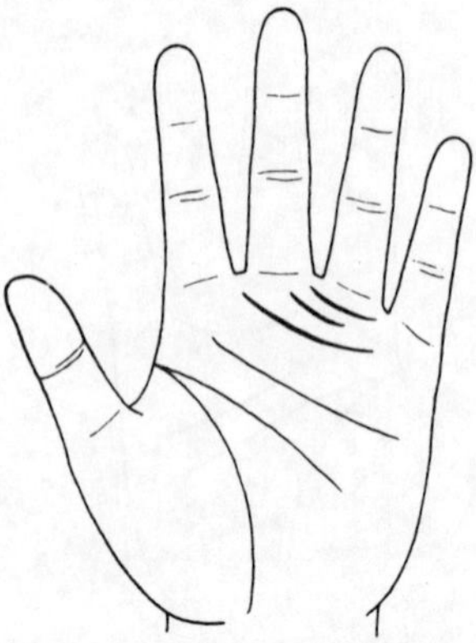

金星帶多條重疊的人，主荒淫縱慾，且會因感情問題而遭受失敗。雖然感情豐富，但難免會常存淫蕩之念。

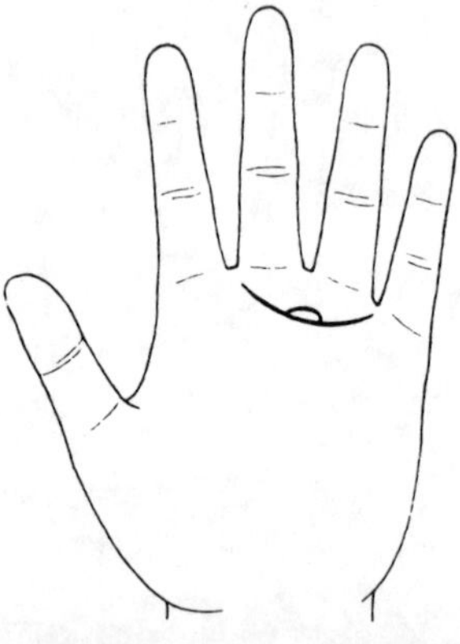

金星帶上出現島形的人，主熱情慷慨。因此思想常爲感情所左右。如果智慧線好的話，表示比較適合從事需要付出熱情的職業。

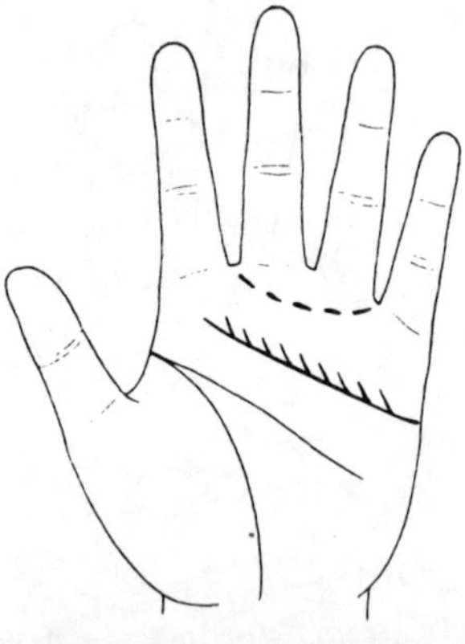

金星帶由斷斷續續的線所形成，且感情線上又有細弱支線的人，表示在色情上容易採取本能的行動，是屬於變態之相。

●手相的應用

經過以上的解析，相信大家對手相學都能得到初步的了解，但因爲要徹底觀察着實不容易，所以下面就列出幾個可供練習、且足以應用的試範性之相法，以「知難行易」這句話來試算看看。

〈擁有財運的手相〉

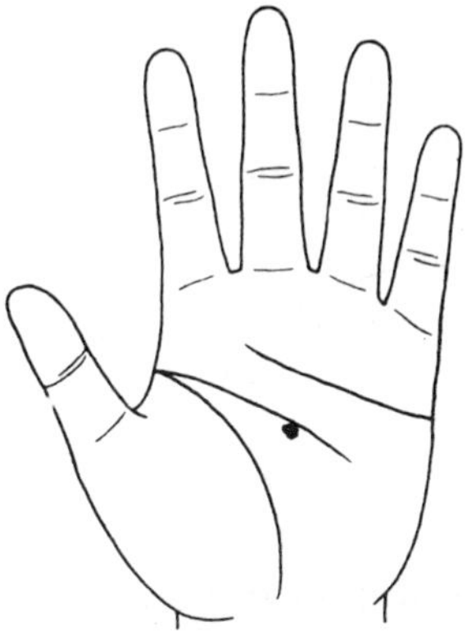

手掌中央有黑痣的人，主擁有福運，所以比較適合從事與致富有緣的工作。

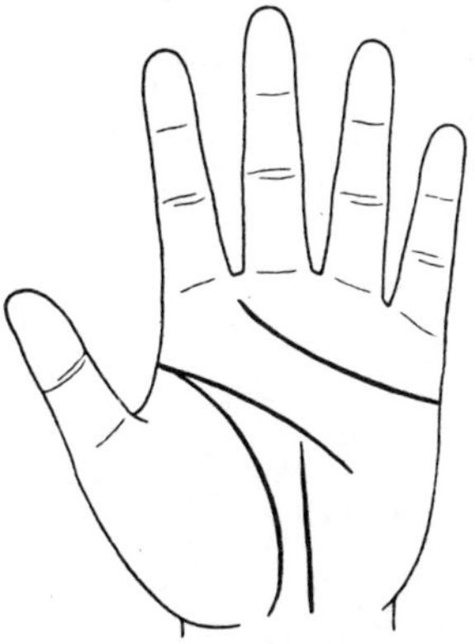

生命線、智慧線及感情線都很明朗深秀，至於命運線，即使很短也無所謂，只要筆直地上昇，也能獲得財運。

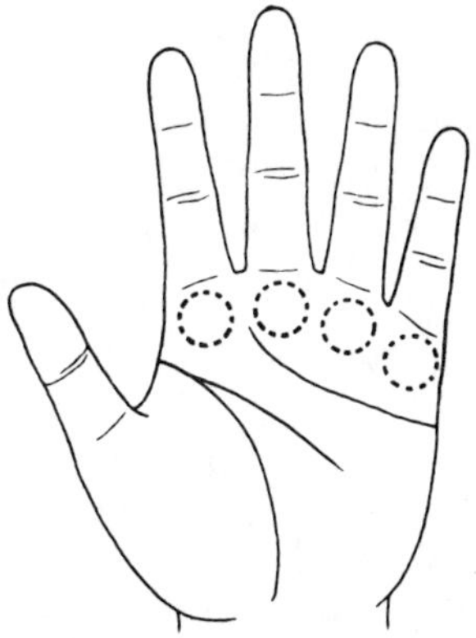

四指下方的木星丘、土星丘、太陽丘及水星丘都很明顯發達，尤其中央稍微下陷，而整個手掌帶有紅潤色的人，主具有財運。

〔缺乏財運的手相〕

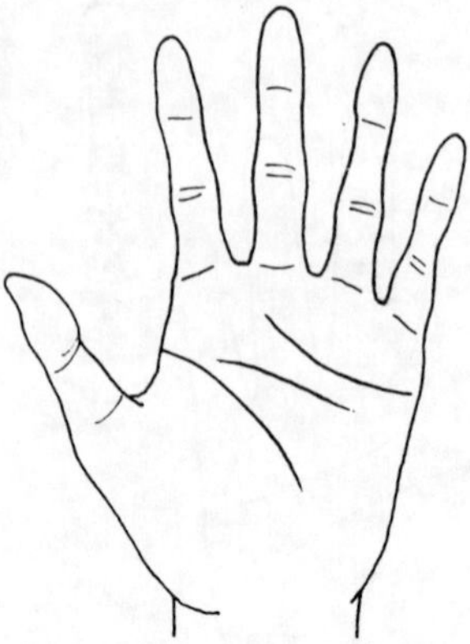

手掌消瘦沒有起伏，且感覺像木板一樣的手，主命途多舛，始終得不到周圍者的援助，而孤獨貧困地終其一生。

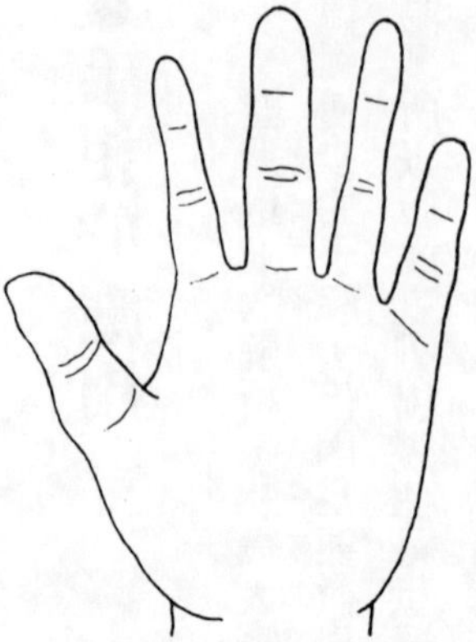

同一隻手上，有的手指特別粗，有的卻特別細，且無名指與中指同樣長的人，是屬於經常要爲零用錢發愁的貧窮之相。

〔一定成功的手相〕

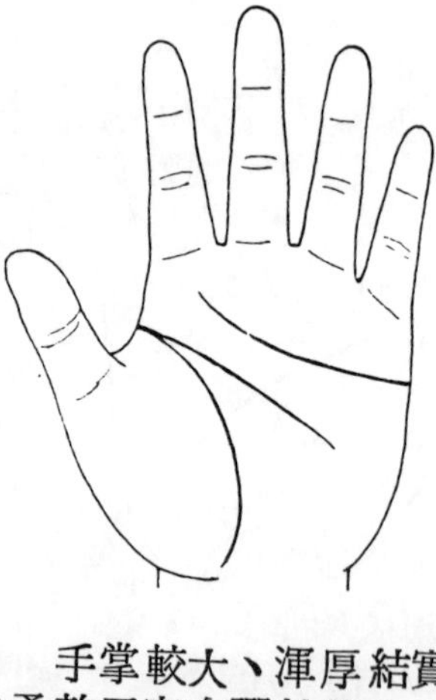

手掌較大、渾厚結實、且柔軟又富有彈性的人，如果其感情線清晰深長的話，主必能獲得大成就。

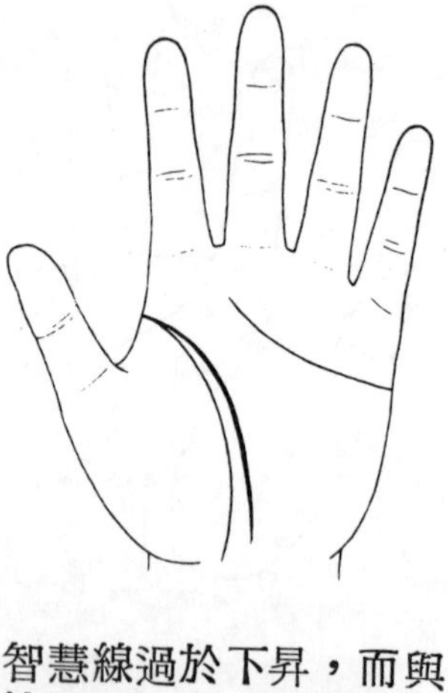

智慧線過於下昇，而與生命線並行的人，主缺乏獨立心，一切事物都要仰賴他人才能生存，是屬於最窮困之相。

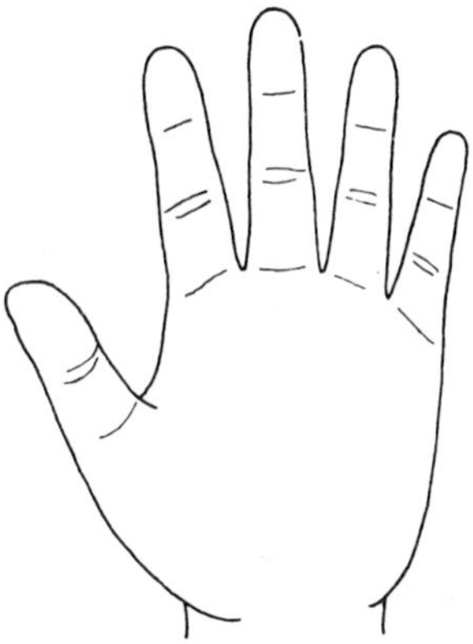

五指渾圓結實、拇指和食指都很粗大。雖然順著、拇指、食指、中指及小指的次序而逐漸細小，但每隻手指都不會給人留下瘦小感覺的人，表示其所進行的事業，日有希望，終能有成。

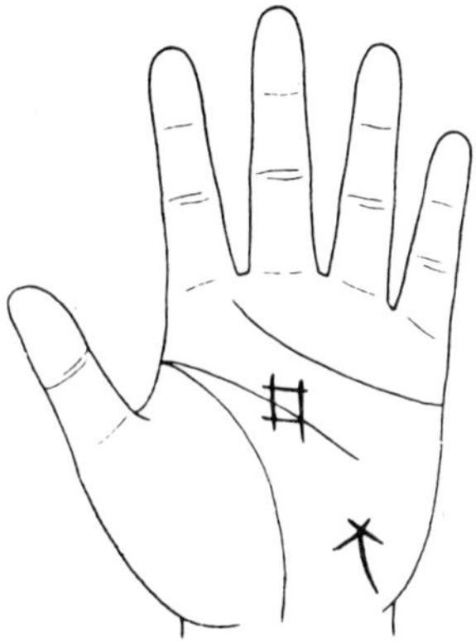

在手掌上，出現下面任何一個「紋理」的人，主必能獲得財富和榮譽。

「〇」「口」井　女　大。

〈不可能成功的手相〉

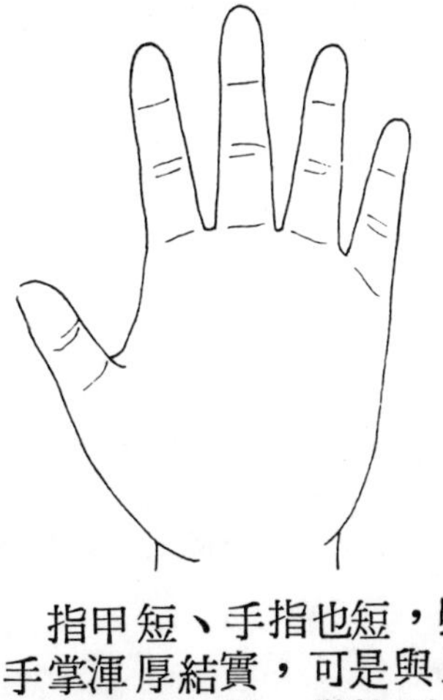

指甲短、手指也短，雖然手掌渾厚結實，可是與丘之間卻無法區別，僅給別人留下一種平板的感覺，其最後難免失敗、沒落。

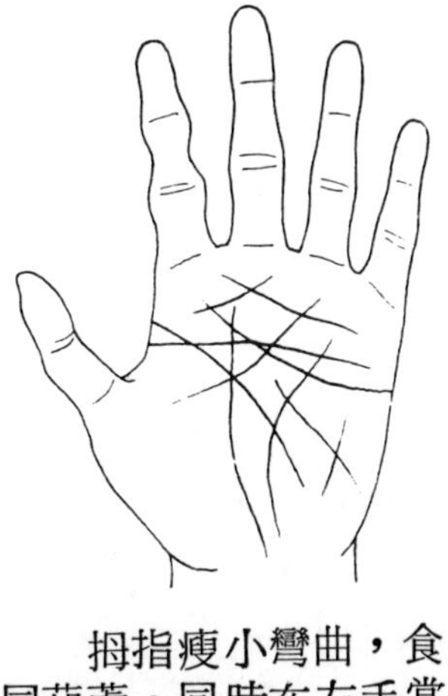

拇指瘦小彎曲，食指形同葫蘆，同時在左手掌上出現紊亂掌紋的人，主缺乏成功運。

印相篇

●看印相之前

印章的由來已久，以我國來說，很早以前就有使用印章的記載。然而，經過漫長歲月的改良和研究之後，才演變成目前普遍被使用的盛況。

使用印章的基本理由，就是在於能證實其本人的意思。譬如用於不動產等所有權狀上的印章，不但是一種權利的象徵，同時也是一種機密性的證實。成者如封印般，隨著用途的不同，也會產生出各種意義來。

至於一般公司使用在文件上的印章，就是代表各部門主管的一種承諾。此外，也有用於書畫上的印章，這是做爲證實作者及鑑定者的一種標準。由此可見，印章所代表的意義何其廣大。

隨著用途的不同，印章的種類也很多。一般家庭裡，通常除了印鑑證明或在特殊情況下才使用的印鑑之外，還有用於存款或提款的存戶印鑑，以及日常被當作收發文件用的普通私章等三種。

大凡人類，都以名字來象徵自己的存在，然而，爲讓第三者了解自己的意思，所以才採用蓋章的方式。

從出生到死亡，每個人都與印章始終保持著密不可分的關係。詳細地說，就是從入學、結婚、就業、登記、買賣及借貸等，到足以影響其一生命運的大轉變為止，印章確實發揮了相當大的效力。在社會上，印章所代表的意義，可以說是勝過其本人的千言萬語。

由於一般人都忽視其重要性，所以才會招來失敗和沒落的悲運，且終生在痛苦中掙扎。俗語說：「印章就是生命」，換句話說：「印章就是我們終身的伴侶」，由此可見，印章對人生的影響何其重大。這個影響不外是吉、凶、良、惡，至於印相學的重要性，正是針對這點而言。

「印相」究竟是什麼呢？又對人生會帶來何種影響呢？下面就來對它逐一加以說明。

印章在人生中是不可缺的東西

●印章的起源

印章的由來已久，據說早在紀元前五千年，就被美索布達米亞人所使用。我國正式使用印章的年代不詳，但是從歷代朝廷所使用的官印、公印，我們可以知道其歷史之悠久。

當時的官印、公印，大多屬於銅印。「銅印」究竟是何物呢？下面就來加以說明。

製作銅印，首先要用蜂蜜臘製模，接著再用粘土鑄型，最後才注入溶銅鑄造而成。形狀都是正方形，而樣式多半是凸字的「陽文」。同樣的，也有一部份是凹字的「陰文」。至於官位的高低，就是以銅印的大小來加以區分。

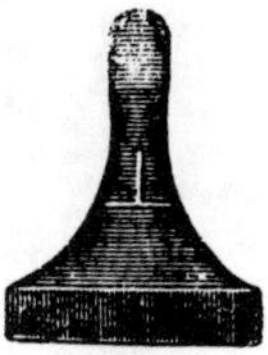

銅印

●印材的吉凶

因爲印章與人的生命、財產及權利，有密不可分的關係，所以刻印章時務必要多加愼重。

刻印章的第一步驟，就是選擇印材。

吉印的印材

●象　牙

象牙的特徵，就是長期使用也不致於變質或磨損，且蓋起來的字體極其清晰。此外，因硬度適中，所以能夠採取纖細的雕刻。

●水牛角

水牛角有黑白（荷蘭水牛）兩種。由於它的硬度和印泥的含量很適合當做印材，所以也是經常被使用的印材之一，雖然這種材料最適宜雕刻存戶印鑑及普通私章。但若是使用機會太少的話，又恐怕會遭受蟲害，所以比較不適合當做印鑑使用。

●高楊木

這是最輕便的一種印材，經常被刻成普通私章在使用。但因容易磨損、且字體容易變形，所以不太適合當做銀行或郵局的存戶印鑑，以及使用機會較多的印章。但經常被刻成官印及公司印等大型印。

以上就是吉印的印材。有一部份研究印相學的人說：「使用象牙、牛角等獸類的材料，是屬於凶相。」其實，這都是無稽之談。因爲根據無數專家的考證，象牙和水牛角的印材，自古以來就普遍地被使用，所以這應該是一種既優雅，且符合雕刻條件的良材。

凶印的印材

印材也有吉凶之分，如果採用凶相的印材時，即使按照印相法雕刻印章，也難免會變成凶印。凶印的材料，大致可分為下列兩種。

①模製品、接合印

二十世紀後半期，由於化學技術的急遽發展，所以合成樹脂之類、人造象牙及人造樹脂等，也隨之大量上市。這類的印材，總稱為「模製品」，也就是用火加熱所製成的材料。用火加熱所製成的模製品印材，就是一種違反自然法則的東西，然而，使這種東西與人類合而為一，這豈不是故意違反自然法則嗎？

又有一種在牛角先端，用象牙加以接合的「接合印」。這也是一種不同種類的結合，主不知何時會分離或中斷的凶相。所以使用這種「接合印」而導致家族緣及夫妻緣淡薄的人也是理所當然的事。

②金、銀、白金、瑪瑙、虎眼石及水晶

這些印材，應該絕對避免使用。因為印章並不是裝飾品，所以不可以存有虛榮心來刻印。雖然在服裝類、寶石、戒指及時鐘等奢侈品上，要花費多少錢？這是您的自由，但只有印章絕不可以如此。

像以上這些高價印章的所有者，即使擁有暫時性的輝煌成就，但也難免會遭遇到拿去典當，或廉價拋售的下場。因此，這類印章又稱爲「沒落印」。

爲何會變成沒落印呢？下面就來分別加以說明。

●金銀印

這類印章在漢朝時代是被當做官印使用。古代的金和銀，就是一種人格評價的「標準」，雖然大部份是用於官印，但也被當做私章使用。然而，這種金銀印卻未見傳到現代來，因爲那些金銀印都已被熔化，而利用於其他地方。

在印相學上，把金銀印及戒指印等視爲凶相而加以排斥，就是因會被熔化、賣掉的緣故。

●白金

排斥白金與排斥金銀的理由完全一樣，此外，因使用白金時，很可能會帶來內臟的疾病。

●瑪瑙

這種材料未曾被使用在官印上，即使做爲私章也很少加以利用。雖然僅有一些好奇者在採用它，但由於雕刻不易，且欠缺高雅的氣質，所以當然受到一般人的排斥。

●虎眼石

虎眼石遭受排斥的理由與瑪瑙完全相同。總之，把飾品和寶石刻成印章，由於會招來不幸，所以絕對要加以避免。

●**水晶**

水晶，因質地堅硬而不易雕刻，又因字體不雅、印面脆弱，且容易缺損，不但不適合當做印材，同時會招來不幸的災厄，所以千萬要避免使用。

●各種凶相印章

目前已很少人使用這種印章，但爲了愼重起見，下面就來列出各種凶相印章，以供諸位參考，倘若發現有這種情況時，請務必迅速改正。

●**竹根、梅根及伽南印**

雖適用於遊印、雅印之類，但不適合當做印鑑、存戶印鑑及普通私章使用。

●**紫檀、黑檀及柳木印**

與上述理由相同，倘若使用這種印章的話，將會阻礙運氣的進展。

●**玻璃材印**

與水晶的情況相同，倘若使用這種印章的話，將得不到社會人士的信賴，最後難免會演變成破產的局面。

●**石材印**

主家庭不和，且會陷入孤獨的境界中。

●**鹿角印**

主浮躁不實，是屬於散財之相，且會帶來神經系統的疾病。

●**牛角印**

主堅毅果敢、奮發進取，但最後仍無法克服萬難而完成大業。

●**橢圓印**

主功敗垂成，一輩子會過窮困潦倒的日子。

●**四方形印**

雖適合做爲官印、公司印及圖書印等大型印，但若是當做普通私章使用的話，將會經常遭受挫折，而終生勞苦。

●**成品印**

這是用合成樹脂之類的材料所刻成的成品印。雖然價廉輕便，但若是使用這種印章的話，將無法在社會中展露頭角。而總是盲從他人過著不幸、不滿的生活。

●**雙重輪廓印**

表示其運程如波濤洶湧、起伏不定，且會招來家門的不幸。

●花樣輪廓印

使用這種在輪廓和文字之間刻有花樣的印章時，其財產將會遞減。

夫妻之間的印材不同時，主無法百年好合。

使用的印章過多時，主在公司裏容易得罪他人。

這些印章都屬於凶相(1)

●輪廓及文字有缺損的印章

一旦發現印章的輪廓及文字有缺損時，就要趕緊磨掉重刻，如果繼續使用下去的話，將會致使家運衰微。

●吉語印

使用刻著與本身姓名完全無關的「壽」、「福」等吉祥文字的人，主家運衰微，且有全家滅門之可能。

●凹字印

主一生將會遭受複雜的命運所播弄，且會一連串地發生意想不到的不幸事件。

●有記號的印章

印面好比人的臉部，印身好比人的身體，如果爲了易於辨認印面的上下，而在印章上做記號，這豈不等於故意在傷害身體嗎？所以當然會給身心帶來不良的影響，同時也會阻礙運氣的順利發展。

●雙親轉讓的印章

使用雙親轉讓的印章時，卽使擁有萬貫家財，也難免會使家運衰微，而損失財產。

●重刻印

如果接受他人轉贈的印章，而加以重刻使用的話，將畢生會仰賴他人，而變成一名缺乏生活力的弱者。

●拿他人印章當做自己印章使用的人

主依賴心重，一輩子都要在不滿、不平中，過著貧苦、孤寂的日子。

●輪廓粗大、文字細小的印章

主孤立無援，最後難免會走上窮途末路。

●字體是楷書、草書及行書的印章

主缺乏財運，即使到銀行開戶，也無法使存款增加。

●斜字體的印章

表示逐漸會與社會脫節，而形成孤僻的性格，因奢侈浪費、入不敷出，所以難免會導致家庭失和。

使用成品印的人，主無法在社會中展露頭角。

使用雙親轉讓的印章，主家運衰微。

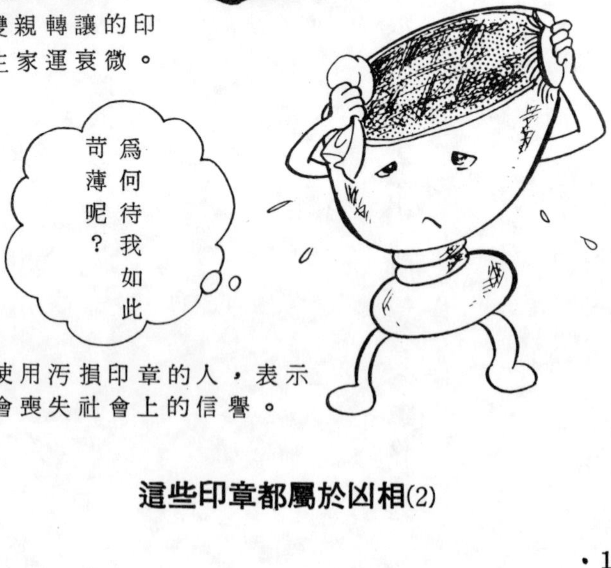

使用污損印章的人，表示會喪失社會上的信譽。

這些印章都屬於凶相(2)

●輪廓和文字的接觸點

使用在輪廓和文字之間有空隙的印章時，主凡事有始無終，在事業上很難獲得輝煌的成就。有關印相的吉凶，印相學上認爲：「這是由輪廓和接觸點的如何來決定」。後面將會詳細說明。

●汚損印

經常使用印章的文字被舊印泥所汚染，且蓋起來字體不清晰的人，主做事有始無終、無法貫徹到底。由於做事難免想投機取巧，所以當然會喪失其社會上的信譽。

●小型印

喜歡小型印的人，因多半個性孤僻、且帶有神經質，所以很難成就大事業。

●大型印

喜歡大型印的人，因多半以不切實際的幻想來行動，所以難免會受到社會人士的唾棄。

●夫妻之間的印材不相同時

主夫妻間的感情不和，且逐漸變成冷淡狀態。

●只擁有一顆印章的人

僅有一顆印章，而同時當做印鑑、存戶印鑑及普通私章使用的人，卽使如何努力、且擁有強而有力的背景，但最後也難免失敗、沒落。

●使用數十個印章的人

把很多印章當做一種樂趣來使用的人，主性格散慢、思慮淺薄、處事輕率，所以難免會受到社會人士的鄙視。

●把自己的印章委託他人保管的人

隨便地把自己重要的印章委託他人保管的人，表示會因別人而受到連累。

●全家共用一顆印章時

表示家族之間無法和睦相處，且家運也有逐漸衰亡的趨向。

●把書畫落款的印章當做印鑑使用的人

即使擁有巨大財富，也會逐漸揮霍殆盡，而嚐過貧困的滋味。

●使用通稱、雅號印章的人

表示會因某種緣故，而把財產轉讓給他人。

●圓印和方形印

宇宙是由圓形所構成的。舉凡太陽、地球、以及其他的恆星、行星，乃至地球上的所有生物之細胞，都是圓形的。因此，對宇宙中屬於微不足道之構成份子的人類來說，當然要順著大自然才能生存下去。

由於印章是象徵人的命運，也是人的必備之物，爲了使它合乎大自然的運行，當然圓印最爲吉相。

俗語說：「圓印是陽性的屬於吉相，方形印是陰性的屬於凶相」，但方形印也不能一概而論全都屬於凶相。

如果把方形印的印面朝下，而倒立起來形同墓碑的話，就表示陰性和過去。把這種方形印使用於同樣是陰性，且與過去有關的文件上時，並不會帶來影響。

例如：在墨寶、名畫或色紙上，加蓋雅印及遊印時，方形印最合適。

但若是把方形印用在能使未來更加發展的動產，不動產之文件上，或者當做印鑑及存戶印鑑使用時，將會導致其人身敗名裂的凶印。因此，不要把方形印當做私章使用，而把它當做法人印使用時，視其用途也會變成吉印。（請參照「法人印」那一項）

●刻印章時

要做印相鑑定時，須先查明「姓名的筆劃及出生年月日」。因為印章必須配合其人的姓名筆劃及出生年月日，才可以請人雕刻。

當姓名的筆劃是凶運數時，就要鑑定其接觸點（輪廓和文字的接觸點），而採取使凶數化為吉數的增畫法。這種接觸點的調和法，在印相學上是一件最重要的事情。

如果筆劃調和錯誤的話，卽使是吉名也會變成凶相。相反的，筆劃調和正確的話，卽使是凶名也會化成吉數，而引導您走向吉祥運。

因此，在印相法上，雖然名字不好，但也可以按照原名，使它逢凶化吉。

文字的排法

刻印章時，要根據表現其人早年運的出生年月日，來決定文字和輪廓的接觸點及空間。印鑑及存戶印鑑，必須把姓名都雕刻出來，且從右向左排成一列。至於普通私章，也可以只雕刻姓，或者把姓名上下排成一行。這才是正確的排法。

必備印的刻法

求。

①主人（丈夫）要備有印鑑、存戶印鑑及普通私章三顆爲一組的必備印，才合乎印相法的要

②主人的妻子和子女，要備有印鑑、存戶印鑑及家庭用的印章等，如果有職業時，也必須持有一顆本人專用的普通私章。

③未婚的女性，要備用印鑑、存戶印鑑，結婚之後，如果不冠夫姓的話，也仍可繼續使用。

印章的規格（吉寸的標準）

●男性用的印面直徑

△印鑑、存戶印鑑……五分（十五厘米）或六分（十八厘米～二十厘米以內）

△普通私章……三分五厘（大約十一厘米）

●女性用的印面直徑

△印鑑、存戶印鑑……三分五厘

但若是當做老闆印或股東印使用時，就要五分。

△普通私章……三分（九厘米）

印章的長度

●男性用的印章長度

△印鑑、存戶印鑑……一寸五分
△普通私章……一寸八分
●女性用的印章長度
△印鑑、存戶印鑑……一寸八分
但若是印面直徑長達五分時，就要一寸五分。
△普通私章……一寸八分
但若是當做事務印（例如校正印）使用時，就不必考慮其數理。

印章的字體

根據印章條令，可以受理印鑑登記的字體，就是篆書、隸書、行書、古印、楷書及草書。
其中的篆書和隸書，在印相學上是屬於吉相。

●配字法

由於印章的配字一旦發生差錯時，將會失去印章的效力，所以請務必參照下列的配字法以策安全。

單姓單名時

姓名從右向左排成一列。

複姓及兩字名時

姓在右邊、名在左邊、上下排成兩行。

複姓單名時

姓名在右邊（兩字）、名在左邊（一字），當名的筆劃較少時，可以在名的底下加上一個「印」字來配成四字。

單姓兩字名時

姓在右邊、名在左邊，當名的筆劃較少時，可以在名的底下加一個「印」字。這種配字法又稱爲「回文法」，也就是「印」字要在最後唸出來。

●私章的種類

印鑑

印鑑，就是無論在法律上或社會上，都可以發揮權利和義務效用的印章。也就是在辦理印鑑登記、不動產登記、公正證書及長期契約等，需要在印鑑證明時才使用的印章。

存戶印鑑

存戶印鑑，就是僅使用在流動資產關係上的印章，也就是僅使用在銀行存款（普通、定期、活期、支票、票據及滙票）、劃撥存款、郵局存簿等金錢關係上的印章。

存戶印鑑的效用，就是在於維護本人的財力和財運之增加，所以不具備這顆印章的人，事實上，等於沒有財產一樣。

普通印章

普通印章，就是使用在傳票、簽到簿、領取小額金錢及名片介紹信上的印章，但也不可以隨意忽視普通印章，因為在法律上，它與印鑑及存戶印鑑是立於同等的地位。

●有關印鑑登記

申請印鑑證明之前，須先準備一顆印鑑，才可以辦理印鑑登記。

關於印鑑登記，只要親自前往戶籍所在地的鄉、鎮、區公所，領取申請書及印鑑卡，用正楷填寫卽可受理登記。

•印鑑的大小

直徑在二十厘米以內

•適合登記的印鑑

①始終保持清晰的字體。

②根據字典使用正確的字體。

③使用象牙、水牛角等質硬的印材。

•字　體

篆書　隸書　行書　古印　楷書　草書

只要使用六種字體中的任何一種，各個鄉、鎮、區公所，都能接受您的申請，相反的，如果使用這些字體以外的抽象字體，就會被嚴加拒絕。

•不適合登記的印鑑

①大小不合規定。

②字體不清晰，又有磨損。

③不根據字典，使用錯字或令人難以判斷的字體。

④戒指印。

把私章當做公司印使用時，難望將來能飛黃騰達。

⑤筆名、雅號、通稱。

●法人印

法人印，就是在公司（股份、投資、有限）、銀行、合會、公會、學校及各種團體中，必備的印章。

其種類有公司印、負責人印、法人存戶印鑑、副印（通常使用的印章）及騎縫章等，此外，還有簽名章、職業及會計出納章等。

雖然也有很多人把私章當做法人印使用，但因爲這是公私混淆不清，所以最好要加以避免。

把私章當做法人印使用的公司。表示該公司是由個人獨資經營的，所以要使其業務蒸蒸日上，那是不可能的事實。

公司印

雖然一般的公司印都採用方形印，但正方形印及正圓形印卻都是屬於凶相。由此可知，吉相印的條件之一，就是要把方形印的角部磨成圓滑狀。

通常我們在證書或文件上，都養成加蓋公司印的習慣，因爲公司印就是象徵公司的一顆重要印章。

公司印最理想的印材，就是象牙。但由於價錢相當昂貴，所以暫時也可以用高楊木來取代，但若是發現業績扶搖直上的話，就要立卽換用象牙印。

公司印的刻法

●公司印的印材

公司印的印材，最理想的就是象牙，但也可以視情況而暫時採用高楊木來取代。

●公司印吉寸的標準

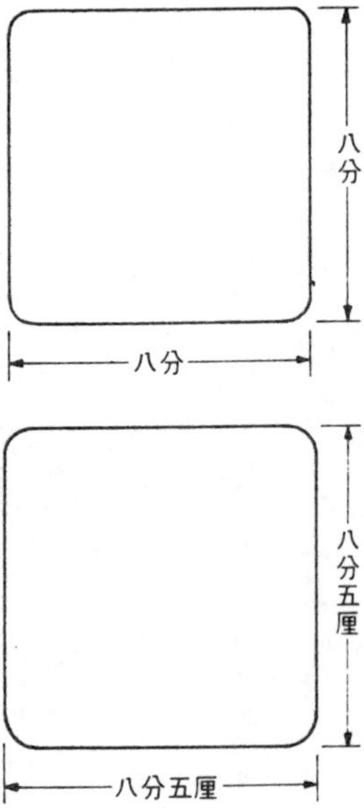

公司印，以八分角及八分半角爲吉寸。

公司印的配置法

公司印的配置法，應該如下列進行，因這些都適用於法人印。

〔公司名五字時〕

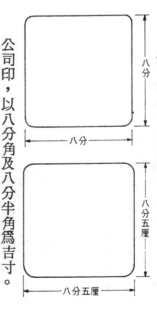

（公司名六字時）

（公司名七字時）

（公司名八字時）

（公司名九字時）

（公司名十二字時）

負責人印

要對法人做設立登記時，首先就要登記可以當公司印鑑使用的負責人印（董事長印），因爲這種印章適用於申請印鑑證明，所以一定要刻公司的正式名稱，及負責人的職稱。負責人印，通常都採用圓形，而在當中刻上負責人的職稱，再用公司的正式名稱環繞其外。

吉相印的必備條件

△印材……象牙

△吉寸……印面直徑五分或六分

△長度……一寸五分

法人存戶印鑑

法人存戶印鑑，就是以公司或團體等法人名稱，在銀行開戶時所使用的印章。此外，還使用在支票、票據及滙票上。因爲這是法人本身財運的一種象徵，所以一定要刻上負責人的姓名和職稱。

吉相印的必備條件

△印材……白水牛角

△吉寸……印面直徑五分或六分

△長度……一寸五分

△配字法……圓形

①董事長李大偉之印

②李大偉董事長之印
③董事長李大偉

副印（通常使用的印章）

副印，就是公司印的代用印。因爲公司印是歸董事長親自保管，所以當董事長的代理人或公司職員，要在外面跟人家簽合約時，就要使用這顆印章。

爲了與公司印區別，副印通常都刻成圓形，其必備條件如下：

△印材……象牙
△吉寸……印面直徑五分或六分
△長度……一寸五分
△配字法……與公司印相同

騎縫章（契約用）

在股東、契約書上，通常都有使用騎縫章的習慣，在法人印中，這是絕不可缺少。

△印材：最理想的就是象牙，但也可以視情況而暫時採用高楊木來取代。
△吉寸……直一寸三分、橫五分
△騎縫章只把公司名稱排成兩行刻上卽可。

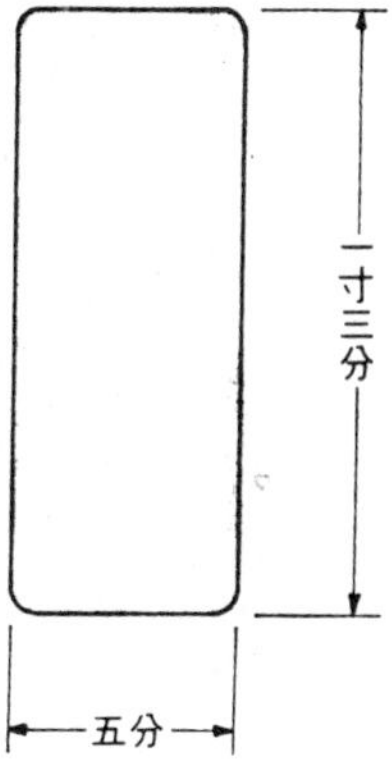

●印　泥

如果沒有印泥的話，印章也無法發揮其效力。爲了使吉相印發揮更大的效果，因此必須選用品質最佳的印泥。相反的，如果選用粗劣的印泥，即使刻得再好的吉相印，也會減低其效果。

印泥的品質越好、顏色越紅。例如：日幣一百萬元的高額鈔票，其右下角的「總裁之印」，即使遭受火災洗劫而化成一堆灰燼，也不

褪其紅色。

最好的印泥，就是把各種花卉倒入硫化汞中，加以攪拌、提煉製成的，即使不用紗布覆蓋，也不致於使印章的字體受到阻塞。因爲在印泥上用紗布加以覆蓋時，不但會使油滲透上來而使象牙印變色，同時也會加速印泥變質。所以選購時一定要特別注意。

●印章的收藏

印章應該收藏在能夠正確保持印型的盒子內，才是屬於吉相。

最重要的，就是要避免收藏在袋子裡，或者在印面加蓋等，因爲這樣做的話，將會阻礙運氣的進展而帶來不幸。

使用新印章時，把它供奉在神案前

●首次使用印章的注意事項

△使用新印章時，要把新印章供奉在神明或佛祖面前，祈求新印章能爲您帶來好運，這才是印相學的眞精神。

△在神明或佛祖面前攤開一張白紙，然後從盒內取出印章，按照印鑑、存戶印鑑及普通私章等排成一列。

△以法人的立場來說，也是從右邊開始，按照公司印、負責人印、法人存戶印鑑、副印及騎縫章的順序，排成一列。

首次使用新印要選擇良辰吉日

因爲這件事情相當重要，所以千萬不要加以忽視。相反的，如果忽視這一點的話，即使是吉祥印，其效果也會減半。首次使用新印的良辰吉日，最好能親身去請教對印相鑑定有經驗的專家。

●處置舊印的注意事項

把不再使用的舊印隨便亂丟，這是錯誤的處理法。即使已不再使用的舊印，但過去對您也確實帶來不少益處，爲了感謝它，您應該用白紙把它包起來，放置在神案下或乾淨的地方，保存三年之久，然後把它埋藏於將來要埋藏自己的墓地下。

家相篇

●看家相之前

家相與面相相同，是由家的狀態、樣子及形狀等來判斷其家吉凶的一種占術。

家相，就是爲建造一個好住宅的指導要領。所以首先要針對建地應該具有何種環境和地形，建地與建築物之間的關係及生活態度等提出忠告。

此外，隔間及建築物形狀，在地理條件惡劣的情況下，應該如何改善呢？這些都需要以經驗和實驗來加以討論。

因此，要建造家相好的住宅並不困難，只要根據一般常識判斷，認爲是好的建築法卽可。

例如：採光良好的住宅就是吉相，採光不好的住宅就是凶相。又陰氣、濕氣籠罩的住宅，其家相當然不好。至於好的家相，就是陽光可以充分地投射進來、且通風良好可以呼吸到新鮮空氣的住宅。

俗語說：「家以多暖夏涼爲宗旨」。通風良好的住宅，自然會帶來多暖夏涼的效果，在這種情況下，只要擁有一個不使室內空氣汚染的設備卽可。而採光設備完善的話，那麼通風效果就會良好。

●家相和陰陽五行說

家相的本質，就是由建築學和命運考察所融合而成的。做為命運考察基礎的，就是「陰陽五行說」，至於家相的相法，也是根據陰陽五行說來推算的。那麼，陰陽五行說究竟是何物呢？雖然陰陽說和五行說，具有密切的關係，但也是各自獨立的東西。

在此，我們先來討論「陰陽說」，宇宙就是由陰、陽兩個原理所構成的。陽就是陽光，陰就是日影、其性質完全不相同。由於陰陽兩個原理不斷地循環、融合及產生變化，所以萬象才會在這個世界中發生。

構成這個二元論的根本，以我們的身邊之物來說，就像男女兩性、天地及陽電陰電等，由兩個東西組合而成的。

易經上說：「陰陽產生四象（春、夏、秋、冬），四象產生八卦」。八卦就是乾、兌、離、震、巽、坎、艮、坤。

至於五行說，就是主張大自然由金、木、水、火、土五種要素所形成，隨著這五個要素的盛衰，而使大自然產生變化，不但影響到人的命運，同時也使宇宙萬物循環不已。

看家相時最重要的，就是要先認清「方位」。這個方位，可排列如下：

※乾……西北

※兌……西

※離……南

※震……東

※巽……東南

※坎……北

※艮……東北

※坤……西南

家相，就是在為建造好住宅的常識上，如入陰陽五行說的學理所融合而成的。

因此，對卽將蓋房子的人，應該注意那一點來選擇建地？或者把設計、工事委託何許人呢？又卽將購買房子或租房子的人，以及為觀察目前所居住的房子是否吉相的人，只要閱讀本篇，卽可獲得啓示。

●地相的相法

看家相的順序，就是地相（建地）、房屋的平面相法（隔間、起居室、寢室、廚房、浴室及廁所等的安置）及宅相（房子的立體相法），首先就從地相（建地或宅地）的吉凶開始。

以下將針對各項詳加說明。

土質的吉凶

購買土地時，絕不可忽略其土質。建地的性質又稱爲地質，它具有地盤和土質兩種要素。譬如：土質柔軟的建地、滿佈石塊的建地、過於乾燥的建地，及濕氣太重的建地，都是屬於凶相。然而，從地表挖掘一尺左右就可以發現到紅土的建地，就是吉相。換句話說，這種地方是屬於地盤堅硬的冲積層，所以地盤也比較不容易下陷。

廣義地說，理想的建地，就是黏土和砂粒適當混合的土地。如果發現表土的土質不良時，就要趕緊從吉方運來良質的泥土加以取代，否則將會招來不幸。

凶相的土地

以凶相的土地來說，就是要避免如下的土地。如果必須去購買這種的話，就要事先做一個妥

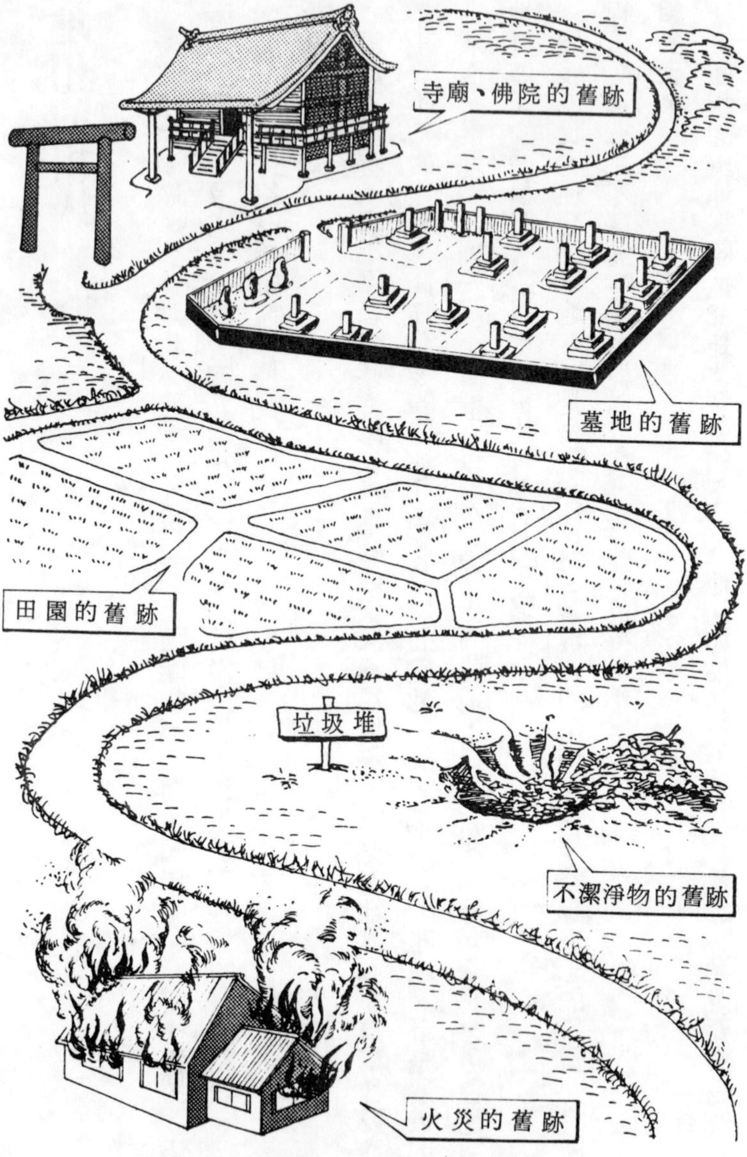

要避免購買這種土地的舊跡

善的處理。

△寺院、佛院的舊跡

△墓地的舊跡

△田園的舊跡

△不潔淨物的舊跡

△火災的舊跡

地形的相法

看家相時最重要的，就是要先觀察建地，或建築物的四周，是否有「缺損或凸出的地方」。

建地和建築物，無論其東、西、南、北，或者是其中間的方位，都沒有缺損或凸出，且非常整齊畫一，尤其是坤（西南）及艮（東北）的方位，都很完整的是為吉相。

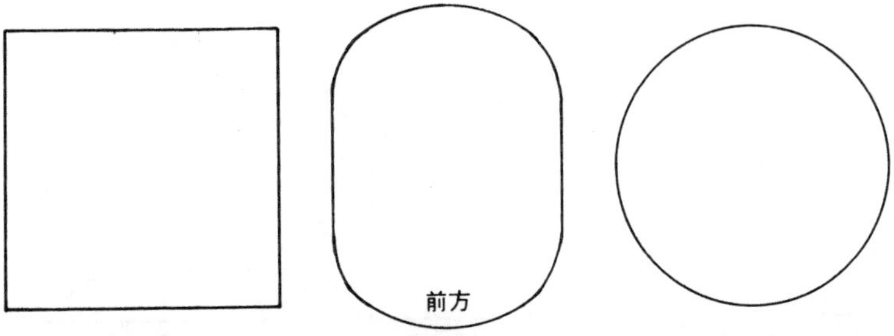

圓形　　橢圓形　　正方形

①（圓形）

圓形的地形，雖然很適合建築寺廟、佛院及公共場所，但若是建築一般住宅的話，是屬於凶相。

②（橢圓形）

橢圓形的地形，倘若入口是位在如圖的方向時，是為吉相，但若是入口位在旁邊時，是為凶相。

③（正方形）

正方形的地形與圓形的地形完全相同。建築住宅、商店及營業場所等，是屬於凶相。

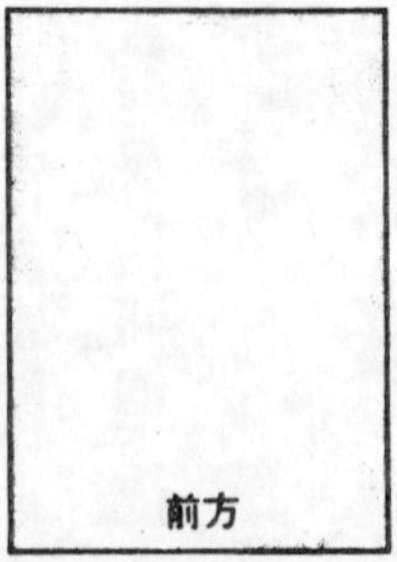

〈長方形〉

④（長方形）長方形的地形，倘若入口是位在如圖的方向時，是為吉相，但若是入口位在旁邊時，是為凶相。

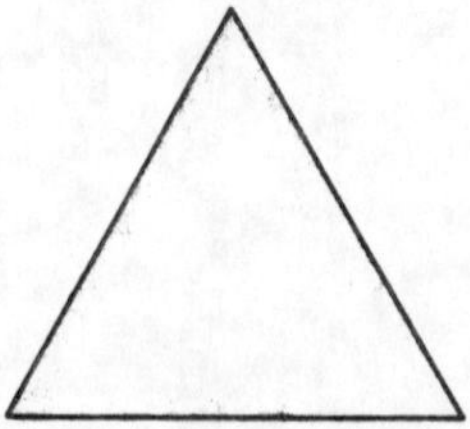

〈三角形〉

⑤（三角形）三角形的地形是為凶相。即使有暫時性的飛黃騰達，但也無法維持長久，所以絕對要避免使用。

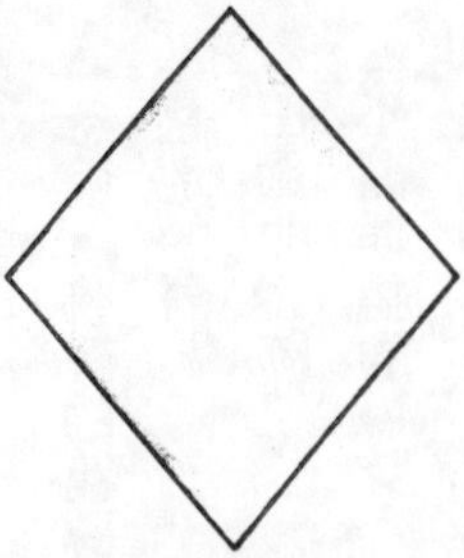

〈菱形〉

⑥（菱形）菱形的地形與三角形的地形完全相同，主家運衰微，是妻離子散之凶相。

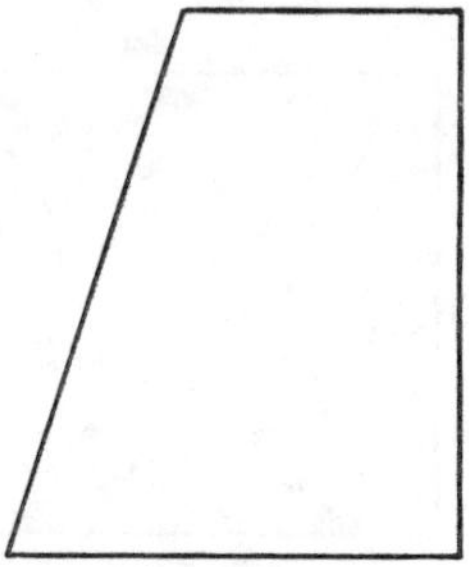

梯形

⑦（梯形）梯形的地形是最常見的地形之一，但也是要絕對避免使用的地形，因為它是主家運衰亡的凶相。

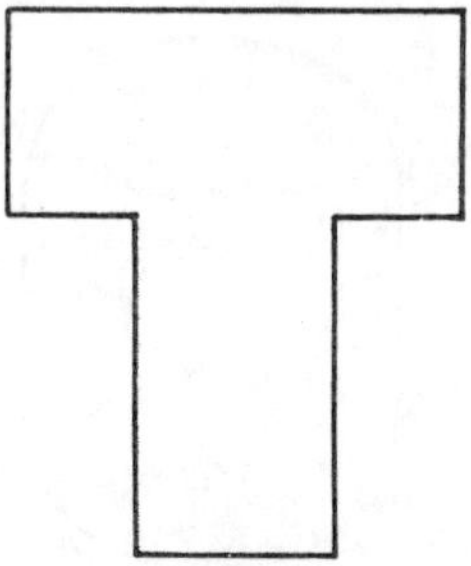

T字形

⑧（T字形）T字形的地形，視其用法也會變成凶相或吉相，所以事先一定要去請教專家。

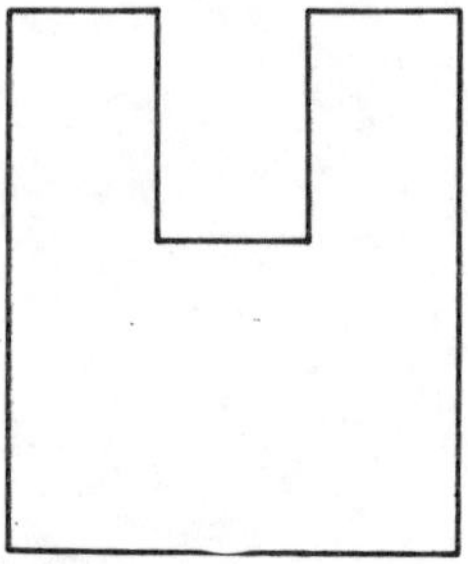

凹字形

⑨（凹字形）凹字形的地形與梯字形的地形完全相同，視其用法也會產生吉凶的變化。

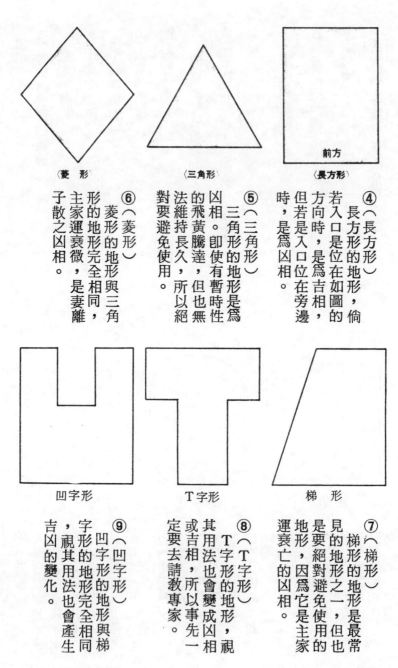

傾斜地相的相法

最近我們經常可以發現到，有人在傾斜的山坡地，開闢階梯式建地在出售的盛況，在此，我們必須注意的，就是向南傾斜的土地是爲吉相，相反的，向北傾斜的土地是爲凶相。

爲何向北傾斜的土地是屬於凶相呢？第一、陽光照射不到。第二、會遭受到高處的建築物之投影。雖然向北傾斜的土地，價格比較低廉，可是一旦進入冬季，從北方或西北方吹來的寒風，會令人直打哆嗦，所以購買時一定要特別注重。

又無論向南傾斜或向北傾斜，所建造的階梯式土地，其地基是否堅固呢？從上往下流的排水設施是否完善呢？傾斜地的整塊土質是否會坍方呢？這些問題都必須請專家來加以鑑定。

總而言之，凶相的土地要盡量避免使用爲要。

在南方有空地的建地是爲吉相

在南方有空地時，具有如下的優點：

①由於採光良好，所以溫暖、明亮、且衞生。

②由於通風良好，所以對高溫多濕的地方來說，夏天比較涼爽。

③易於隔間，可以按照自己的目的做理想的配置。

基於上述的理由，是以南北走向的長方形建地最爲理想。

在狹窄的土地上建滿房子是爲凶相

因住宅密集、容易產生躁音、陽光照射不到、且會在防火上發生危險。

根據命運考察的說明，這種房子會帶來比以前更衰微的家運，且有一蹶不振的傾向。

濕氣籠罩的建地是爲凶相

要在濕氣太重的土地上建房屋時，只要從吉方運來乾燥的泥土，塡高三尺，即可逢凶化吉。

植有大樹的住宅是爲凶相

在庭院裡植有大樹的住宅是爲凶相，尤其艮（東北）方和坤（西南）方植有大樹時，其家運必定衰亡，又在宅地中植有許多樹木的話，主會招來災難之凶相。

殘留樹根的土地是爲凶相

要在樹木砍伐殆盡的土地上蓋房子時，一定要把殘留在地下的樹根清除乾淨。

如果在仍殘留著樹根的土地上蓋房子時，卽使建造吉相的房子，但居住在裡面的人，也難免會遭受衰運的侵襲，而無法克守家業。

●房屋的平面相法

要觀察房屋的平面時，最重要的就是隔間，要看隔間的話，就要先作出房屋的平面圖。首先在一張方格紙上畫出房屋的平面圖，使用方格紙的理由，就是爲描繪出正確的平面圖。進而由平面圖來決定房子的中心，再從中心定出八個方位（東、西、南、北及其間的方位）。然後以平面圖所決定的中心爲主，對照八個方位來觀察缺陷和凸出、起居室、寢室、厨房、浴室及厠所等所有隔間的吉凶。

如何決定房屋的中心

在觀察房屋的八方位之前，必須先決定房屋的中心。假使中心決定之後，就可以把羅盤放置此地來決定房屋的八方位。因並非每棟房子都屬於正方形，所以一旦發現有凹陷或凸出時，就要將它加以平均來畫對角線，同時取其交點定爲「中心」。

八方位的相法

所謂八方位，就是以每三〇度把方位區分爲十二個等份，且每個等份都附有地支的名稱。八方位，就是東、西、南、北四方位（又稱爲「四正」）及其間的東南、西南、西北、東北四方位（又稱爲「四隅」）。

以地支來區分八方位，同時以四正、四隅來配置的話，就如下表：

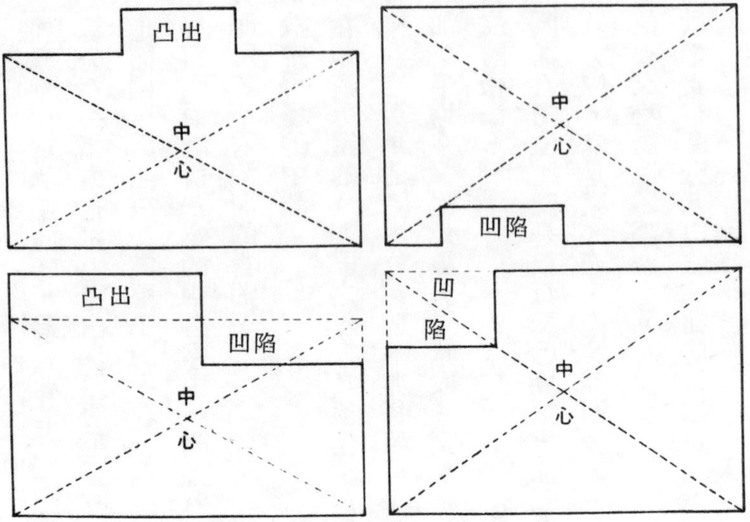

如何決定房屋的「中心」

東（三〇度）……卯方
西（三〇度）……酉方
南（三〇度）……午方
北（三〇度）……子方
（以上）四正

東南（六〇度）……辰巳方
西南（六〇度）……未申方
西北（六〇度）……戌亥方
東北（六〇度）……丑寅方
（以上）四隅

凹陷或凸出的房屋之吉凶

根據房屋的平面相法，很少發現到完全屬於正方形或長方形的房子。相反的，大部份都有凸出或凹陷的情形。

以家相的原則來說，凸出的房子（土地也是一樣），主家運繁榮，凡事必能有所發展。但若是對照八方位的話，有時也會變成凶相。

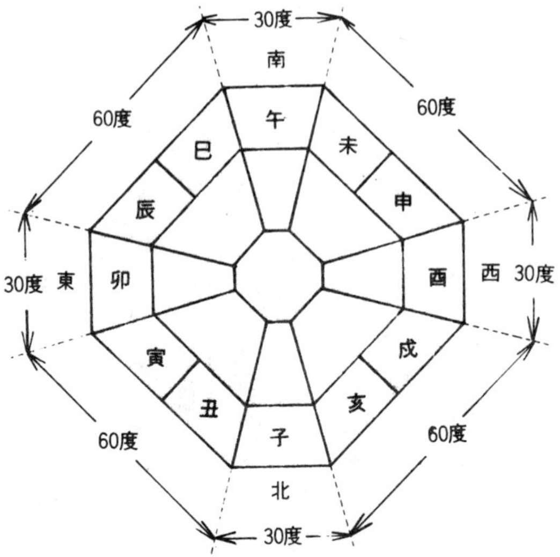

八方位－四正和四隅

凹陷的房子，主家運衰微、經不起挫折、做事往往半途而廢。但若是對照八方位的話，有時也會逢凶化吉。

然而無論凸出或凹陷，這都是屬於主觀的相法。事實上，凸出和凹陷都是相對的，而不是各自獨立的，所以應該在相對的兩方面做過比較之後，才能判斷凸出或凹陷的吉凶。

有關凸凹的問題，需要特別注意的，就是過於凸出或過於凹陷都是屬於凶相。

●房屋構造的相法

△深而窄的房子，主百事順遂，一家繁榮之相。

△淺而寬的房子，主思想無法集中、且缺乏

耐力和耐心之凶相。

△寬度比深度長五倍或八倍的住宅，主家庭無法和睦相處，且容易招來病災或破產之凶相。

△正方形的房子，做為寺廟或佛院是屬於吉相，但若是當做普通住宅使用時，將會阻礙運氣的進展。

△兩間合併為一間，或者拆除兩間之間的牆壁而形成一間的住宅，主剛開始家運亨通，但後來會逐漸衰微的凶相。

△在倉庫上方建造住宅時，居住在裡面的人，將會浮躁淺薄、不切實際、做事有始無終，最後難免會步上衰亡之途。

△在平房上加蓋二樓的住宅，主家運會逐漸衰退。

△在突出屋外的房間內，安置神案或佛壇的話，主孩子體弱多病，甚至夭折的凶相。

△二樓凸出在通路上方的住宅，雖然剛開始財運亨通，但不久就會演變成破產的局面。

△大門設置在柱子周圍的住宅，表示會阻礙家運的進展，且會招來病難、盜難及家庭不和的凶相。

△柱子倒立使用的住宅，主會招來災難之凶相。

△棟樑採用接木的住宅，表示會為繼承人操勞？或者因繼承人身亡而演變成晚景淒涼的局面。

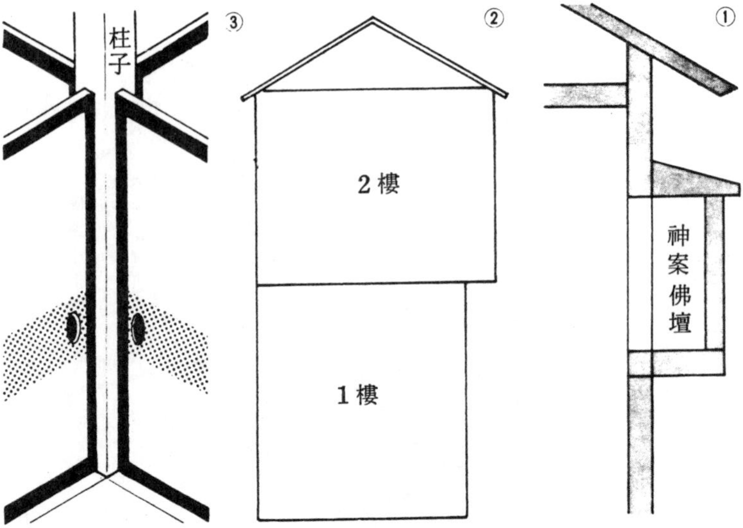

這種住宅是屬於凶相

△樓梯設在中央的住宅，雖然會帶來暫時性的繁榮，但迅速地又會步上衰亡的途徑。

△一間房子設有兩個樓梯的住宅，主入不敷出，是屬於散財之相。但若是當做旅館或餐廳等公共場所使用的話就會變成吉相。

●窗戶的吉凶

蓋房子時必須顧慮到季節問題，尤其爲對抗高溫多濕的夏季，首先應該講究通風設備。

當然窗戶的設置，對住者的心情也會帶來很大的影響。

窗戶以朝東、朝西爲吉相，而以朝南、朝北爲凶相。

△朝東的窗戶，主一家幸福團圓、且家運上

朝西的窗戶，主容易招來病災

昇。這是因通風良好、且一年四季都有陽光投射進來的關係。

△朝西的窗戶，主家庭不和、且容易招來病災。這是冬天嚴寒、夏天酷暑，或者在不必要時也有陽光投射進來的關係。

△朝南的窗戶是爲吉相，如果這個方向的窗戶全部敞開的話，其吉相將會更加顯著。

△朝北的窗戶，主女性容易罹患婦人病，而一生難有健康之時。所以這個方向的窗戶，最好不要做得太大，只要陽光充足、空氣流通的限度卽可。

●現代長條房屋的相法

目前已很少見到這類型的房屋，如果有的

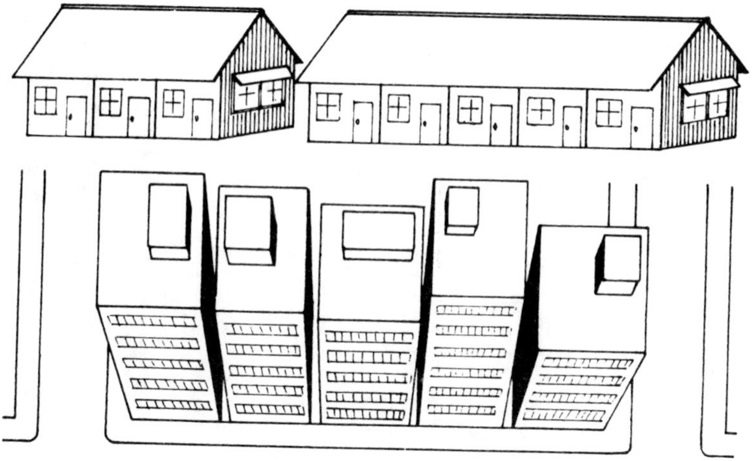

大樓或住宅並排時的凶相

話，那麼居住在第三間中央或第五間中央的人，其家運必定會逐漸衰微。

同樣的道理，如果位在同一條馬路旁邊的大樓或住宅有五棟的話，那麼夾在中央的那棟住宅或商店，也同樣會招來衰亡的悲運。至於三棟、七棟、九棟林立的情況也是如此。

●面對馬路的房屋

面對馬路的房屋，雖然會帶來暫時性的飛黃騰達，但轉眼之間就會步上衰運的途徑。

面對馬路的情形也可分爲：面對T字形路及面對死胡同兩種。以物理的觀點來看，這兩種情形一旦碰到颱風的話，其迎風面最大。

至於位在死胡同的房屋，一旦發生火災的

話，將會找不到逃生之路。在命運學上，主將會阻礙運氣的進展；在物理學上，主只要做錯一件事，就會帶來與生命有連帶關係的大凶相。

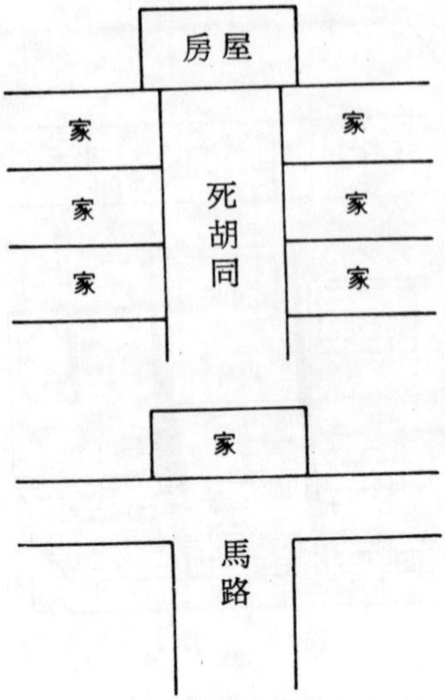

大凶相的房屋

●入口的相法

△房屋小、圍牆門大，主全家無法和睦相處，且會與社會脫節的凶相。

△大門與圍牆門成一直線，是屬於凶相。

△朝向東、西、南、北（四正）方的入口，是爲凶相。

△從外面可以直接看到大門，是爲凶相。

△商店的大門，就店的「臉部」。如果其方位朝向丑寅或未申的話，主生意無法興隆。

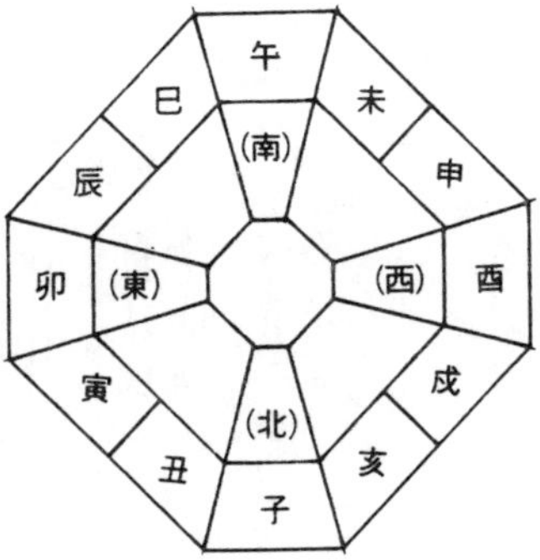

△房屋無論大小，如果只有前門而無後門的話，是爲凶相。

△朝向丑寅或未申方位的入口，主家中不斷地會有人生病。

△無論住宅、事業場所或商店等，其入口如

能按照下列各圖的方位加以設置的話，必能帶來吉運。

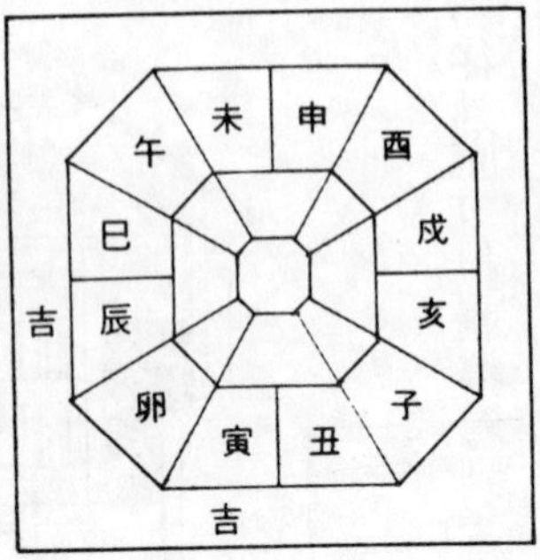

▶在辰方凸出的入口，是爲吉相。

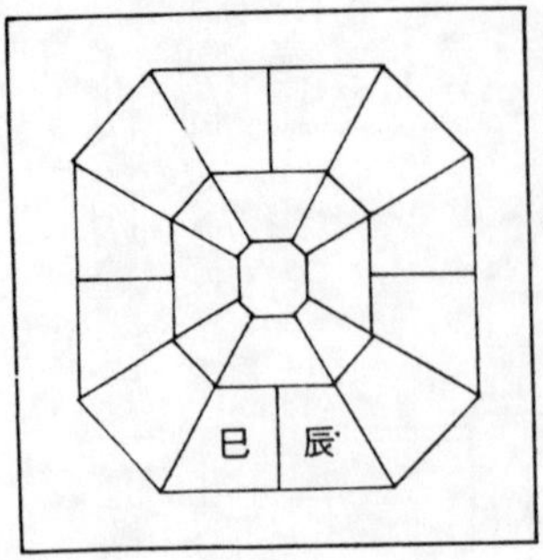

◀在辰巳方凸出的入口，是爲吉相。

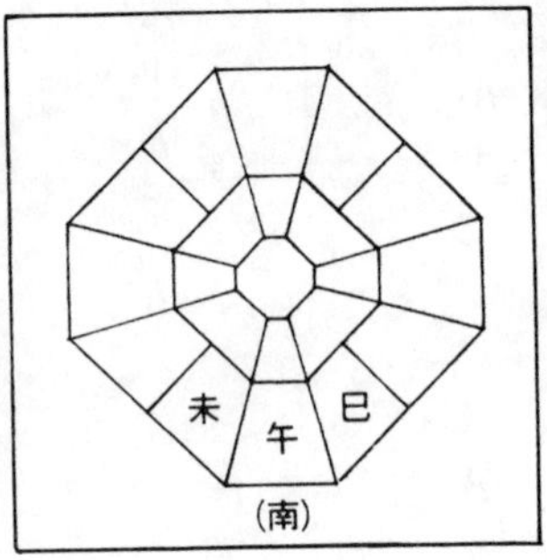

▶在南方凸出或凹陷的入口，是爲吉相。

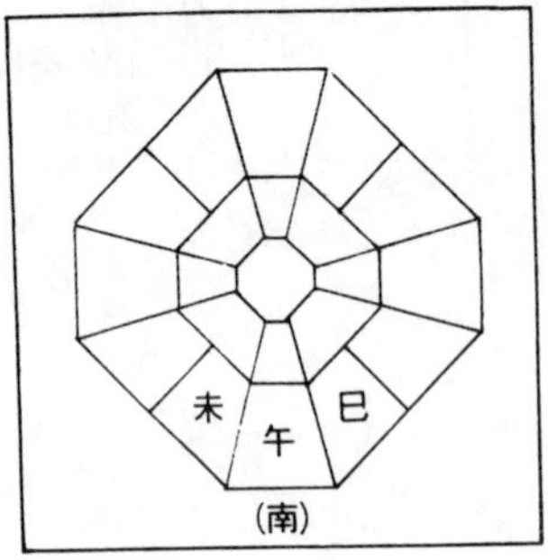

◀入口稍偏正南方時，是爲吉相。

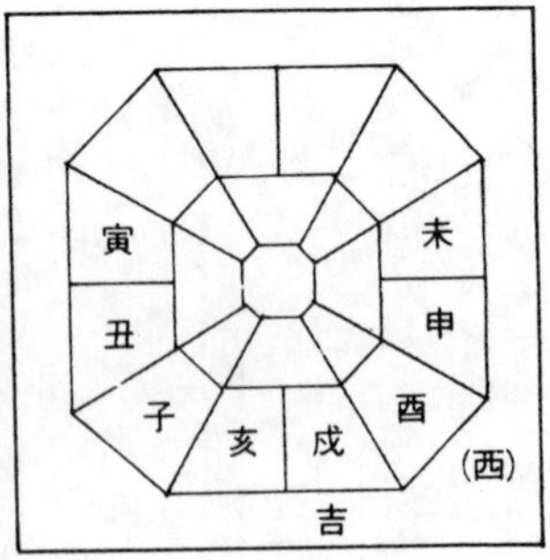

▶在西方或戌方凸出的入口，是爲吉相。

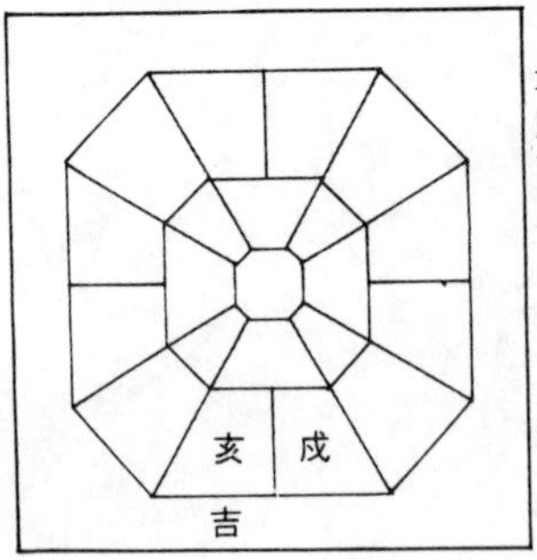

◀在戌亥方凸出的入口，是爲吉相。

屬於吉相的入口

●隔間的相法

隔間，就是從平面來看各房間——起居室、寢室、廚房、浴室及廁所等的配置。

以家相來說，屋內最重要的地方就是「中央」，所以把主人的起居室設置在中央最爲理想。相反的，如果把水井、浴室、廚房及廁所設置在中央的話，將會削弱主人的活動意欲，甚至使家庭內的機能受到障碍，而阻碍家庭運的進展。

起居室

起居室，就是全家的生活中心。雖然一個家庭裡至少要具備有寢室、廚房（餐廳）及起居室三個房間。然而，如果房間數不夠的話，寢室和起居室也可以兼用。如果足夠的話，就可以設置寢室、書房及浴室等。尤其有多餘的房間時，還可以增設主婦的家事室及孩子的房間等。

房間的吉相配置，就是要機能性地考慮到廚房、餐廳、寢室、浴室及廁所的組合。

寢　室

廚房（餐廳）、寢室及起居室，是住宅的三個基本要素，尤其寢室更是居住的原形。

寢室，就是爲取得安眠的場所，因此要設置在房屋的內側，才屬於吉相。

△寢室離開馬路較遠，且極其安靜的話，是爲吉相。

△在厨房的附近，如果有寢室的話，表示將會給孩子身心帶來不良影響的凶相。

在寢室內放置衣櫥、梳粧台等是爲凶相（日本式）

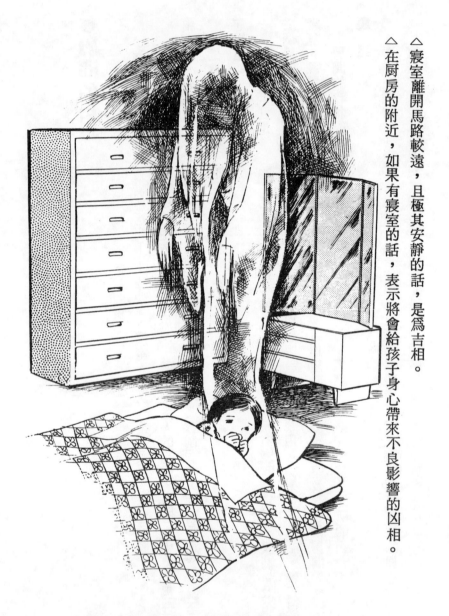

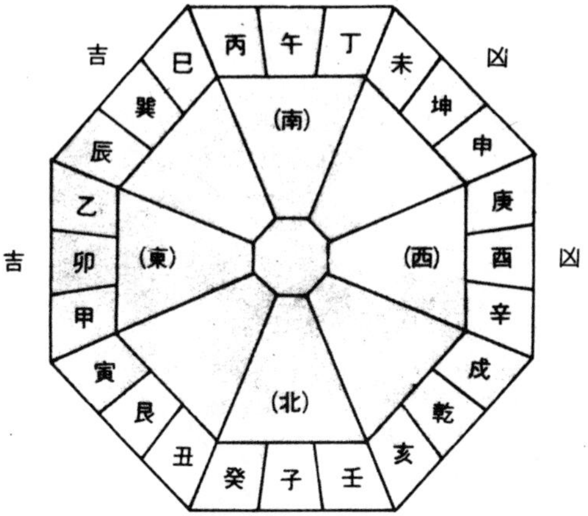

廚房—由方位來判斷吉凶

廚房

吉相廚房的必備條件，第一、要顧慮到衞生方面的管理問題。第二、要考慮到主婦能勤快地在此做機能性的工作。

△朝東及辰巳（東南）方位的廚房，主家運亨通、家人健康、全家和睦相處之吉相。

朝向這個方位的廚房，因爲在一天當中氣溫和室溫最低的時刻，陽光會投射進來，而溫度上昇後的下午，就見不到陽光，所以具有不必擔心食物腐壞的優點。顧名思義，廚房應該設置在以朝東爲中心的方位上，才爲吉相。

△朝西的廚房，表示主婦容易招來病災，全家無法和睦相處之凶相。

△朝向未申方位的廚房，主家中接二連三地

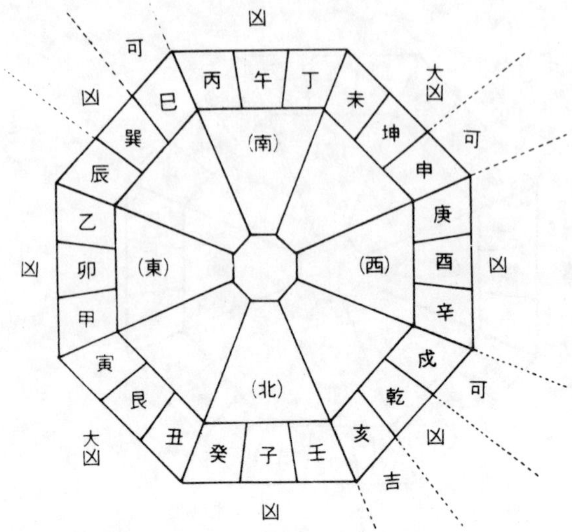

浴室－由方位來判斷吉凶

有人生病。

浴　室

因爲一般的浴室都是洗淨和冲水的場所合併在一起，所以不但要注意整個浴室的濕度，同時還要注意通風設備及排水問題。

△朝向東、西、南、北（四正）方的浴室，是爲凶相。尤其污水流向南方或北方時，其凶相將會更加顯著。

△朝向辰巳正中或戌亥正中方位的浴室，是爲凶相。

△朝向亥方的浴室，是爲吉相。

△朝向巳、申、戌、亥方位的廚房，主不會阻碍家運進展。

廁　所

△朝向丑寅及未申方位的浴室，是爲大凶相。

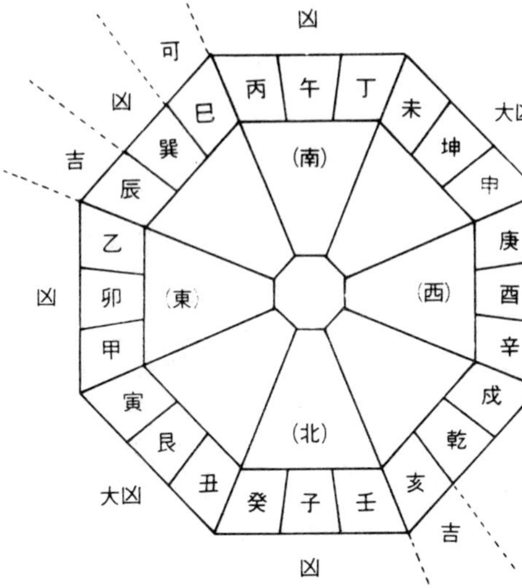

厠所－由方位來判斷吉凶

厠所通常都是設置在比較不顯眼的地方。但是以家相的眼光來看，其設置場所很難以抉擇，因爲稍不留意的話，就會變成凶相。

厠所，並不限於一棟房子才設置一個。兩層樓的住宅，如果寢室設置在二樓的話，最好能一樓、二樓各設置一個厠所。

大部份的人都認爲，把浴室和厠所設置在一起，這才合乎洋化。其實，這是極大的錯誤。因爲目前歐美先進國家的一些富有家庭，多半把浴室和厠所分別設置，所以還是儘可能分開比較理想。

△朝向東、西、南、北（四正）方的厠所，是爲凶相。

△朝向丑寅、未申方位的厠所，是爲凶相。

△朝向辰巳正中方位的厠所，是爲大凶相。

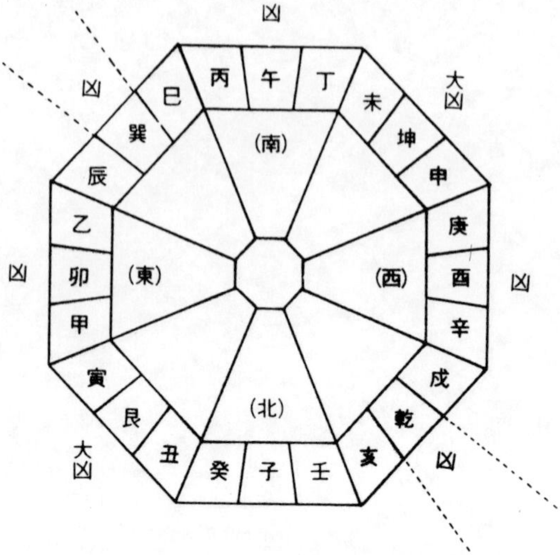

水井－由方位來判斷吉凶

但若是朝向巳方的話，就不致於阻礙家運的進展。

△朝向辰方或亥方的廁所，是爲吉相。

雖然廁所的位置必須顧慮到以上諸點，才能夠加以決定，但也要盡量使其靠近寢室，也就是不必經過起居室或餐廳等，卽可抵達。

此外，廚房、浴室及洗手台等，以靠近給水、排水方便的場所，最爲理想。

水井

自古以來水井就被認爲是一種至高無上的東西，因爲水井一直被當做神明膜拜，所以無論掘井或埋井時，都要愼重地加以處理，否則將會招來意想不到的災禍。

在家相上最容易出現凶相的，就是水井和廁所。

設置在屋簷下的水井，是爲凶相

△朝向東、西、南方位的水井，是爲凶相。
△朝向未申及丑寅方位的水井，是爲凶相。
△設置在屋內的水井，是爲凶相。
△設置在屋簷下的水井，無論朝向何方，都是屬於凶相。
△朝向北方的水井，是爲凶相，但若是過於靠近房屋的話，也會變成凶相。
△朝向寅、辰、巳、亥方的水井，是爲吉相。

大　廳

大廳，就是要放置書畫，神符及佛畫等的重要場所，所以應該要選擇吉方。

大廳，必須要使它對季節產生敏感的反應，才能收到眞正的效果。例如：掛軸，要選擇比季節稍早的東西；至於裝飾品，並不限於花卉及雕刻物之類，也可以隨著興趣自由選擇。

△朝向戌、亥、北方的大廳，是爲吉相。
△朝向丑、寅、未、申方的大廳，是爲凶相。

住宅間數的吉凶

△吉相的間數，是一間、二間、五間、六間及九間。
△凶相的間數，是三間，四間及八間。

神案

神案，就是在家庭中安置祖先神位的場所，由於我們是介於祖先和子孫之間的人，如果我們能以感恩圖報的心情來祭祀祖先的話，相信將來也必能受到子孫的重視。進而，爲祈求全家的平安，所以應該要選擇吉方。

△從外面可以直接看到神案，是爲凶相。

△從大門進來可以直接看到神案，是爲凶相。

△神案設置在下方可以通行的場所，是爲凶相。

△朝向東、西、南及辰巳方的神案，是爲吉相。

△安置在架子上或衣櫃上的神案，是爲凶相。

墓相篇

●看墓相之前

凡是人類到最後都難免一死。然而，正如死離不開人類一樣，墳墓也離不開人類。換句話說，任何人都無法避免進入墳墓之中。因此，我們對墳墓應該要具有充裕的知識才對。

墳墓也有吉凶之分。舉凡有形的東西，一定有「相」。其實，相就是「形」，就像家有家形——家相，或者人有人形——人相一樣，墳墓也有墓形——墓相。

在墓相學上，把墳墓比喻做樹木來加以說明。

樹木，除了有根、幹及枝葉之外，還會開花結果。然而，在墓相學上又象徵著各種意義，如根主墳墓、幹主雙親、花主繼承、果實主子孫等。因屬於根的墳墓，就像樹木依靠根部吸收養分以供其成長的原理一樣，與家庭的繁榮有密切之關係，所以沒有墳墓的家庭，必定會招來衰運。又子孫的繁榮，往往與好的墳墓有直接關係。因此，建造墳墓時，務必要選擇吉相，而避免凶相。

今天我們能幸福地生活在這個世界上，完全是祖先所賜予的，倘若沒有祖先的話，也就沒有我們的存在。我們應該經常以感恩圖報的心情來祭祀祖先，才能與子孫之間產生一種溫暖的連繫

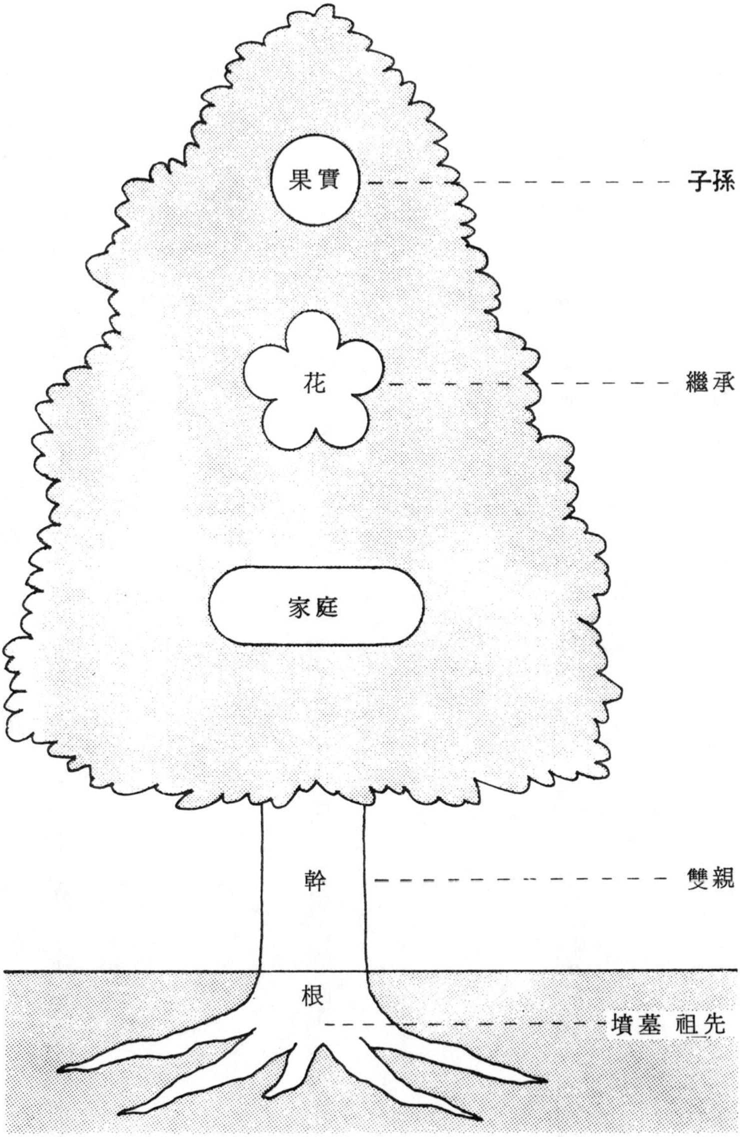

把墳墓當做樹木說……

。換句話說，只要您重視祖先，將來您的子孫也一定會重視您。

本篇，就是針對各種吉相和凶相的墳墓來加以介紹，希望大家把它當做建墓時的一種參考資料。

●墓地的選擇

建造墳墓時，首先要從選擇墓地開始。因爲墳墓就是陰極，所以如果選擇陽光照射不到的地點，其家運就無法昌隆。下面就來針對選擇墓地時的凶相或吉相加以說明。

△要選擇從早上到下午一點半，陽光都能照射到的地方，才爲吉相。

△要選擇寬兩坪以上～十坪之間，且會形成直角的地方，才爲吉相。

△要在墓地建造界線。沒有界線的墳墓，主很容易與他人發生糾葛。

最理想的境界，就是建築圍牆，然而入口一定要設在正中央。沒有入口的墳墓，主家運無法發展。

△墓地的入口，以朝向南、東南及東南偏南爲吉相。

△有高壓線通過的墓地，主家運衰退。

△附近因有大樹遮蔽天日，而整日見不到陽光的墳地，主家中經常有人在生病。

△墓地的土質，是屬於沒有砂石混合、且容易生長青草的紅土，才爲吉相。

△墓地的土質，是屬於古土或舊墓地時，就要從吉方運來新土加以取代。

△建築在山的稜線或山頂的墳墓，主會因財產的保全和繼承人的問題，而帶來勞苦之凶相。

△塡高的墓地，主家運無法進展。如果是因周圍的關係而不得不塡高時，也只能塡高一尺。

△以高牆圍起來的墓地，主會遠離社會而形成孤立無援的局面。

△附近有濃蔭密佈的大樹，像帽子似地覆蓋著石碑的墳墓，主家中會出現罹患胸部或腹部疾病的患者。因墓地內的樹木是屬於凶相，如果不加以砍伐的話，其樹木越大，則財產越少。

△墓附近的雜草，如果蔓延到自家墓地內的先端時，就會變成凶相。主其家中會出現身體虛弱的人或病人。所以墓地一年至少要淸掃一次。

△有水從周圍高處流下的墓地，是爲凶相。主其家中經常有病弱者出現。所以選擇墓地時，應該要避免這種地形。

△在整塊墓地上，鋪設石板、水泥或石頭時，主其家中入不敷出，是爲散財之凶相。又擁有這種墓地的家中，其男性不是要離鄉背井到外地謀生，要不然就會病魔纏身。

●拜墓時的注意事項

因為墳墓既不是石頭也不是物品，所以一定要把它當做人或神來加以參拜。換句話說，無論拜墓時或早晚在家中的神案前燒香拜拜時，都要呼喚他的名字、向他問候，這才是正確的供奉參拜法。

△帶子女一起拜墓時，主子孫昌隆。

△拜墓時刻，以午前最好，下午三點以後，就要加以避免。

△順道來參拜，這是不好的。

△靈骨寄存在寺廟的靈骨塔內時，一定要先進入正堂參拜衆神，然後再去祭祀祖先。

△墓地的雜草要清除乾淨（從周圍向中央清除）。

△清掃完畢之後，就要按照該地的風俗或宗教習慣來加以膜拜。

△經常把碗或容器等放置在墓碑前，這是屬於凶相，所以要絕對加以避免。

●有關墓地的重要事項

△土壤不足，且會積水的墓地，就要趕緊塡土。
△樹木的枝葉從周圍蔓延到墓地上來時，就要加以剪除。
△樹根蔓延到墓地內時，就要砍伐樹木或剷除樹根。
△因東南側有高大的建築物，而使墓地在正午之前得不到陽光照射的話，就要考慮遷移墓地。

大展出版社有限公司	圖書目錄

地址：台北市北投區11204　致遠一路二段12巷1號
電話：(02) 8236031　8236033
郵撥：0166955～1
傳眞：(02) 8272069

・法律專欄連載・電腦編號 58

台大法學院 法律學系／策劃　法律服務社／編著

①別讓您的權利睡著了1	200元
②別讓您的權利睡著了2	200元

・秘傳占卜系列・電腦編號 14

①手相術	淺野八郎著	150元
②人相術	淺野八郎著	150元
③西洋占星術	淺野八郎著	150元
④中國神奇占卜	淺野八郎著	150元
⑤夢判斷	淺野八郎著	150元
⑥前世、來世占卜	淺野八郎著	150元
⑦法國式血型學	淺野八郎著	150元
⑧靈感、符咒學	淺野八郎著	150元
⑨紙牌占卜學	淺野八郎著	150元
⑩ＥＳＰ超能力占卜	淺野八郎著	150元
⑪猶太數的秘術	淺野八郎著	150元
⑫新心理測驗	淺野八郎著	150元

・趣味心理講座・電腦編號 15

①性格測驗１	探索男與女	淺野八郎著	140元
②性格測驗２	透視人心奧秘	淺野八郎著	140元
③性格測驗３	發現陌生的自己	淺野八郎著	140元
④性格測驗４	發現你的真面目	淺野八郎著	140元
⑤性格測驗５	讓你們吃驚	淺野八郎著	140元
⑥性格測驗６	洞穿心理盲點	淺野八郎著	140元
⑦性格測驗７	探索對方心理	淺野八郎著	140元
⑧性格測驗８	由吃認識自己	淺野八郎著	140元
⑨性格測驗９	戀愛知多少	淺野八郎著	140元

⑩性格測驗10	由裝扮瞭解人心	淺野八郎著	140元
⑪性格測驗11	敲開內心玄機	淺野八郎著	140元
⑫性格測驗12	透視你的未來	淺野八郎著	140元
⑬血型與你的一生		淺野八郎著	140元
⑭趣味推理遊戲		淺野八郎著	140元

•婦 幼 天 地• 電腦編號16

①八萬人減肥成果	黃靜香譯	150元
②三分鐘減肥體操	楊鴻儒譯	150元
③窈窕淑女美髮秘訣	柯素娥譯	130元
④使妳更迷人	成　玉譯	130元
⑤女性的更年期	官舒妍編譯	130元
⑥胎內育兒法	李玉瓊編譯	120元
⑦早產兒袋鼠式護理	唐岱蘭譯	200元
⑧初次懷孕與生產	婦幼天地編譯組	180元
⑨初次育兒12個月	婦幼天地編譯組	180元
⑩斷乳食與幼兒食	婦幼天地編譯組	180元
⑪培養幼兒能力與性向	婦幼天地編譯組	180元
⑫培養幼兒創造力的玩具與遊戲	婦幼天地編譯組	180元
⑬幼兒的症狀與疾病	婦幼天地編譯組	180元
⑭腿部苗條健美法	婦幼天地編譯組	150元
⑮女性腰痛別忽視	婦幼天地編譯組	150元
⑯舒展身心體操術	李玉瓊編譯	130元
⑰三分鐘臉部體操	趙薇妮著	120元
⑱生動的笑容表情術	趙薇妮著	120元
⑲心曠神怡減肥法	川津祐介著	130元
⑳內衣使妳更美麗	陳玄茹譯	130元
㉑瑜伽美姿美容	黃靜香編著	150元
㉒高雅女性裝扮學	陳珮玲譯	180元
㉓蠶糞肌膚美顏法	坂梨秀子著	160元
㉔認識妳的身體	李玉瓊譯	160元
㉕產後恢復苗條體態	居理安•芙萊喬著	200元
㉖正確護髮美容法	山崎伊久江著	180元

•青 春 天 地• 電腦編號17

①A血型與星座	柯素娥編譯	120元
②B血型與星座	柯素娥編譯	120元
③O血型與星座	柯素娥編譯	120元
④AB血型與星座	柯素娥編譯	120元

國立中央圖書館出版品預行編目資料

圖解命運學／陸明編著；——初版
—臺北市；大展，民73
面；　　公分，——（命理與預言；3）
ISBN 957-557-516-4（平裝）

1.命相　　2.堪輿

293　　　　84003856

ISBN 957-557-516-4

圖解命運學

編 著 者／陸　明
發 行 人／蔡 森 明
出 版 者／大展出版社有限公司
社　　址／台北市北投區（石牌）
致遠一路二段12巷1號
電　　話／(02) 8236031・8236033
傳　　眞／(02) 8272069
郵政劃撥／0166955－1
登 記 證／局版臺業字第2171號

承 印 者／高星企業有限公司
裝　　訂／日新裝訂所
排 版 者／千賓電腦打字有限公司
電　　話／（02）8836052

初　　版／1984年（民73年）8月
6　　刷／1995年（年84年）6月

定　　價／200元

大展好書 好書大展

大展好書 好書大展